KB126447

대한민국
마케팅

한국평생교육원

한국평생교육원은 행복한 성공을 간절히 원하고
구체적으로 상상하며 열정적으로 재미있게 배우며
긍정적인 비전을 선언하는 이들이 보는 책을 만듭니다

대한민국 마케팅

초판 1쇄 인쇄 2016년 2월 22일
초판 1쇄 발행 2016년 2월 26일

지은이 | 이규현
발행인 | 유광선
발행처 | (주)한국평생교육원
기　획 | 출판기획전문 (주)엔터스코리아
디자인 | 디자인플러스
주　소 | 대전광역시 서구 계룡로 624, 6층
전　화 | 042-533-9333
팩　스 | 0505-403-3331
등록번호 | 제2015-30호
등록일자 | 2015년 7월 15일
홈페이지 | www.klec.co.kr

ISBN | 979-11-955855-0-2　03320

* 이 도서의 국립중앙도서관 출판예정도서목록(CIP)은 서지정보유통지원시스템
홈페이지(http://seoji.nl.go.kr)와 국가자료공동목록시스템(http://www.nl.go.kr/kolisnet)에서
이용하실 수 있습니다. (CIP제어번호: CIP2015020350)

한 권으로 끝내는 마케팅의 모든 것

대한민국 마케팅

이규현 지음

MARKETING

한국평생교육원

서 문

●

마케팅은 개인과 집단이 타인과 함께 가치
있는 제품과 서비스를 창출하고, 제공하며, 자유롭게 교환하는 행위
를 통하여 그들이 필요로 하는 것을 얻는 사회적 과정이다. 학문으로
서 마케팅은 우수한 가치를 창출하고 전달하며 소통함으로써 고객을
확보하고 유지하며 성장시키려는 예술과 과학성을 담고 있다. 이 과
정에서 국가가 지니고 있는 역사와 문화적 전통이 유기적으로 연결
되어 나타나고 있다. 그러나 이제까지 많은 마케팅 저술이 외국의 마
케팅 사례를 중심으로 기술되고 우리나라 마케팅 현장에 적합하지
않은 사례도 일반화되어 거론되어 왔다. 필자는 이와 같은 현실에 문
제를 느끼고, 대한민국에서 사업을 하는 이들을 위한 마케팅의 이론
과 사례를 제시하려는 목적으로 이 책을 출간하게 되었다.

뿌리가 깊어야 세계의 공기를 자유롭게 마실 수 있다. 대한민국에
서 경영을 하는 모든 이들은 대한민국 안에서 일어나는 마케팅 행위
의 근원과 마케팅 연구에서 발전되어 온 이론을 이해하고 적용 및 발

전시켜가는 것이 중요하다. 이를 위해 필자는 각 장의 도입부에서 대한민국 마케팅 현상과 그 근원을 찾고자 노력하였다. 그리고 본론에서 마케팅 연구가들이 발전시켜온 주요 이론을 총체적으로 이해할 수 있도록 제시하고, 대한민국 사례를 중심으로 기술하려고 힘썼다.

이 책은 총 15장으로 구성되어 있으며, 각 장의 도입부에서 대한민국 마케팅에 관련된 사례를 제시하고 있다. 이 사례들은 다음과 같은 이야기를 보여준다. 한류현상을 중요하게 여기고, 세종대왕, 이순신, 정조, 다산과 같은 역사적인 인물들이 역사 속에서 기업가정신과 마케팅을 어떻게 발휘하여 왔는가를 찾고, 반도체시장 진출, CDMA 기술 개발, 수출을 중심으로 한 해외시장 진출 등 세계로 뻗어가는 대한민국 마케팅의 모습을 설명하고자 하였다. 이 책은 마케팅 이론을 총체적으로 설명하기 위해 각 장을 다음과 같이 구성하였다.

기업가정신과 마케팅을 연결하여 마케팅 과제를 발견하면서 시작한다(제1장). 시장지향적 전략계획에 대한 이해를 통해 전략적 관점을 제시한다(제2장). 환경분석, 마케팅정보시스템, 마케팅조사과정을 이해한다(제3장). 구매자행동에 대한 전반적인 이해를 한 후, 고객만족과 고객충성도를 어떻게 창출할 것인가를 다룬다(제4장과 제5장). 국가, 산업 속에서 기업의 경쟁을 이해하고(제6장), 시장세분화와 포지셔닝을 이해한다(제7장). 그리고 이를 연결하여 브랜드 관리(제8장)를 다룬다.

그 뒤 마케팅믹스에 관련된 연구를 이해한다. 제품과 서비스 결정(제9장)에서 제품개발과 신제품에 대한 소비자의 수용과 확산을 강조한다. 가격결정(제10장)에서 원가, 경쟁, 수요의 관점에서 가격결정

과정을 이해한다. 유통결정에 관한 내용은 공급망, 유통기관을 강조한다(제11장). 촉진결정은 통합적 마케팅 커뮤니케이션과 촉진도구를 구분하여 다룬다(제12장과 제13장).

그리고 마지막 두 개의 장에서 해외시장 진출전략을 중심으로 한 글로벌 지향 기업의 마케팅 활동(제14장)과 인터넷을 중심으로 비즈니스를 창출하려는 기업의 마케팅(제15장)을 다룬다.

이 책은 마케팅 활동에 관련된 전반적인 이론을 대한민국의 역사와 현실에 연결하여 찾았으며 그래서 《대한민국 마케팅》이라는 제목을 지었다. 이 제목은 ㈜한국평생교육원의 유광선 원장의 제안이었음을 밝혀둔다. 폐업자들에게 새로운 기업가정신을 불어넣어 재기를 도우면서 사회적 가치를 창출하는 유광선 원장의 노력은 무척 인상적이었다. 제목에서 나타난 바와 같이 이 책이 대학교뿐 아니라 대기업, 중소기업 그리고 소상공인에 이르기까지 대한민국에서 마케팅 이론과 실무에 관련된 일을 하는 모든 이에게 전체적으로 도움이 될 수 있기를 바란다. 나아가 경제와 기업 관련 정책을 논의하고 결정할 위치에 있는 정부 기관 담당자들도 마케팅을 이해하는 데 작게나마 도움이 될 수 있을 것이라 기대한다. 많은 이들이 이 책을 통해 자신의 영역에서 고객을 제대로 정의하고, 그들을 위해 가치를 제공하는 혁신도구로서 마케팅에 대한 이해를 높임으로써 성장과 발전의 방향을 찾을 수 있기를 바란다.

마지막으로 필자가 이 책을 쓰기까지 많은 도움을 준 분들에게 감사의 마음을 전한다. 이 책을 쓰는 동안 아내는 매일 아침 컴퓨터 앞에 커피와 토마토 주스를 준비해주었는데, 따뜻하면서도 시원한 여운이 늘 필자 곁에서 힘이 되어주었다. 또한 독일과 미국에서 스카이프와 보이스톡으로 연락하는 젊은 학도인 두 딸의 도전과 사랑에 감사를 전한다. 지난 20년 동안의 연구생활에서 저항, 정체성, 자민족중심주의 등 마케팅에 관련된 주요 쟁점을 공동연구하고 있는 미시간대학교의 Richard P. Bagozzi교수님에게도 감사를 전한다. 그는 선비이자 가족이었다. 이 책을 쓸 수 있도록 제안해준 (주)한국평생교육원의 유광선 원장과, 원고를 다듬고 예쁘게 옷을 입히느라 수고한 박보영 팀장 및 편집/디자인팀 식구들에게도 감사의 인사를 전한다.

이 책을 마칠 즈음에 사단법인 한국마케팅학회(KMA)의 마케팅 연구 편집위원장이 되었다. 마케팅학회에 속한 여러 학자들, 특히 '사회를 생각하는 마케팅연구회'에 속한 교수들과의 교류는 대한민국 마케팅에 관심을 두고 연구하는 데 큰 동인이 되었다.

선비의 나라였고, 끊임없이 학습을 멈추지 않으면서 응전하고 있는 대한민국에서 살아가는 개인과 기업은 고유의 역사와 문화를 제품과 콘텐츠에 담아 세계 여러 나라로 전파하고 있다. 이 책이 우리의 것에 긍지를 가지고 시장을 창출·유지하고, 나아가 성장시킬 수 있는 사고와 방법을 연마하려는 이들에게 도움이 될 수 있기를 진심으로 바란다.

2016년 2월
봄을 앞둔 연구실에서
저자 이 규 현

Marketing

| CONTENTS

1

Marketing

기업가
● 정신과
마케팅

Marketing

대한민국은 현재 인구 5천만 명 이상, GDP 1조5천억 달러의 경제규모와 1인당 국민소득 3만 불을 눈앞에 두고 있다. 무엇보다도 우리는 4천 년 이상의 뿌리 깊은 역사를 가지고 있다. 침략에 강력한 저항을 하고, 위기가 닥쳤을 때 굴복하지 않고 일어서는 강인함과 끈질김을 지니고 있다. 이어령(2002) 교수가 말한 바 있듯이 우리는 '악운과 가난과 횡포와 그 많은 불의와 재난들이 소리 없이 엄습해 왔을 때 쫓겨 가야만 했던' 흙과 바람 속에서 딛고 일어나 생존해왔다.

최근 대한민국은 세계인에게 독특한 한류현상을 전하고 있다. 이 한류현상은 대한민국의 역사와 문화, 그리고 경제가 함께 세계로 뻗어가는 대한민국 마케팅의 모습이 담겨 있다.

한류(韓流, Korean Wave or Hallyu)는 세계인들이 대한민국의 대중문화를 열광적으로 수용하면서 나타난 현상을 일컫는다. 대중문화는 다수의 사람들이 즐기고 소비하는 문화를 말한다. 사람들은 드라마, 노래, 춤, 영화, 공연, 전시, 스포츠, 게임 등 다양한 대중문화를 접하며 살아간다. 한류는 1990년대 말부터 우리나라의 드라마와 영화가 중국에서 아시아로 확산되면서 시작되었다. 〈겨울연가〉〈대장금〉과 같은 드라마를 보면서 한국음식을 즐기고 주인공이 느끼는 기분까지 재현하고자 라이프스타일도 따라한다. 〈대장금〉이 이란에서 80퍼센트가 넘는 시청률을 기록한 것은 몸을 감싸는 우리의 한복 스타일과 아랍 여인의 의복 유사성 그리고 아시아의 정서에 공감한 부분이 있었기 때문이다. 드라마를 본 외국인들이 한류를 체험하고자 대한민국을 방문하고, 이에 따라 한류체험마을도 생기고 있다.

드라마 중심의 한류는 2000년대 이후 케이팝(K-Pop, Korean Pop or Korean Popular Music)이라 불리는 대중가요로 이어지며 아시아는 물론, 유럽, 북미, 남미, 중동지역 등 전 세계로 진출하였다. 다른 나라 사람들이 케이팝 음악을 접하면서 한국어를 배우는 열풍도 뒤따랐다. 1992년 서태지와 아이들의 활동으로 시작된 랩과 댄스그룹의 활동은 댄스, 힙합, 알앤비, 발라드, 일렉트로닉 음악 등으로 발전하였고, 아이돌(idol) 그룹(걸그룹과 보이그룹) 음악은 단순하고 경쾌한 리듬과 비트감, 따라 부르기 쉬운 멜로디, 흥미로운 노랫말, 따라하고 싶은 멋진 댄스로 세계의 젊은이들에게 화제를 일으키면서 수용되었다. 아이돌 그룹의 케이팝은 서구의 다양한 음악 장르와 아시아적 감수성이 한국 문화와 어우러진 것이다. 케이팝이 퍼져가던 중 싸이가 '강남스타일'로 등장하여 순식간에 월드스타의 자리에 오르는 일이 있었다. 그는 코믹하고 재미있는 노래와 율동으로 대중이 원하는 것에 파고들어 아이돌 그룹과 다른 개성을 보여주었다. 이들 소속사는 노래의 확산을 위해 온라인마케팅을 적극적으로 펼쳤다. 유투브에서 콘텐츠를 접한 이들이 트위터, 페이스북 등 SNS로 이 노래를 전달하면서 더욱 빠른 확산이 이루어졌다.

한류 확산에서 우리는 오늘날의 마케팅 모습을 볼 수 있다. 무엇보다 중요한 것은 이러한 문화 콘텐츠를 접한 이들이 대한민국에서 만든 제품을 선호하는 현상이다. 모바일폰, 자동차, 전자제품뿐만 아니라, 화장품과 같은 바이오제품들이 대기업뿐만 아니라 아시아로 진출하는 중소기업 제품에까지 영향을 미치면서 기업에 호재로 작용했다. 더 나아가 대한민국 문화가 담겨 있는 언어, 음식, 의복, 주택 등으로 관심이 확장되고 있다. 세계인들이 대한민국이 가진 고유성에 관심을 가져 어떠한 점이 우리가 가진 차별성인지도 알 수 있게 되었다.

한류는 스포츠에서도 나타나고 있다. 태권도, 양궁, 쇼트트랙 스피드 스케이팅 등에서 우리 선수들은 현재 세계 최고 수준의 실력을 보여주고 있다. KLPGA에서 보여준 여성골퍼들의 뛰어난 기량은 LPGA를 지배하고 있다. 이러한 흐름 때문에 현재 다른 나라 선수들이 대한민국 선수의 기술, 정신력, 훈련 방식 등을 배우려고 하고 있다.

한류 현상은 대한민국 문화의 정신적인 가치가 세계적으로 확산되고 공감될 수 있음을 보여준다. 이러한 가치는 오랜 뿌리를 가지고 있다. 중국 3세기 무렵에 쓴 《삼국지위지동이전(三國志魏志東夷傳)》에는 부여에 대한 기록이 나온다. '사람들의 체형은 크고, 용감하며, 삼갈 줄

알고, 후덕하고, 도둑질하지 않는다. 정월에는 나라의 큰 행사로서 하늘에 제사를 지내는데 백성들은 연일 음식과 가무를 즐긴다.' 이 기록은 중국의 관점이라는 한계가 있지만, 그들의 눈에 우리 민족은 가무를 즐길 줄 아는 민족으로 묘사되어 있다. 신바람 문화의 근원이 이때부터 지속되어 왔음을 알 수 있다.

　문화는 공기와 같아서 숨 쉬고 있을 때는 모른다. 그러나 우리는 4천년 이상 지탱해온 문화적 뿌리에서 혁신할 수 있는 잠재력을 가지고 있다. 제품과 서비스의 창출과 확산을 통해 이러한 잠재력을 발휘할 수 있다. 뿌리 깊은 나무를 보면 토양 속에 깊이 뿌리를 내리고 있지만 그 나무가 숨 쉬는 공기는 열려 있는 것처럼, 우리도 대한민국이라는 토양 속에서 살아가지만, 우리가 숨 쉬고 있는 공기는 세계와 함께 호흡하고 있다. 대한민국 마케팅의 모습도 이와 같다.

1절. 기업가정신과 마케팅

 마케팅은 경영학의 분과학이다. 경영학은 기업의 성장과 발전을 다루는 학문이다. 경영학의 대가 피터 드러커 (Peter Drucker)는 경영의 기본 기능은 혁신과 마케팅이며, 나머지는 모두 비용일 뿐이라고 했다. 혁신은 기업가정신과 연결되어 있다. 창업가정신이라고 불리는 기업가정신은 중요하다. 모든 기업은 창업에서 비롯되기 때문이다. 다수의 소상공인들이 쉽게 창업하고 폐업하기도 하지만, 성장하면 중소기업으로 발전하고 강소기업이 된다. 그리고 안정되면 중견기업으로 발전하고, 대기업화된다. 대한민국 마케팅을 논하려면 대기업 중심이 아니라 이러한 창업을 중심으로 봐야 한다. 대한민국 국민의 다수는 소상공인이며 중소기업에 속해 있다는 것을 이해하고 접근해야 하며, 지금의 대기업도 지난날 모두 중소기업이었다는 사실을 잊지 말아야 한다. 이것이 기업가정신에 대해 먼저 살펴보려는 이유이다.

창업하여 소상공인에서 중소기업, 중견기업, 대기업으로 발전할 때, 이러한 발전은 누구의 덕인가? 이는 소비자 선택을 이해하는 기업가정신에서 비롯된다. 즉, 시장의 선택을 이끄는 혁신을 창출하고,

이를 확산시킬 수 있는 능력이 기업 발전을 가져온다. 기업가정신이 활성화되어 기업이 성장하면 전체적으로 국가경제가 동력을 확보하게 된다. 필자는 이 책에서 대한민국 역사에 기업가정신이 숨 쉬고 있음을 이야기하려고 한다. 이는 다음 장에서 세종대왕의 훈민정음 창제, 그리고 이어지는 장에서 여러 역사적 내용으로 밝히고자 한다. 20세기 한국의 근대 경제사를 살펴보면 폐허 속에서도 창업가정신, 기업가정신이 발휘되어 경제 성장이 이루어진 것을 알 수 있다.

1945년 해방이 되었지만 1950년 전쟁이 발발하여 폐허가 된 국가가 빠른 경제성장을 이루어낸 것 자체가 기업가정신의 통합이다. 세계 어느 나라도 이러한 기업가정신의 발현을 보여준 나라는 존재하지 않는다. 이러한 정신은 대한민국의 오랜 문화적 전통 속에 잠재되어 있던 것들이 발현되면서 이루어졌다고 해석하는 것이 옳다.

세계적 경영학자들은 대한민국의 기업가정신을 인정하기 시작했다. 잭 웰치(Jack Welch)는 대한민국이 세계를 이끌어갈 국가라고 한 바 있고, 피터 드러커는 한국을 도전정신, 기업가정신이 가장 잘 나타난 국가로 본 바 있다. 특히 ICT 분야에서 한국 기업은 미국을 능가하는 분야를 창출하고 기업가정신을 발휘하고 있다. 최근에는 바이오 분야에서도 기업가정신이 발휘되고 있다.

'기업가정신과 혁신'은 기업을 창업하고 성장시키는 중요한 연구 분야이다. 기업가정신은 혁신과 연결되어야 한다는 것을 강조하고 싶다. 혁신이라는 말을 처음으로 만든 학자는 경제학자 슘페터(Joseph Schumpeter)였다. 그는 혁신을 신기술, 신제품, 신공정 개발, 신시장 개척, 그리고 신조직 창출로 넓게 보았다. 이것은 지금의 경영학에서 다루는 주요 내용들이다. 그는 이러한 혁신은 창조적 파괴(creative destruction)를 통해 새로운 질서를 만들며, 자본주의 경제를 움직이는 근본 엔진이 혁신을 이끌어가는 도전형 기업이라는 설명으로 혁신과 기업가정신을 연결시켰다.

피터 드러커는 아버지의 소개로 젊은 시절에 슘페터를 만나 영향을 받아 1985년에 《혁신과 기업가정신(innovation and entrepreneurship)》라는 이 분야 최고의 저서를 집필한다. 이 저서에서 기업가적 경제(entrepreneural economy)는 기존에 존재하지 않는 새로운 형태의 제품과 서비스를 제공해 경제를 발전시키는 것을 의미한다고 주장한다. 이는 기존 제품과 서비스의 원가는 낮게, 품질은 높이면서 기존 사업을 잘해 경제를 발전시키는 관리적 경제(managerial economy)와 구별하였다. 창업이 숨 쉬는 국가는 기업가적 경제를 강조하고, 창업과 실패, 그리고 재창업을 통해 경제를 역동적으로 만든다. 창업의 열기가 식지 않으면 폐업이 있더라도 경제는 돌아간다. 중국과 일본, 미국 등 강대국의 도전을 받고 있는 대한민국에서 관리적 경제 이상으로 기업가적 경제가 중요한 까닭이다.

기업가적 경제를 불러일으키려면 기업가정신이 있어야 한다. 기업가정신이란 무엇인가? 기업가정신을 정의할 땐 경제학자 세이(J.B.Say)를 자주 언급한다. 그는 '기업가는 경제적 자원을 생산성과 수익성이 낮은 곳에서 높은 곳으로 이동시킨다'고 말한 바 있다. 낮은 생산성에서 높은 생산성으로 나아가도록 하는 것이 기업가정신이라고 한 것은 단순하면서도 훌륭한 정의이다. 오늘날과 같은 불확실한 시대에서는 '불확실성을 뚫고 낮은 생산성에서 높은 생산성으로 나아가도록 하는 정신'이라고 정의하는 것이 더욱 설득력이 있다.

피터 드러커의 분석에 따르면 맥도날드 체인도 기업가정신이 잘 발휘된 예이다. 이 회사의 제품은 미국의 여느 레스토랑에서 오래전부터 만들어온 것이지만, 경영의 개념과 경영기술을 적용하고, 제품을 표준화하고, 프로세스와 기구를 디자인하고, 종업원이 해야 할 일을 분석, 훈련을 시킨 후 필요한 표준을 정함으로써, 자원의 생산성을 급격하게 향상시켰을 뿐 아니라 새로운 시장과 고객을 창출했다고 분석하고 있다.

오늘날 한국 경제는 삼성그룹과 현대그룹 등 소수의 그룹이 지배하고 있다. 그룹을 창업한 이병철, 정주영 등의 기업가정신이 화두가 되어왔다. 한국 경제를 발전시킬 많은 이들이 지금도 도처에서 기업가정신을 발휘하며 도전하고 있다. 그래서 우리는 대한민국의 미래를 신뢰할 수 있다.

기업가정신을 어떠한 차원에서 설명할 수 있을까? 연구자들은 여러 차원을 제시하지만, 필자는 진취성, 혁신성, 위험감수성, 사회적 임무를 이야기하려고 한다.

진취성(proactiveness)은 미래 시장의 기회를 포착하는 통찰력을 의미하는데, 이러한 진취성은 혁신성과 위험감수성을 가능하게 한다. 혁신성(innovativeness)은 기술, 제품, 프로세스, 시장개척, 조직개발 전 분야에서 새로움을 추구하는 것이다. 오늘날 여러 분야의 지식이 축적되고 통합되면서 기술, 제품, 프로세스를 변화시키며 경영혁신이 나타나고 있다. 삼성의 반도체시장 진출, 하이테크기술을 사업화시키고자 하는 기업이 발견할 수 있는 위험감수성(risk-taking)은 기업가정신에서 중요한 차원이다. 새로운 것을 추구하지 않고 기존의 것을 고수하는 것은 더 위험하다는 것을 인식해야 한다. 그렇지 않으면 경쟁자들이 빠르게 잠식시켜 버리기 때문이다.

대한민국은 연구개발 분야 세계 5위, 수출이 세계 6위로 혁신성과 역동성이 충분히 있다. 위험감수성은 이러한 진취성과 혁신성을 가지려고 하면 반드시 뒤따르는 차원이다. 대한민국은 근대사에서 미국과 협력관계를 맺었고, 미국처럼 진취성과 혁신성이 강한 나라이다. 그러나 정치적으로 어려움을 겪어 정치적인 위험을 조심하는 경향도 때로는 있다.

최근 대한민국 기업가정신 논의에서 사회적 임무(social mission)는 중요시되고 있다. 사회적 임무는 개인적이고 사적인 가치가 아니라 사회적 가치를 창출하고 유지하는 차원이다. 생존 가능한 이윤추구와 동시에 완전한 사회구성원으로서 사회를 발전시키려는 책임성 있는 행동을 해야 기업가정신이라고 말할 수 있다. 대한민국은 조선시대 500여 년 동안 유교 이념을 택해왔고, 수신제가치국평천하(修身齊家治國平天下)에서 볼 수 있듯이 가족이 강조되었다. 대기업도 가족 중심의 경영이며, 때때로 가족관계의 갈등도 생기고 사회적 임무에 대해서는 다른 선진국에 비교해 약하게 나타난다. 즉, 혁신성, 위험감수성, 진취성은 일반적으로 기업가정신을 이야기할 때 많이 언급되지만 오늘날 대한민국에서는 사회적 임무를 더 강조해야 한다. 기업이 진정으로 지속가능한 경영을 펼치려면 이 차원을 존중해야 한다. 그렇지 않으면 진정한 기업가정신을 발휘한다고 인정할 수 없는 시대에 우리는 살고 있다.

기업가정신, 즉 창업가정신으로 기업을 경영할 때 절실하게 필요한 과제가 마케팅 분야에서 기업가정신을 발휘하는 일이다. 성공한 기업가를 보면 고도의 마케팅 능력을 함께 가지고 있는 것을 볼 수 있다. 스티브잡스는 어린 시절부터 익힌 인문학을 과학기술과의 교차점을 찾아 야수와 같은 기업가정신으로 세계를 놀라게 하는 신제품을 창출하였다. 매킨토시, 아이팟, 아이폰, 아이패드에 공감, 집중, 인상이라는 마케팅철학을 펼치면서 세계시장을 지배했다. 그리고 후발주자인 삼성전자가 미국 등 세계를 상대로 수행하는 광고를 보면 이미 마케팅 기업이라는 것을 알 수 있다. 이와 같이 기업가정신이 마케팅 능력과 결합되면 거대한 파급효과를 볼 수 있다.

기업가정신이 지닌 차원 즉, 혁신성, 위험감수성, 진취성, 사회적 임무는 방향성을 지녀야 하며, 그 방향성은 시장을 향해 있어야 한다. 그리고 그 시장을 창조하고 유지하고 지배하는 능력이 마케팅이다. 이제 기업가정신이 발휘되는 마케팅의 지평이 어떠한 모습인가 탐색하기로 하자.

2절. 마케팅이란 무엇인가?

 마케팅은 시장과의 관계를 다룬다. 용어로 보면 마케팅(marketing)은 시장(market)에 동태적인 개념을 부여한 단어이다. 사회과학내 학문 중 동태적인 개념인 ing가 붙어 있는 학문은 마케팅뿐이다. 대한민국을 다이나믹 코리아(Dynamic Korea)라고 볼 때, 마케팅이 가지고 있는 역동적인 개념과 연결해볼 수 있다. 마케팅이 시장과 연결되어 있고, 시장이 계속 변하면서 관계의 역동성은 지속된다. 시장은 산업마다 다르지만, 산업이 융합되면서 새로운 시장이 창출되고 있다. 세계적인 기업 활동은 곧 시장의 범위를 세계 무대로 넓힌다는 뜻이다.

경영학은 기업의 성장과 발전에 관심이 있고, 마케팅은 이를 위해 시장에 맞는 제품과 서비스를 만들고 고객과 관계하면서 성장을 견인한다. 시장은 현재고객과 잠재고객의 집합이다. 즉, 제품과 서비스, 즉, 현재 구매하고 있는 고객뿐만 아니라 앞으로 구매할 가능성이 있는 고객을 시장으로 본다. 신제품과 서비스를 개발하는 과정에는 현재고객이 존재하지 않으니 잠재고객으로 생각할 수밖에 없다. 이렇게 고객과 관계하면서 기업의 활동이 이루어지기 때문에 기업에게 고객은 존재의 이유가 된다.

시대가 변하고 그 시대에 살아가는 고객들이 돈과 시간을 소비하는 패턴도 변하면서 시장의 추세도 계속 변하고 있다. 이것은 시장이 계속 움직이고 있다는 것을 의미한다. 시장이 움직이는 방향을 예측하고, 그 방향에 맞출 수 있는 혜안이 마케팅에서 중요하다. 시장이 움직이기 때문에 시장과의 관계도 역동적이라는 점에서 마케팅은 시장동태학(market dynamics)의 모습을 지닌다.

이와 같이 마케팅 이해에 있어 시장에 대한 이해는 근본이다. 기업이 왜 존재하는가라는 질문에 답하기 위해 우리의 사업이 무엇이며, 고객이 누구인가를 정의해야 하고, 우리의 고객이 무엇에 가치를 두고 있으며, 우리는 고객에게 어떤 가치를 줄 수 있는지 답할 수 있어야 한다. 고객가치를 발견하고 가치를 제공할 수 있어야 한다.

기업의 목적을 고객 창조와 유지(creating and keeping customers)로 제시하는 학자가 많은데, 이를 위해 기업은 창조성을 발휘하는 구조를 만들어야 한다. 창조성을 통해 고객에게 주는 가치를 높일 때 마케팅은 빛을 발휘한다. 성공적인 기업은 고객의 개인적이고 사회적인 삶에 예민한 감각을 가지고 관찰하고, 욕구를 파악해 그 욕구를 충족시킬 수 있는 높은 질과 높은 가치를 생산할 수 있는 능력이 있다. 특히, 고객 자체만 보는 것이 아니라 고객이 직면한 사회전체를 바라보며 완전한 사회구성원으로서 함께 가는 방향을 찾고 있다. 그러므로 마케팅 연구는 고객이 인간이라는 것에 주목하고, 인간에 대한 깊은 이해를 위해 인문학적 소양과 사회과학적 분석이 필요하다. 마케팅을 실행하는 관리자와 고객이라는 인간이 진정성 있게 만나는 자리에서 마케팅이 이루어지기 때문이다.

　요약하면, 마케팅은 개인과 집단이 타인과 함께 가치 있는 제품과 서비스를 창출하고, 전달하면서 그들이 필요로 하는 것을 얻는 사회적 과정이다. 이를 위해서 마케팅을 수행하는 관리자는 표적시장을 선정하여 우수한 고객가치를 창출·전달하고, 소통하면서 고객을 창출·유지하고 성장시킬 수 있는 과학과 기술을 연마해야 한다. 즉, 기업은 마케팅 활동을 통해 보다 높은 생활수준(a higher standard of living)을 달성하거나, 사회전체에 유익한 행동을 수행하고자 한다.

3절. 마케팅이 이루어지는 시스템

 마케팅을 이해하기 위해서는 마케팅이 일어나는 마케팅시스템(marketing system)을 이해하는 것이 중요하다. 거시적인 관점에서 전체 경제시스템 속에서 마케팅을 보고자 한다. 즉, 생산과 소비가 연결되고 국가 경제가 돌아가는 거시시스템 속에서 마케팅을 바라보는 것이다. 여기에는 생산자와 소비자 사이에 여러 가지 불일치가 나타날 수 있으며, 이러한 불일치를 마케팅 활동을 통해 해소하고자 한다. 이러한 불일치를 해소하는 거시 마케팅시스템의 필요성은 새로운 도시 건설에서도 나타난다. 예를 들어 대한민국 정부가 세종특별자치시를 만들어 새로운 도시를 건설하는 과정을 보자. 이러한 도시에 백화점과 할인점 같은 대형유통기관들이 생겨 생산과 소비의 불일치를 해소시키려고 한다. 도시를 개발하는 과정에서 유통기관의 발달은 국가 경제를 안정적으로 돌아가게 하는 데 중요한 역할을 수행한다.

[그림 1-1]에는 산업을 중심으로 한 단순 마케팅시스템이 제시되어 있다. 산업은 동종업종에 종사하는 기업의 집합을 말하는데, 예를 들어 자동차를 만드는 기업은 자동차산업을 구성한다. 그리고 구매

자의 집합인 시장이 존재하고, 이 두 축에 교환 관계가 존재한다. 이러한 산업적 관계를 이해하면 특정 기업과 소비자 사이에서 이루어지는 미시적인 마케팅시스템을 이해할 수 있다. 특정 기업을 중심으로 한 마케팅시스템의 경우, 기업은 교환 관계를 이해하고, 이 관계에서 기업은 통제하기 어려운 거시환경 변수들을 이해하면서 통제 가능한 마케팅믹스를 최적으로 관리해 소비자에게 호의적인 반응을 얻어 성과를 창출하고자 한다.

이러한 시스템에서 교환이 핵심으로 나타난다. 교환은 두 상대방이 서로 협상과 타협을 향해 노력하는 상태이다. 기업은 제공물을 제공하고, 고객은 대가를 제공하고 원하는 제공물을 획득하면서 교환이 나타난다. 교환이 이루어져 합의에 도달하게 된 상태를 거래라고 한다. 즉, 거래는 교환의 하위 개념에 해당된다.

기업과 시장은 어떠한 것을 교환하는가? [그림 1-1]에서 볼 수 있듯이 기업은 신제품과 서비스와 같은 제공물을 시장에 주고, 시장은 돈을 지불한다. 기업은 커뮤니케이션을 통해 신제품과 서비스에 관

─────── [그림 1-1] 단순한 마케팅시스템 ───────

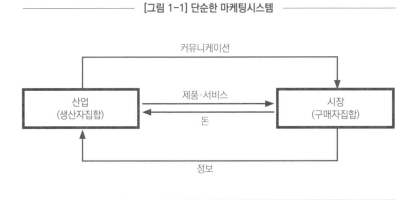

한 정보를 제공하고 시장은 기업에게 시장정보를 제공한다.

이 시스템은 오픈시스템이어서 환경에 영향을 받는다. 인간의 몸은 환경에 영향을 받는 오픈시스템이어서 추울 때 두꺼운 옷을 입고, 더울 때 가벼운 옷을 입는데 이 원리와 같다. 기업은 정치, 경제, 사회, 문화 등 여러 환경변화 속에 적응해 살고 있으며, 이 거시환경은 기업이 통제하기 어려운 변수가 많다. 때때로 다국적기업은 이러한 거시환경 변수까지 통제력을 행사하려고 하지만, 대부분의 경우 이러한 거시환경 변수는 통제하기 어려운 변수로 작용한다.

마케팅이 나타나는 시스템을 파악하면, 마케팅 활동을 계획, 실행, 통제하여 관리할 수 있게 된다. 이를 마케팅 관리라고 한다. 이때 관리를 수행하는 주체자가 있어야 하는데, 이를 마케팅 관리자(marketing manager)라고 한다. 기업에는 부서마다 관리자가 존재하고, 최고마케팅경영자(Chief Marketing Officer:CMO)가 따로 있거나, 최고경영자가 직접 수행하기도 한다.

마케팅 관리자들은 기업이 통제할 수 없는 요소를 고려하면서 통제할 수 있는 변수에 관심을 둔다. 이 통제 가능한 변수를 마케팅믹스(maketing mix) 변수라고 부른다. 이 변수들은 1960년 제리 메카시(Jerry McCarthy) 교수가 자신의 저서, 《마케팅(marketing)》 초판에서 처음으로 제품, 가격, 유통, 촉진을 의미하는 4P(Product, Price, Place, Promotion)개념을 발표하고, 마케팅믹스라고 불렀다. 이것은 단순한 형식으로 마케팅을 설명하기 좋으며, 지금도 사용되고 있다.

1970년대 알 리스(Al Ries)와 잭 트라우트(Jack Trout)에 의해 잠재 소비자의 마음속에 경쟁사와 차별화된 특징을 심는 방법인 포지셔닝(positioning)개념이 소개되고 마케팅에 영향을 미쳤다. 이 개념이 나타난 뒤부터 필립 코틀러(Philip Kotler) 교수는 세계적으로 가장 잘 알려진 그의 《마케팅관리론》교과서에서 그전에 마케팅에서 발전된 시장세분화와 결합하여 세분화, 표적화, 포지셔닝(Segmenting, Targeting, Positioning:STP)이 마케팅전략 결정에 해당하며, 마케팅믹스인 4P가 전술적 결정으로 뒤따라야 한다고 설명했다. 시장세분화와 포지셔닝이 마케팅믹스보다 선행한다는 것이 학계에 수용되면서 전략과 전술의 체계가 잡히기 시작하였다.

오늘날 마케팅은 기업과 소비자와의 관계에서 이루어지므로 교환에서 관계를 중요시해왔다. 기업이 사회 속에서 '완전한 구성원'이 되기 위해 단순히 기업과 시장과의 교환 관계를 넘어 폭넓은 사회와의 관련 속에서 마케팅 활동을 바라보게 되었다. 이것은 마케팅이 기업의 전체 기능과 연결되어 있기 때문이다.

기업이 시장과 관계를 어떻게 발전시키고 있는가? 구매자들과 초기에 시장 거래를 하고, 이러한 거래가 반복되면서, 네트워크가 형성되고, 공동체로 발전한다.

산업재를 만드는 기업의 경우, 기업 간 반복된 거래는 장기적 관계를 형성하게 되고, 장기적 관계는 급격하게 변화하는 세계시장에 적응하기 위하여 기술 제휴, 합작 투자 등 전략적 제휴로 발전하면서 네트워크 관계를 발전시킨다. 대한민국의 삼성, LG와 같은 글로벌 기업들은 전 세계적으로 수많은 기업과 네트워크 관계를 형성하고 있다.

마케팅 활동은 이제까지 우리가 살펴본 소비재와 산업재시장을 넘어서서 비영리시장과 정부시장에서도 활동한다. 즉, 현대자동차가 자동차를 만들어 시장에 판매할 때 형성되는 시장이 소비재시장(consumer market)이 되고, 중소기업으로부터 자동차 부품을 획득한다고 할 때, 기업시장(business market)이 형성된다. 기업은 대학, 종교단체, 자선단체와 같은 비영리시장(nonprofit market)뿐만 아니라 정부시장(government market)에도 그들의 재화를 판매할 수 있다. 마케팅 연구는 이러한 다양한 시장에서 그 관계에 관해 그들이 직면한 문제를 풀 수 있는 이론을 개발하여 사회 변화를 주고자 한다.

4절. 마케팅개념의 진화

 1. 판매와 마케팅은 어떻게 다른가?

기업을 창업할 때, 기술, 생산, 제품, 판매개념은 중요할 수밖에 없지만, 점차적으로 가치를 마케팅개념으로 진화해야 한다. 이는 무엇이 다를까?

생산개념(production concept)에서는 시중에서 쉽게 얻을 수 있고 값싼 제품을 소비자들이 선호할 것이라는 믿음에서 출발한다. 대량생산과 대량유통을 통해 규모의 경제를 이루고 낮은 원가를 달성하여 가격인하로 소비자 복지를 실현하고자 한 시절에는 생산개념이 중요했다. 제품개념(product concept)에서는 최고의 품질, 성능, 혁신적인 특성을 제공하는 제품을 선호할 것이라고 믿는다. 경쟁이 치열해지면 공격적인 판매와 촉진 노력을 수행해야 한다고 보는 판매개념(selling concept)으로 넘어간다. 이 판매개념에서는 능력 있는 영업사원의 판매노력이 중요하다. 마케팅을 이해하기 위해서는 판매개념이 마케팅개념(marketing concept)과 동일하지 않은 이유를 이해하는 것이 중요하다. 판매는 제품이 출시된 순간부터 시작되지만, 마케팅은 고객이 무엇을 필요로 하는지, 기업이 무엇을 만들어야 하는지 답을 찾고자 하는 것이다. 그래서 제품 개발 과정부터 마케팅이 개입된다. 판매는 마케팅이라는 거대한 빙산의 일부분이며, 빙산의 보이지 않는 부분에는 광범위한 시장조사, 신제품의 연구와 개발, 가격 책정, 유통망 개척, 신제품 출시와 같은 마케팅 과제가 도사려 있다. 마케팅은 단기적 판매를 위한 노력이 아니라 장기적으로 시장을 창출하기 위한 노력이다.

이와 같이 마케팅개념은 고객 중심으로 느끼고 반응하는 것이다. 사냥을 나가는 것이 아니라 정원을 가꾸듯이 고객을 정성스럽게 대하는 철학이 반영된다. 판매 노력이 필요 없이 고객이 찾아오게 만드는 것이 가장 바람직한 마케팅이 된다.

2. 사회 속에서 전체를 보는 마케팅

마케팅 활동은 고객을 도와주고 성장시키는 노력을 통해 고객과 사회와의 공존 모습을 찾고자 한다. 이는 '완전한 사회구성원'으로서 역할을 수행하여 지속가능성을 확보하고자 한다. 가치사슬 속에서 이루어진 관계를 보고, 마케팅 기능을 통합적으로 보고, 고객을 향해 내부를 연결시키고, 사회책임을 수행하고자 한다.

1) 가치사슬 속의 관계를 본다

기업의 가치사슬을 구성하는 고객, 공급자, 유통업자, 다른 마케팅 파트너들과 장기적인 관계를 구축하려고 한다. 이 관계는 네트워크로 발전한다. 기업과 기업 사이의 경쟁이 아니라 기업이 구축하는 네트워크 사이의 경쟁으로 보고자 한다. 마케팅 연구에서는 관계 마케팅(relationship marketing)이라고 하여 마케팅의 중심을 '관계'로 보고 그

관계의 구조를 잡으려고 B2B, B2C, C2C 등 관계를 강조하는 개념과 내용들이 발전해왔다.

2) 기능을 통합적으로 본다

기업의 마케팅믹스 즉, 제품, 서비스, 가격, 촉진, 유통을 통합적으로 연결시켜 표적시장에 제시한다. 마케팅 연구에서는 통합 마케팅(integrated marketing)이라고 하여 고객을 향한 기업 활동을 통합적으로 보고자 한다. 이러한 통합이 이루어지는 마케팅믹스의 변화는 마케팅의 핵심에 해당된다.

마케팅믹스는 마케팅 도구의 조합으로 제품, 가격, 유통, 촉진(product, price, place, promotion) 네 가지 넓은 범주로 분류하여 이해되는 개념으로 마케팅수행의 핵심이다. 즉, 기업과 소비자의 바람직한 교환이나 관계(exchange or relationship)를 창출하기 위해 제공물(제품, 아이디어, 서비스)을 개발하고, 가격을 설정하며, 촉진 도구를 활용해 소통하고, 제품을 분배하면서 마케팅 활동이 이루어지게 한다. 이러한 마케팅믹스의 통합은 경쟁 관계에 따라 변화시키면서 접근한다.

3) 고객을 위해 내부를 본다

기업 내부의 업무가 고객에게 어떻게 영향을 미칠 수 있는가 보고자 한다. 마케팅 연구에서는 내부 마케팅(internal marketing)이라고 하여 기업 내부에 있는 여러 가지 마케팅 기능, 즉 판매원, 고객 서비스, 광고, 제품관리, 마케팅조사 등을 고객과 연결시키려 한다. 특히 서비스 기업은 인적자원관리를 마케팅과 연관 지어 접근한다. 종업원을 내부고객, 일반고객을 외부고객으로 보고, 교육훈련과 동기유발 등을 통해 만족을 먼저 유도하고, 외부고객을 만족시키려고 한다. 내부의 강한 정체감이 형성되어 일사분란하게 움직이면 불확실한 환경에 빠른 대응을 할 수 있다.

4) 사회와의 균형을 본다

기업가정신에서 사회적 임무는 중요한 차원이다. 마케팅 연구에서는 사회책임 마케팅(social responsibility marketing)이라고 하여 중요성이 부각되어왔다. 이는 최고경영자가 전략적으로 접근해야 하는 영역이 되었다. 기업은 완전한 사회인으로서 환경파괴, 자원부족, 가난과 기아 문제 등 사회문제 해결에 적극적이어야 한다. 전체 사회생태계 속에서 기업이 균형 있게 살아가는 유기체라는 점에서 기업과 고객과 사회가 함께 가는 것은 중요한 인식이다.

필자는 신한금융 사례연구집을 만들면서 신한금융이 따뜻한 금융으로 사회에 다가가는 모습에 인상 받은 경험이 있다. 신한금융은 상생의 동반자로서 고객, 고객가치 창조와 고객보호, 사회적 약자 배려를 통한 사회적 책임 의지를 뚜렷히 하고 있다. 이웃을 생각하는 따뜻한 기업이고자 지속적으로 노력하는 기업은 대한민국을 따뜻하게 만들 것이다.

오늘날 경영학에서는 사회봉사와 윤리적인 책임을 전략적으로 수행하고, 사회책임을 넘어서서 공유가치창출(creating shared value:CSV)을 찾고자 한다. 다국적기업은 전 세계 빈민층(Bottom of the Pyramid:BOP)시장에서 공유가치를 창출하고자 한다. 빈민층의 열악한 경제상황을 감안하고 이들의 구매력보다 더 큰 가치를 제공하는 보급형 제품과 서비스를 창출, 구매와 유통 활동에 빈민층을 참여시켜 이들의 경제적 자립을 지원하고, 해당 지역에서 빈민층, 기업, 그리고 관련기관과 협력하여 신상품 개발과 마케팅을 수행한다.

전 세계 고객들, 다양한 계층, 빈민층까지 바라보면서 그들과 함께 살아가기 위해 총체적으로 움직이는 일에 창조성을 발휘하는 기업이 증가하고 있다. 불확실성이 높아지는 환경일수록 고객은 기업이 존속해야 하는 근본 이유가 된다. 어두운 망망대해에서 길을 비추는 북극성을 볼 수 있는 것처럼, 불확실성 속에서 고객이라는 별을 바라볼 수 있어야 한다. 그리고 기업이 가지고 있는 자원을 활용해 전사적으로 움직여야 한다. 오늘날은 경쟁자가 많고, 고객에게 많은 정보가 노출되어 있으며 고객의 선호가 까다롭기 때문에, 고객 중심으로 나아가지 않으면 기업의 생존은 쉽지 않다. 시장 개념이 고객과 이해관계자 집단으로 범위가 넓어지고 그들을 만족시키기 위해 전사적 기능이 통합적으로 움직이고 있다. 고객을 사회 속에서 넓게 바라보며 마케팅의 깃발을 들고 모든 기업이 함께 움직이고 있다.

5절. 마케팅에서 다루는 주요 개념들

 이 책 전체에서 다루고자 하는 마케팅의 핵심개념에 대해 이해하도록 하자. 먼저 인간으로서 고객을 바라보고 그들의 행동을 이해하면서 접근해야 한다. 시장에 대한 전략적 의도를 가지고 시장세분화와 포지셔닝 전략을 수행해야 한다. 인간으로서 고객을 이해하지 못하고 펼치는 전략은 지속가능한 성공을 가져다줄 수 없다.

1. 인간으로서 고객에 대한 이해

마케팅은 기술이나 제품에서 시작하지 않는다. 인간인 고객의 마음을 이해하면서 시작한다. 인간의 욕구와 수요수준에 대해서 살펴보자.

인간은 육체적 생존과 사회적 생존을 위해 다양한 것을 필요로 한다. 첫째는 무엇을 먹을까, 무엇을 입을까와 같은 생존에 관한 것이다. 대자연은 공기, 물과 같은 무한한 가치가 있는 것을 제공해주고, 인간은 자연으로부터 음식을 가공해 먹으며 살아간다. 그리고 주택과 의복이 있어 인간은 몸을 보호하며 살아가고 있다. 생존을 위해 먹는 것과 필요 이상을 넘어선 호화로움도 때로는 함께 가진다. 그러나 인간은 무엇을 먹을까 무엇을 입을까와 같은 욕구가 아니라 사회적 동물로서 무리지어 살면서 집단에 속하고, 그 집단에서 위치를 높이면서 존경받으려 한다. 더 나아가 예술혼과 깨달음을 통한 자아성취를 원한다. 이러한 과정에서 시대가 변해도 변하지 않고 인간의 본질에 기본적으로 내재해 있는 욕구를 1차 욕구(needs)라고 한다. 이러한 욕구를 인본주의 심리학자 아브라함 매슬로우(Abraham Maslow)는 다섯 가지로 분류하였는데, 생리적 욕구, 안전 욕구, 소속의 욕구, 존경 욕구, 자아실현 욕구로 명했다.

이러한 욕구들은 계층별 내지 단계별로 강도가 다르게 배열된다. 강도가 가장 강한 욕구는 개인의 생존을 위한 생리적 욕구이다. 배고픈 소비자는 이 욕구가 충족되지 않으면 다른 욕구 충족에 관심을 가지지 않는다. 생리적 욕구가 어느 정도 충족되어야 안전 욕구가 강해진다. 그 다음에는 조직과 집단에서 사회생활을 하면서 집단에 대한 소속감 욕구가 나타나고, 존경 욕구가 나타난다. 최종적으로 예술 활동이나 지식추구를 통하여 자기실현을 달성하려고 한다. 여기서 인간은 개인적이고 사회적이라는 것을 이해하면서 욕구를 이해할 필요가 있다. 안전 욕구에는 개인적 안전 욕구와 자신이 소속한 집단이 안전하기를 바라는 욕구가 함께 있을 수 있다.

이러한 욕구 충족은 인간이 살면서 경험하는 것과 주변 문화에 영향을 받는다. 경험적이고 문화적인 요인들은 2차 욕구(wants)를 만들어낸다. 배가 고프다는 것은 기본적인 욕구이며, 음식이 부족하다는 것은 긴장을 창출하며, 이는 된장찌개를 먹고 싶다, 피자를 먹고 싶다와 같은 2차 욕구를 만들어낸다. 2차 욕구를 충족시키는 제품은 시대의 변화와 함께 다양하게 변하고 있다. 기업의 신제품 창출은 이러한 변화에 부응하고 있다. 2차 욕구에 부응하기 위해서 기업은 하이테크를 이용한 신제품을 쉬지 않고 창출하고 있다.

2차 욕구가 있을 때 지불 능력과 구매 의도를 함께 가지고 있으면 수요(demands)로 발전한다. 아무리 1차 욕구와 2차 욕구가 있어도 수요가 있어야 제품을 구매할 수 있기 때문에 수요분석은 마케팅의 시작이 되고, 수요창출과 수요관리는 마케팅 활동의 핵심이 된다.

마케팅 관리자는 특정 제품에 대하여 지불능력과 구매 의도를 지니면서 나타나는 수요를 볼 수 있어야 한다. 수요창출에 한정하지 않고 수요관리 능력을 지녀야 한다. 마케팅 연구는 진정한 수요를 창출하기 위해서 때때로 수요를 줄이는 디마케팅(demarketing) 노력이 필요함을 제기하였다. 석유 위기와 같은 자원부족이 나타나면 석유 공급에 수요가 따라가지 못하므로 공급과 수요를 맞추기 위해 수요를 줄이고자 한다. 이러한 사고는 마케팅이 수요창출에 한정되지 않고, 지속적으로 수요관리(demand management)를 하는 것으로 발전하였다. 인간이 가지고 있는 수요는 부정적이고 불건전한 것도 있고, 초과적이고 불규칙하게 나타날 수도 있기 때문에, 수요의 성격과 규모 등을 이해하고 타이밍을 맞추는 것이 중요해졌다.

2. 가치와 고객만족에 대한 이해

마케팅은 고객행동에 대한 이해를 확장하면서 고객에게 가치와 만족(value and satisfaction)을 전달하여 지속가능성을 찾고자 한다. 고객은 자신이 얻는 것과 주는 것 사이의 비율로 가치를 정의한다. 고객은 혜택을 얻고 비용을 지불한다. 혜택은 기능적인 이점, 감정적인 이점, 그리고 사회적 이점까지 포함시킬 수 있다. 비용은 돈, 시간, 에너지 그리고 정신적인 비용과 사회적 비용까지 포함한다.

$$가치 = \frac{혜택}{비용}$$

가치를 증가시키려면 혜택을 높이거나 비용을 줄이면서 접근한다. 소비자들은 높은 감정적·사회적 혜택을 얻는다고 생각하면 높은 비용을 지불한다. 소비자에게 그들이 지불하는 비용을 줄이고 혜택을 크게 얻을 수 있게 하면 만족은 높아진다. 고객만족이 증가하면 재구매 의도와 추천 의도와 같은 성과도 높아지고 결과적으로 시장점유율 상승으로 이어진다.

3. 전략으로서 시장세분화, 표적시장, 포지셔닝

기업은 제한된 자원을 가지고 마케팅 활동을 하기 때문에 시장에 존재하는 모든 소비자를 충족시키기 어렵다는 전제에서 출발한다. 시장을 정지해 있는 것이 아니라 움직이는 목표물로 보아야 제대로 마케팅이 된다는 것을 앞에서 설명한 바 있다. 움직이는 목표물을 제대로 바라보기 위해 ICT 기술을 이용하고 빅데이터 분석을 수행하기도 한다. 기업이 마케팅을 제대로 하려면 시장을 세분화하고 (segmenting), 가장 적절한 표적시장을 찾고(targeting), 그 표적시장, 즉 표적 소비자의 마음속에 경쟁자와 차별화된 포지셔닝(positioning)을 할 수 있어야 한다.

4. 전술로서 마케팅믹스

마케팅믹스의 구체적 내용이 마케팅의 핵심이 된다. [그림 1-2]과 같이 마케팅믹스의 내용이 구체적으로 소개되어 있다.

[그림 1-2]에서 제시된 품질, 특징, 디자인, 포장 등은 특정 제품을 보고 구체적으로 파악할 수 있는 유형제품(tangible product)이다. 그리고 품질보증, 배달, 판매 후 서비스 등은 확장제품(extended product)으로 표현한다. 엔진과 오토미션을 3년간 품질보증하는 것과 10년간 품질보

[그림 1-2] 마케팅믹스의 구체적 내용

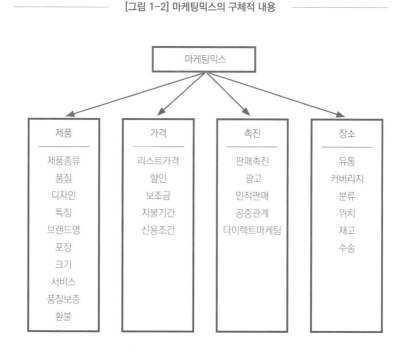

증하는 것은 분명 제품수준에 차이가 있다. 그러나 마케팅에서는 보이지 않는 무형제품(intangible product)의 영역에 대한 이해도 중요하다. 화장품 회사가 공장에서 화장품을 만들고 상점에서는 아름다움과 희망을 판다고 할 때 아름다움과 희망은 기초적 수준에서 인식되는 핵심제품(core product)에 해당된다. 아름다움과 희망은 다각화를 통한 미래 신제품 개발 가능성을 열어준다. 오늘날 강한 브랜드가 있으면 세계 진출이 쉽다. 이 부분은 별도의 장에서 자세히 강조하고자 한다.

기업은 제품 영역에서 고객에게 주는 가치를 높이고, 제품을 만드는 원가를 줄이면서 가격결정을 성공적으로 하려고 한다.

기업은 고객에게 기업과 브랜드, 제품에 대한 정보를 제대로 전달하기 위해서 소통한다. 매체로서 신문, 잡지, 라디오, 텔레비전, 메일, 전화, 시디(CD), 오디오 테이프, 그리고 인터넷을 사용한다. 그리고 사람과 사람과의 관계를 통해서, 유통기관을 통해서, 그리고 사회적 매체를 통해서 소통하려고 한다.

기업은 도매상, 소매상과 같은 유통기관, 창고와 수송을 담당하는 물적유통기관 등을 통해서 창출한 제공물을 전달하려고 한다. 원재료에서 최종 구매자에게 전달되는 보다 긴 경로를 기술하는 공급망을 관리하는 방향으로 발전하고 있다. 경쟁자를 흡수하기도 하고, 공급망에 있는 전방 흐름과 하방 흐름을 전체적으로 바라보면서 공급망 가치를 높이려고 한다.

5. 경쟁

경쟁에 대한 인식을 어떻게 하는가는 마케팅전략과 전술을 변화시킨다. 경쟁의 범위는 제품, 기업, 산업수준으로 인식할 수 있다. 제품수준에서는 유사한 가격으로 똑같은 고객에게 유사한 제품과 서비스를 제공하는 제품 브랜드 간의 경쟁이다. 기업수준에서는 똑같은 제품이나 제품군을 만들고 있는 모든 기업을 전부 경쟁자로 볼 수 있다. 현대자동차는 도요타, 포크스바겐, GM, 르노닛산과 경쟁한다고 볼 수 있다. 산업수준에서는 똑같은 서비스를 공급하고 제품을 제조하는 모든 기업을 다 경쟁자로 볼 수 있다. 자동차 기업은 다른 자동차 제조업체뿐만 아니라, 오토바이, 자전거, 트럭 제조업체들과 경쟁하고 있다고 할 수 있다.

포항제철이 경쟁자를 기업수준에서 보면 외국의 철강기업이 될 수 있고, 산업수준에서 보면 강철처럼 강하고 가벼운 플라스틱을 만드는 GE의 플라스틱 사업부가 새로운 경쟁자로 인식될 수 있다. 산업의 경계를 넘어서 보이지 않는 경쟁(invisible competition)을 인식하는 것이다. 이러한 보이지 않는 경쟁을 인식하면 기업이 혁신하지 않을 수 없다. 이것이 오늘날 마케팅 현상이다.

6. 마케팅환경

마케팅환경이 마케팅에 기회를 준다. 마케팅환경은 과업환경과 보다 넓은 거시환경으로 나누어 볼 수 있는데, 전자는 기업에서 만든 제품을 생산하고, 분배하며 촉진하는 것과 관련된 행위자, 즉, 기업, 공급업자, 유통업자, 거래상, 그리고 표적고객을 포함한다. 이 과업환경은 가치사슬(value chain)로 연결시켜 경쟁에 대비하려고 한다. 거시환경은 정치, 경제, 사회, 문화, 법률 등 기업에서 통제하기 어려운 변수를 인식하는 것이다. 그러나 이 변수들은 마케팅에 지대한 영향을 미치므로 정보시스템을 구축하여 대응하고자 한다. 다국적기업의 경우에는 정치적 마케팅을 도입하여 그 나라의 정치와 공중관계를 기업 성장과 연결시키는 메가마케팅(megamarketing)을 도입하는 경우가 많다. 한때 펩시콜라는 인도 정부와 계약하여 콜라의 독점권을 따내고 교육시설 등을 지원했는데, 이러한 예는 거시환경 변수를 통제가능 범위로 끌어오는 전략이다. 이는 다국적기업의 사례에서 때때로 나타나, 정치와 공중관계(politics and public relations)를 강조하게 된다.

6절. 앞으로 과제

  기업가정신을 가지고 마케팅을 펼치기 위
해서 어떠한 과제를 연마하여야 하는가? 우리는 마케팅개념의 진화
속에 나타난 과제, 그리고 마케팅에서 다루어지는 핵심개념을 보다
자세하게 이해하기 위해 앞으로 전개될 장에서 마케팅 과제에 대한
다음 질문에 답하고자 한다.

- 기업이 직면하고 있는 사회 생태계를 넓게 바라보면서 주어진 자
  원과 핵심역량을 연결하여 어떻게 마케팅을 펼칠 것인가?
- 기업이 직면한 거시환경 탐색의 어느 분야를 이해하고, 어떠한
  정보시스템을 구축하여 불확실성에 창조적으로 대비할 것인가?
- 인간으로서 소비자행동을 어떻게 이해할 것인가? 산업재 시장과
  소비재 시장에서 구매자행동을 이해하고, 자사의 제품과 서비스
  를 구매하고 있는 고객들을 유지하기 위해 어떻게 고객만족과 충
  성을 높일 것인가?
- 국가와 산업, 그리고 기업의 관점에서 경쟁의 범위를 어떻게 이
  해하고, 경쟁자를 어떻게 분석할 것인가?

- 제한된 자원을 효율적으로 이용하기 위해 어떻게 시장을 세분화하여 표적시장을 찾고 표적고객에게 차별화시킬 수 있는 포지셔닝 전략을 구축할 것인가?
- 포지셔닝을 브랜드 자산 구축과 연결하여 브랜드 관리를 해갈 것인가?
- 제품의 개념을 이해하고, 시장에 제시할 수 있는 높은 품질을 가진 제품과 서비스를 창출하여 어떻게 소비자수용과 시장확산을 유도할 것인가?
- 가치혁신과 연결하여 가격을 어떻게 이해할 것인가? 원가, 수요, 경쟁을 고려한 가격결정을 어떻게 수행할 것인가?
- 제품과 서비스를 전달하는 유통결정에서 어떻게 혁신을 이루어 기업을 살찌울 것인가?
- 기업, 소비자, 사회가 함께 호흡하는 통합마케팅커뮤니케이션을 어떻게 창출할 것인가?
- 어떻게 해외시장 개척을 하여 글로벌 시장으로 나아갈 것인가? 글로벌 가치사슬의 개념에서 어떻게 해외시장 개척을 할 것인가?
- 인터넷이 지배하는 세상에서 온라인과 오프라인을 결합하여 소비자행동을 이해하면서 온라인마케팅전략을 어떻게 펼칠 것인가?

앞으로 전개될 장에서 위의 질문에 차근차근 답하고자 한다. 그리고 각장의 도입부에서 우리나라 역사와 문화에 남아 있는 사례를 제시하고 대한민국 마케팅의 모습을 담으면서, 이 분야의 연구를 자극하고, 대한민국에서 경영하는 실무자들에게 시사점을 던지고자 한다.

summary

　　1장에서는 파급력이 엄청난 한류현상에 대해 살펴보았다. 대중문화콘텐츠에 대해 외국인들의 관심이 증대하고 역사와 문화, 더 나아가 경제에 대한 관심이 확장되는 이 현상에 대한민국 마케팅의 단초가 보인다. 마케팅은 기업가정신과 연결되어야 제대로 빛을 발휘할 수 있다. 우리나라 기업은 세계로 뻗어나가는 진취성, 혁신성, 위험감수성을 보여주고 있다. 그러나 사회적 임무는 앞으로 적극적으로 수행해야 할 과제이다.

　　마케팅은 시장과의 동적인 관계를 탐구하는데, 이는 사회과학 어느 학문에도 없는 독특한 것이다. 마케팅은 어느 조직에서나 적용가능한 실용주의를 포함하고 있고, 홍익인간과 다이나믹 코리아를 강조하는 대한민국의 국민성과도 맞는 학문이다.

　　기업과 시장이 교환과 관계로 발전되는 과정, 그리고 구조적인 사고를 가지고 있는 마케팅시스템에 대한 이해를 제시했다. 생산, 제품, 판매개념에서 마케팅개념으로 진화되어야 고객과 진정성을 가지고 관계할 수 있다. 마케팅개념은 총체적으로 이루어져야 하고, 관계마케팅, 통합 마케팅, 내부 마케팅, 사회책임 마케팅을 전체적으로 바라보아야 한다. 인간으로서 고객에 대한 이해, 즉, 소비자행동 연구에 기반을 두어 고객과 함께 공동체를 이루고, 전체 사회와의 균형을 이루어 공동체적 질서를 찾아가는 방향이 마케팅에 요구되고 있다.

■ 참고문헌

월트 아이작슨 지음, 안진환 옮김 (2011), 《스티브 잡스 Steve Jobs》, 민음사.

이규현 (2014), 《Big To Great 신한카드》, 고객만족경영학회, 제11호.

이규현 (2008), 《한류의 확산과 저항》, 안길상 외 10인 지음, 문화마케팅, 한경사, p316~335.

이어령 (2002), 《흙속에 저 바람 속에》, 문학사상사, p17.

피터 드러커 지음, 이재규 옮김 (2004), 《미래사회를 이끌어가는 기업가정신》, 한국경제신문.

필립 코틀러 지음, 방영호 옮김 (2015), 《필립코틀러의 마케팅모험》, 다산북스.

KAIST 미래전략대학원 (2015), 《대한민국 국가미래전략 2016》, 이콘.

Kotler, Philip (1972), 〈The Major Tasks of Marketing Management〉, Journal of Marketing, October, p42~49.

Kotler, Philip and Kevin Kellen (2012), 《Marketing Management》, 14th edition, Prentice-Hall.

Kotler, Philip and Sidney J. Levy (1971), 〈Demarketing, Yes Demarketing〉, Harvard Business Review (November-December), p74~80.

Ries Al and Jack Trout (2001), 《Positioning: The Battle for Your Mind》, McGraw-Hill Education.

Webster, Jr. Frederic E. (1992), 〈The Changing Role of Marketing in the Corporation〉, Journal of Marketing, (October), p1~17.

Marketing

2

시장지향
전략계획

Marketing

맹자는 '이 세상에서 백성이 가장 존귀하고, 나라는 그다음이며, 임금은 가벼운 존재'라고 말했다. 또한 '제후가 나라를 위태롭게 하면 그를 다른 사람으로 바꾸어 놓는다. 제물로 짐승을 잘 마련하고, 젯밥과 제물을 깨끗이 갖추어 제때에 제사 지내는데도, 가뭄과 장마가 닥친다면 곧 나라의 제단을 바꾸어 놓는다'고 말하여 백성을 근본으로 받드는 사상을 제시하였다(김학주 역주, 《맹자》, 2013, p648~649).

이 사상은 국운이 기울어가던 고려왕조를 폐하고 성리학 사상을 통치 이념으로 한 새로운 왕조를 꿈꾸었던 정도전의 역성혁명론의 근거가 되었다. 이성계의 쿠데타에 의해 1392년 단군조선, 기자조선의 이름을 잇는다는 명목으로 조선이라는 이름을 가진 이씨조선이 건국

된다. 건국 26년이 지난 1418년, 태종의 양위를 받아 태종의 셋째 아들 충녕이 왕이 되어 세종대왕이 된다. 1420년 집현전을 설치하여 활자를 새로 만들고 인쇄술을 발전시켜 《월인천강지곡(月印千江之曲)》, 《고려사(高麗史)》,《삼강행실도(三綱行實圖)》 등의 책을 펴냈다. 세종대왕이 등장한 시기는 건국 초기로 계속되는 가뭄에 흉년이 들어 민생은 도탄에 빠져 있고 백성은 정부를 외면하는 상황이었다. 그는 백성을 위해 측우기를 직접 고안하고, 과학 혁명의 주창자인 장영실을 통해 해시계, 물시계를 제작해 과학기술을 장려하였다. 이것이 오늘날 과학기술자에게 장영실상을 수여하는 근거이다. 세종대왕은 경제를 안정시키기 위해 농사를 잘 짓는 방법을 백성이 알아야 한다고 보고, 정초에게 《농사직설(農事直說)》을 집필하게 하였다. 이 《농사직설》은 곡식 재배에 필요한 수리, 기상, 지세 등의 환경 조건을 상세하게 기술하고 어떤 환경에서 어떤 곡식을 재배하면 유리한지 알 수 있게 했다. 정초는 서문에서 '풍토가 다르면 농사법도 달라야 한다'고 기술하고 있다. 이 《농사직설》은 판을 거듭하며 조선 농업의 기본서로 자리매김했다. 그러나 《농사직설》이 한문으로 되어 있어 농민이 직접 읽을 수 없는 것이 안타까워 세종은 백성을 위한 새로운 글을 창제할 뜻을 굳힌다.

통치 기간 후반기에 업무를 아들 문종에게 맡기고 훈민정음 창제에 몰두해 퇴임 2년 전인 1443년 12월 30일에 창제를 마치고, 2년 9개월의 준비를 한 후 1446년 9월 초순 반포를 하게 된다. 한문을 사용하는 사대주의자들의 저항 가운데 비밀리에 훈민정음을 창제하고 주도면밀한 발표 과정을 통해 오늘날 대한민국에 한글이라는 최고의 선물을 주게 된다.

한글은 자음(14개)과 모음(10개)을 연결해 하나의 문자가 되는 과학적인 소리 문자이다. 자음은 사람들의 발음 기관을 보고 만들었고, 모음은 하늘(·), 땅(ㅡ), 사람(ㅣ) 세 가지 요소를 결합하여 만들었다. 자음과 모음을 모두 합하면 24개이며, 소리가 나는 대로 적으면 되는 익히기 쉬운 문자이다.

훈민정음 해례본 서문을 보면 국민을 향한 왕의 마음이 창제동기에 담겨 있다.

"우리나라 말이 중국과 달라 한자와는 서로 통하지 않으므로 어리석은 백성이 말하고자 하는 바가 있어도 끝내 제 뜻을 펴지 못하는 사람이 많으리라. 내가 이것을 가엾게 여겨 새로 스물여덟 글자를 만드니, 모든 사람들로 하여금 쉽게 익혀서 날마다 쓰는 데 편하게 하고자 할 따름이리라."

[그림 2-1] 세종대왕과 훈민정음 해례본

세종대왕과 한글창제는 오늘날 대한민국을 살아가는 우리 모두에게 엄청난 시사점을 던지고 있다. 이렇게 국민을 사랑한 왕이 있었는가? 이 이상의 미래를 앞서 본 프로젝트가 있었는가? 그는 시대를 앞선 비전을 가지고 결단하고, 구조를 만들고, 저항을 극복하면서 실현시켜가는 진정한 기업가이자 경영자의 모습을 보여줬다. 궁중에 정음청(正音廳)이라는 조직을 만들고 학자들을 모아 연구·개발하게 하였고, 자료와 정보를 수집해 자신이 직접 몰두하는 모습을 보여주었다. 국민의 현실을 안타까워하는 마음이 있었기에 당시 한문과 중화 문물만 숭상하는 관료와 지식인이 보지 못하는 미래를 보았고, 혁신을 창출하고 확산시켜 대한민국과 문화를 변화시킬 수 있었다.

한글은 문맹을 줄이고, 민족문화를 발전시키는 데 큰 도움을 주었다. 유네스코에서는 세계적으로 문맹퇴치 사업에 가장 공이 큰 사람이나 단체에 상을 주는데 그 상의 이름을 세종대왕상이라고 정하였다.

세종대왕의 혁신을 보며 우리는 대한민국의 기업가정신과 마케팅의 뿌리를 찾을 수 있다. 세상에서 백성이 가장 존귀하다는 사상이 기반이 되어 기술과 언어 개발을 가능하게 했다. 백성이 스스로 언어를 깨우칠 수 있는 능력은 오늘날 대한민국의 문자 습득 능력에 크게 공헌했다고 판단된다.

세종대왕은 태조와 태종이 이루어낸 굳건한 국가기반을 가지고 왕도정치가 지향하는 국민을 사랑하는 마음과 신토불이의 정신으로 국가 혁신의 방향을 정하였다. 그 당시 정부 중심의 국민지향성은 오늘날 경영학에서 기업과 조직을 중심으로 볼 때, 시장지향성으로 통한다. 그리고 유교의 왕도정치라는 큰 미션이 있었다. 그가 얼마나 넓고 멀리 바라보는 비전을 가지고 있었는가를 생각하면 놀랍다. 그가 국민을 위한 큰 그림 속에서 창조성을 발휘하여 세계에 훈민정음을 남겨둔 것에 오늘날 우리가 감사하지 않을 수 없다. 대한민국은 미국이 자랑하는 위대한 대통령이나 스티브 잡스와 같은 기업가 이상의 창조성의 뿌리를 세종대왕에게 찾을 수 있다.

한글은 중국어와 일본어에 비할 수 없는 놀라운 문자이다. 24개의 자음과 모음만으로 모든 문자를 단번에 입력할 수 있는 한글시스템을 우리는 가지고 있다. 이는 3만 개가 넘는 글자를 여러 단계를 거쳐 조합하는 중국어나, 문장마다 포함된 한자를 번거로운 변환 과정을 거쳐 입력하는 일본어에 비하면 뛰어난 글자이다. 대한민국이 동북아의 주도권을 잡을 수 있는 단초가 여기에 있다.

1절. 사회와 미래를 보는 기업가정신

 세종대왕은 국민이 처한 현실을 직시하고, 이를 풀기 위해 미래를 준비하는 기업가정신의 전형이다. 세종대왕에게 국민의 미래라는 방향이 정립된 것처럼, 오늘날 기업가들에게 고객의 미래는 방향이 된다. 미래에 대한 기대와 희망은 현재 행동에 영향을 미친다. 이웃과 미래를 위해 살아가는 사명을 찾으면 불확실성과 어려움을 헤쳐나갈 수 있는 힘이 강해진다. 오늘날 창의적인 기업은 사람들이 해결되기를 열망하는 문제를 해결하는 동시에 수익을 내고, 수익을 재투자하는 모형을 가지고 있다.

기업과 고객과의 관계를 가치사슬(value chain)로 바라보는 것이 중요해지고 있다. 가치사슬이란 경영학자 마이클 포터가 체계화시킨 용어로서 공급자, 기업, 유통업자, 고객으로 연결되는 과정에서 가치가 창출됨을 보여주는 개념이다. 공급자로부터 원재료가 들어오는 과정, 기업 내부에서 제품이 만들어지는 과정, 완성품이 만들어져 외부로 나가는 과정에서 가치가 창출된다. 이 가치사슬의 네트워크는 공급망(supply chain)으로 정립되었고, ICT와 결합하여 기업의 혁신도구가 되고 있다. 이러한 공급망을 보면 특정 공급업자, 유통업자와 파트너

관계가 중요시된다. 이 과정에서 기업에서 제품을 만들기 이전의 활동과 제품을 만들고 난 이후의 활동에 마케팅이 개입되는데, 이 흐름의 방향은 고객 지향적이어야 한다.

사회와 미래를 어떻게 바라보는가는 기업의 방향성을 결정한다. 대한민국에서 초지일관 기업의 사회성을 실천한 기업가로 유일한 박사가 있다. 그는 (주)유한양행을 창업하고 투명하고 정직한 기업경영의 표본을 보여주었다. 유일한 박사는 1926년에 회사를 창업하고, 1933년 '안티푸라민'을 자체 개발하여 온 국민의 가정상비약으로 만든다. 1970년 미국 킴벌리 클라크와 합작, 유한킴벌리를 세우고 '크리넥스'를 출시하였다. 그 외 대표 브랜드로는 '삐콤씨', '유한 비타민씨 1000mg,' '유한락스' 등이 있다. 유일한 박사는 '기업의 소유주는 사회이다. 단지 관리를 개인이 할 뿐이다'라는 말을 남겼다. 1969년 외아들이 있음에도 불구하고 전문경영인에게 회사를 넘겼고, 1971년 사망하기 전 주식도 사회에 남겼다. 지배구조상 (주)유한양행은 개인기업보다 공익기업에 가깝다.

2절. 자원과 역량의 재배치

 사회와 미래를 향해 기업가정신을 발휘하고자 할 때, 자원과 역량(resources and competencies)을 재정립하고 재배치할 수 있어야 한다. 자원과 역량을 기반으로 전략을 펼칠 수 있기 때문이다.

자원은 유형자원, 무형자원, 인적자원 세 가지로 볼 수 있다. 유형자원은 눈에 보이며 쉽게 평가할 수 있는 자원이다. 제조공장, 기계, 건물, 유통시설, 정보시스템, 금융자산, 제품 등이다. 무형자원은 눈에 보이지 않으나 기업 활동 전반에 영향을 미치는 중요한 자원이다. 브랜드 자산, 특허와 지적재산권, 마케팅지식 등이 무형자원에 해당된다. 인적자원은 유형자원의 요소도 있지만, 사람이 행하는 서비스는 눈에 보이지 않는 무형자원으로서 일하는 사람에게 체화되어 있다. 사람이 경쟁력 있는 기술이나 노하우를 축적하고 있다는 것을 인식한다면 인적자원의 중요성을 이해할 것이다.

삼성전자의 이건희 회장은 무형자원으로서 브랜드 자산의 중요성을 깨달았다. 그는 반도체 수익 이상으로 브랜드 자산을 높이는 것이 중요하다고 보고 이를 향상시키는 데 많은 마케팅 노력을 기울였다.

경영 과정에서 고객들과 오랜 신뢰 관계와 정보를 확보하는 것은 무형자원을 확보하는 것이 된다. 고객으로부터 사랑 받는 기업이 된다는 것은 엄청난 무형자원을 확보하는 길이다. 자동차기업이 공정을 표준화시키듯이 서비스기업도 사업 프로세스를 표준화시키고 서비스품질을 높이는 것이 무형자원을 재정립하는 길이다.

기업가는 유형자원이 부족하다고 인식하면 무형자원을 재정립하면서 자원을 키워갈 수 있다. 기업 내부에서 창조적인 기업문화를 정립하는 것은 이에 해당한다. 조직문화는 기업 구성원들이 특유의 가치관을 공유하는 것을 말하는데, 이러한 조직문화는 유형자원, 무형자원, 인적자원을 결합하는 중요 개념이다. 창조적인 조직문화를 형성하는 것이 중요한 이유이다. 또한 기업가는 전략적 제휴를 통해 외부와 연결, 외부기업이 가지고 있는 무형자원을 연결시킬 수 있다. 우리는 자원 때문에 내부와의 협력과 외부와의 협력이 중요한 시대에와 있다.

조직의 방향이 자원을 중심으로 이동한다고 보는 것이 자원의존이론(resource dependence theory)이다. 이 이론은 기업을 '여러 생산적인 경영자원의 복합체'로 정의한다. 가치사슬을 보면 기업의 자원을 어디에 집중하면서 사업의 방향을 이동하여야 하는가 볼 수 있다. 경쟁의 범위를 보다 넓게 보고 자신의 자원을 바라보면, 자원을 가치사슬의 어느 부분에 연결시켜 보이지 않는 자산을 확대시킬 수 있는가 볼 수 있게 된다.

역량은 기업과 기업이 경쟁하는 시장이 진화하고 있을 때 새로운 자원을 배합할 수 있는 능력을 말한다. 마케팅역량(marketing competencies)이 중요시되는데, 이는 여러 능력을 필요로 한다. 예를 들어, 시장정보를 수집·해석하고 사용하는 능력, 고객관계를 관리하는 능력, 보다 효율적으로 고객서비스를 전달하기 위해 유통업자들과 협력관계를 만들어 서비스를 효율적으로 전달하는 능력, 새로운 제품 개발과 상품화, 공급망형성 등을 필요로 한다. 책 전체에서 이러한 역량을 설명하고자 한다.

자원의존이론은 프라하라드(Prahalad)와 하멜(Hamel)의 〈기업의 핵심역량(core competence of corporation)〉이라는 논문이 발표되면서 동태적으로 기업성장을 분석하는 개념으로 발전되었다. 그들은 일본기업을 연구하면서 혼다에 주목하였다. 혼다는 작은 엔진에 핵심역량을 가지고 있었고 소형자동차, 오토바이, 잔디깍기 기계, 분사식 제설기 등으로 관련 제품의 다각화가 가능했다. 이러한 핵심역량은 하루아침에 형성되는 것이 아니라 장기적으로 한 우물을 파는 장인정신에서 나타난다. 혼다의 핵심역량은 세계 1위가 되겠다는 야망을 가지고 오늘이 어제보다 나아야 한다는 지속적 혁신이 있어 가능했다.

이와 같이 핵심역량(core competncies)은 탁월한 기술의 결합으로, 경쟁기업에 비해 더 잘할 수 있는 경쟁 능력을 말한다. 우리는 이 책을 통해 마케팅역량을 기르려고 한다. 마케팅역량이 핵심역량이 되려면, 다른 경쟁기업보다 강한 역량이 함양되어야만 핵심역량이라고 말할 수 있다. 기업이 핵심역량을 가지고 있는가 아닌가는 다음 세 가지 기본 특성으로 식별될 수 있다.

- 기업이 핵심역량을 가지고 있으면 고객의 지각된 가치에 공헌한

다. 즉, 기업이 가지고 있는 핵심역량은 고객들에게 기본 이점을 제공한다. 핵심역량은 사용자 편리성, 예외적인 서비스, 신뢰성, 증가된 생산성과 같은 고객이점을 전달한다.

● 기업이 가지고 있는 역량이 핵심역량으로 인정받기 위해서는 경쟁적으로 차별화되어야 한다. 또한 경쟁자가 모방하기 어려운 것이어야 한다. 조직의 관행, 절차, 사람들에게 깊이 뿌리박혀 있어 경쟁자가 모방하기 어렵다.

● 핵심역량은 새로운 사업분야로 맞추어 새로이 적용할 수 있어 새로운 사업기회를 창출할 수 있다.

3절. 시장지향 전략 프로세스

 기업이 자원과 역량을 가지고 전략을 수행하고자 할 때, 전사적 수준과 사업 수준에서 진행한다. 이 두 수준에서 진행하는 전략적 프로세스에 대해 살펴보기로 하자.

1. 전사적 수준의 프로세스

기업가들은 사회의 미래를 바라보면서 사업의 방향을 재조정해 나가고, 이에 따라 기업의 성격도 변화한다. 기업이 어떠한 방향으로 신제품을 개발하는가는 전사적 수준에서 이루어지는 활동이다. 예를 들어 세계적 공룡기업으로 불리는 GE는 에코이매지네이션(ecoimagination)을 선포하고 태양광 산업이나 수질 개선 사업 등으로 나아가고 있다. 이는 전사적 수준에서 시장지향 전략을 펼치는 것이다.

시장지향 전략은 시장을 움직이는 목표물로 본다. 전사적 수준에서 전략을 펼치려면 이 움직이는 목표물을 향해서 방향을 잡아야 한다. 기업의 자원과 역량을 움직이는 목표물에 적합하도록 맞출 수 있어야 한다. 사업을 하나의 투자 '포트폴리오'로 바라보고, 성장가능한 분야로 자원을 재배치한다. 이 과정에서 최고경영자가 미래를 바라보면서 기업의 자원과 역량을 재해석하는 능력이 중요하게 작용한다. 사업 임무를 정의하고, 환경, 경쟁, 사업 상황을 분석하고, 목표와 전략을 개발하며, 전략을 실행하기 위한 제품, 가격, 유통, 촉진을 정의한다.

시장지향적 전략계획은 기업사명(corporate mission) 정의에서 시작하여 전략적 사업단위(strategic business units:SBU)를 설정한다. 각 SBU에 자원을 할당하고, 새로운 사업을 계획하거나 오래된 사업을 정리하는 과정을 어떻게 이루어 가는지 살펴보고자 한다.

1) 기업사명의 정의

기업은 명확한 사명을 가지고 시작하지만 시간이 경과되면서 그 사명은 불투명해진다. 피터 드러커는 다음과 같은 근본적인 질문을 할 필요가 있다고 제기한다.

- 우리의 사업은 무엇인가?
- 우리의 고객은 누구인가?
- 우리의 사업이 고객에게 주는 가치는 무엇인가?
- 우리의 사업은 앞으로 어떻게 될 것인가?
- 우리의 사업은 앞으로 어떻게 되어야 하는가?

이러한 질문에 기초하여 사명진술서(mission statements)를 작성한다. 훌륭한 사명진술서는 세 가지 주요한 특징을 가진다. 첫째, 목표를 제한하여 소수에 집중한다. 둘째, 주요한 정책과 가치를 강조한다. 셋째, 기업이 활동할 주요한 경쟁적 범위(competitive scopes)를 정의한다. 이 범위는 산업, 제품과 그 응용, 역량, 시장세분화 등을 포함한다.

필자는 대학시절 수동타자기를 배웠으나 얼마 되지 않아 IBM 전동타자기가 나타나 수동타자기 시장을 잠식하는 것을 경험하였다. 대학교수가 되어 전동타자기를 구입하였으나 곧 컴퓨터로 대체되었다. 10년 사이에 글쓰기가 수동타자기, 전동타자기, 그리고 컴퓨터로 대체되는 경험을 하였다.

하이테크기업은 시장의 움직이는 성격을 생각하고 경쟁의 범위를 좁게 잡으면 안 된다는 것을 알고 있다. 소비자들에게 새로운 제품에 대한 정보가 입수되면, 이 제품은 유령제품(phantom product)과 같이 소비자의 행동에 영향을 미치는데, 이 중 하나는 현재 고려하고 있는 제품 선택을 지연하는 것이다. 미래에 대한 기대가 현재의 행동에 영향을 미친다. 시장에는 새로운 진입자들이 계속 나타나 소비자행동에 변화를 주고, 기존의 사업에 위협을 가할 수 있는 잠재력은 이전보다 커지고 있다. 시장의 변화를 선도할 수 있는 창조성을 발휘하는 길만이 이러한 위협에 대처할 수 있다. 새로운 진입자가 출현하면서 시장에서 경쟁강도가 강해지면, 경쟁력을 키우기 위해 혁신을 가속화시키기 때문에 시장상황은 더욱 동태적으로 변화된다.

2) 전략적 사업단위의 설정

대부분의 기업은 한 가지 사업이 아니라 여러 가지 사업을 수행하는 것을 볼 수 있다. 복수의 사업을 전략 수립이 용이한 전략적 사업단위(strategic business unit: SBU)로 나누는 작업을 수행하여야 사업단위에서 구체적인 전략을 수립할 수 있게 된다.

대체로 사업단위는 제품범주수준이나 관련 브랜드군으로 정해지고 있다. 이는 너무 넓게 정의해도 안 되고, 너무 좁게 정의해도 안 된다. 바람직한 전략적 사업단위를 정하려면 다음을 고려해야 한다.

첫째, 기업의 나머지 부분과 분리되어 계획될 수 있는 단 하나의 사업이거나 관련된 사업의 집합을 정해야 한다.

둘째, 경쟁자가 있어야 한다.

셋째, 전략적 계획을 짜고 성과를 내는 것에 책임이 있고, 이익에 영향을 미치는 요소들을 통제할 수 있는 경영자를 두어야 한다.

3) 자원할당: 포트폴리오 분석

전략적 사업단위를 식별하고 난 뒤에는 각 사업단위별로 분리된 전략을 개발할 수 있게 되고, 사업단위 사이에 조정이 가능해진다. 즉, 이미 성장한 사업단위가 가지고 있는 자금을 성장잠재력이 큰 사업단위에 할당하여 전체 먹거리를 크게 하는 것이다. 이를 포트폴리오 분석이라고 한다. 투자론에서 포트폴리오(portfolio)는 위험과 투자수익률과의 관계에서 어디에 투자할 것인가에 관련된다. 위험이 크고 투자수익률이 높은 분야가 있고, 위험이 적고 투자수익률이 낮은 분야를 발견하여 이를 함께 고려하는 것이 포트폴리오이다. 경영 전략 분야의 포트폴리오는 시장성장률과 시장점유율을 가지고 성장가능성 분야를 찾아 키우려고 한다.

가장 쉽게 이해되는 분석은 보스턴컨설팅그룹(Boston Consulting Group)

의 분석이다. 중요한 두 가지 축이 있는데, 한 축은 경쟁자들과 비교하여 시장점유율 상태가 어떠한지 판단하는 상대적 시장점유율(relative market share)이다. 상대적 시장점유율은 해당 사업단위의 시장점유율과 그 산업에서 최대경쟁사의 시장점유율을 비교하여 결정한다.

다른 축은 사업을 행하고 있는 시장 자체가 전체적으로 얼마나 성장하고 있는가 보는 시장성장률(market growth rate)이다. 시장성장률은 작년보다 올해 시장 전체가 얼마나 성장했는지 보는 것이다. 외부적인 여러 변수에 의해 성장에는 변화가 나타나고 기업에 기회와 위협을 제공하고 있다. 보통 10퍼센트를 기준으로 그 이상이면 고성장, 그 이하이면 저성장으로 분류한다.

상대적 시장점유율의 높음과 낮음, 시장성장률의 높음과 낮음을 가지고 분류하면 [그림 2-2]와 같이 네 가지 분류가 나타난다. 기업의 전략적 사업단위가 이 분류 속에 들어간다고 가정하고 설명해보자.

[그림 2-2] 보스턴컨설팅그룹의 포트폴리오 분석

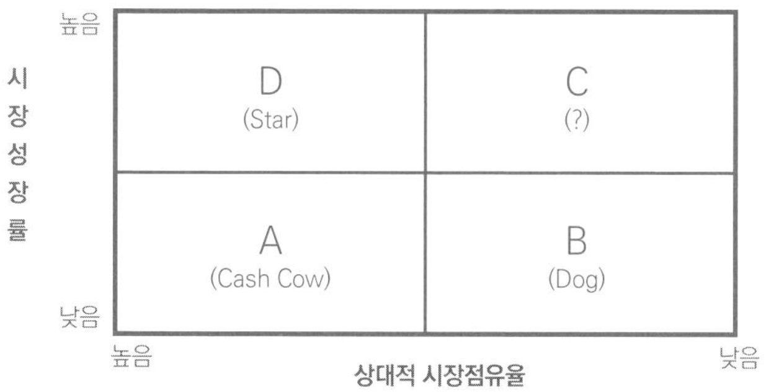

	높음	낮음
높음	D (Star)	C (?)
낮음	A (Cash Cow)	B (Dog)

시장성장률 / 상대적 시장점유율

여기서 이 회사의 네 가지 사업이나 제품 중 A는 이미 성장하여 시장점유율은 크지만 시장성장률이 낮은 업종으로 자금이 많은 사업이나 제품으로써 캐시 카우(Cash Cow)라고 불린다.

B는 시장점유율도 낮고, 시장성장률도 낮기 때문에 사양사업이나 제품에 해당하여 도그(Dog)라 불리며 계속 이 범주에 머물면 철수를 신중히 고려할 필요가 있다.

C는 시장점유율은 낮으나 전체 시장이 성장하는 분야에 있기 때문에 퀘스천 마크(Question Mark)에 해당하며 경영자의 판단에 의해서 성장시킬 것인지 아닌지를 판단해야 한다.

D의 경우는 시장점유율과 시장성장률 양쪽이 높기 때문에 스타(Star)로 불리며 계속 성장시킬 사업이나 제품이 된다. 이러한 업종을 가진 기업이 성장기업이 된다. 그러므로 기업 투자의 방향은 높은 시장점유율과 낮은 시장성장률을 가진 캐시 카우(Cash Cow)가 자금을 많이 확보하고 있기 때문에 이 자금을 다른 분야로 투자하여 이미 성장이 정체되어 있는 분야에서 성장하고 있는 분야를 활성화시켜 기업을 성장시키고자 한다. 이 분야는 퀘스천 마크(Question Mark)에 있는 업종 중에서 스타(Star)로 옮겨질 수 있다고 판단되는 분야를 찾아 투자하거나 새로운 연구개발에 투자하여 신제품을 만들어내는 전략을 택하게 된다. 이를 정리하면 다음과 같다.

① 스타(Star): 시장성장률이 높고, 상대적 시장점유율도 높은 제품을 말한다. 이는 빠른 성장을 뒷받침하기 위하여 많은 자금을 필요로한다. 어느 시점에 가서 시장성장률이 둔화되어 캐시 카우가 되면 다

른 부서에 자금을 공급할 수 있다.

② 캐시 카우(Cash Cow): 시장성장률은 낮으나 시장점유율이 높은 사업부를 말한다. 여기에 속한 사업부는 자체뿐만 아니라 다른 사업부가 필요로 하는 자금을 공급하는 역할을 한다.

③ 퀘스천 마크(Question Mark): 시장성장률은 높으나 시장점유율이 낮은 사업부를 말한다. 시장점유율을 유지하고 증가시키려고 많은 자금이 요구된다. 따라서 경영자는 자금과 마케팅 노력을 집중적으로 투입하여 스타 방향으로 키울 것인지, 여의치 않으면 시장을 포기할 것인지 신중히 결정해야 한다.

④ 도그(Dog): 시장성장률이나 시장점유율이 모두 낮은 사업부를 말하며 자체적으로 필요한 자금은 어느 정도 조달할 수 있다. 그러나 산업이 성숙기 내지 쇠퇴기로 접어들어 기업의 산업 내 위치도 불리하다고 판단하면, 자금을 더 이상 투입하지 않으면서 현금의 유입을 극대화하려는 전략을 채택하게 된다.

최고경영자의 목표는 스타 업종을 만드는 것이며, 결정적 판단이 중요하다. 퀘스천 마크(Question Mark)는 스타(Star)로 갈 수도 있고, 도그(Dog)로 떨어질 수도 있으므로 자금을 잘못 투자하면 기업에 부담이 될 수 있다. 이 분석을 사용할 때는 이 분석이 가지고 있는 문제점을 파악하고 적용하여야 한다.

첫째, 이 분석은 시장점유율과 수익성이 정비례한다는 가정을 가지고 있지만, 시장에 따라 반드시 정비례하지는 않는다. 예를 들면, 경쟁이 치열한 시장에서 후발주자로서 가격을 떨어뜨리는 침투전략을 사용하여 시장점유율을 높이려 한다고 가정하자. 이 경우에 시장점유율은 높아질 수 있으나 이익은 감소한다.

둘째, 시장성장률에 대한 기준에 따라 분류가 달라질 수 있다는 점에 유의하여야 한다. 만족스러운 성장률을 10퍼센트 이상으로 잡는데, 이것은 성숙된 시장에서는 너무 높은 기준이다. 특히 오늘날과 같이 성장이 정체되어 있는 시장에서 10퍼센트는 너무 높은 수준이다. 10퍼센트는 특정 첨단기술산업에서나 기대되는 수준이다. 시장성장률이 아니라 다른 시장기회를 결정하는 기술, 경쟁사의 약점, 생산효율 등의 요소 등도 고려하여 시장을 볼 필요가 있다.

셋째, 시장을 어떻게 정의하느냐에 따라 상대적 시장점유율과 시장성장률이 달라질 수 있기 때문에 시장을 잘 정의하는 것이 중요하다.

넷째, 퀘스천 마크(Question Mark)에서 도그(Dog)로 떨어질 수 있는 분야를 철수시키는 전략에서 문제가 발생하는 경우가 많다. 철수하려는 정보가 외부로 새는 순간 주가가 떨어지게 되고 한 분야의 철수는 기업 전체의 신뢰도를 추락시킬 수도 있다. 현실적으로 철수 결정은 경영진의 자존심에 타격을 줄 수 있고 스타 사업을 만들어가는 능력을 약화시킬 수 있다. 그러므로 만족스러운 성과를 내지 못한 제품이나 사업을 철수시키는 것보다 재활성화시키는 전략이 실용적인 경우가 많다.

다섯째, 고성장 단계에 있는 사업부는 반드시 자금을 더 많이 필요로 한다는 가정도 맞지 않는 경우가 많다. 합리적인 경영으로 큰 자금유입 없이도 성장할 수 있기 때문이다.

이러한 포트폴리오 사고는 여러 개의 사업이나 제품을 두고 있는 기업이 자원을 평등하게 투자하려는 것이 아니라 성장가능성이 있는 사업이나 제품에 보다 많은 자금을 투자하고 성장가능성이 적다고 판단되는 사업이나 제품에 투자를 하지 않는 사고이다. 이것은 미국적 사고의 대표적인 예로 GE의 최고경영자였던 잭 웰치가 구조조정을 단행하면서 보여주었다. 그러나 이러한 분석이 가지고 있는 문제점을 검토해볼 때, 정리 부분에서는 신중을 기하고, 스타업종을 찾을 때는 과감할 필요가 있다고 판단된다.

4) 새로운 사업 성장 계획, 오래된 사업의 정리

대한민국 경제개발 5개년 계획에서 볼 수 있듯이 보통 전략적 계획은 5년 이상 장기계획으로 설정된다. 기업은 향후 5년 동안 성장할 수 있는 판매액 목표를 설정하고, 현재의 판매액과 비교하여 격차를 인식하면서 이 격차를 메우기 위한 성장계획을 짜게 된다. 경영 전략은 제품과 시장과의 관계에서 네 가지 전략을 제시한다. 시장침투, 새

[그림 2-3] 제품-시장 그리드

	현재제품	신제품
현재 시장	시장침투전략	제품 개발전략
신시장	새로운 시장개척	다각화전략

로운 시장개척, 새로운 제품 개발, 그리고 다각화이다.

① 집중화된 성장

현재의 제품을 가지고 시장침투전략과 새로운 시장개척을 수행할 수 있다. 이는 현재 사업 내에서 더 나은 성장을 달성할 기회를 찾는 것이다. 시장침투전략(market penetration strategy)은 주어진 기간에 현재 고객들에게 자사의 제품을 더 많이 구매하도록 유도하거나, 경쟁자의 제품을 구매하는 고객을 자사 쪽으로 끌어오거나, 제품을 사용하지 않는 고객을 끌어들이는 것이다.

다른 방법은 현재의 제품을 가지고 새로운 시장개척(new market development)을 시도하는 것이다. 잠재고객 집단을 찾아 첨가적인 유통경로를 추구하여 판매액을 높일 수 있다. 이러한 집중된 성장기회를 통한 성장은 한계가 있어 통합적 성장을 고려한다.

② 통합적 성장

산업 내의 후방적·전방적·수평적 통합을 통하여 판매액과 수익을 증가시킬 수 있다. 공급자를 더 확보하여 후방통합(backward integration)할 수 있고, 도매상이나 소매상과 같은 유통업자를 더 확보하여 전방통합(forward integration)할 수도 있다. 그러나 기업이 획기적으로 성장하기 위해서는 통합적 성장만으로 충분하지 않아 다각화 성장기회를 찾는다.

③ 다각화 성장

사업을 다각화((diversification)하면서 기회를 발견하여 획기적인 성장을 한다. 매력적이고, 강점을 가지고 있는 새로운 사업에 뛰어들면서 새로운 제품과 새로운 시장기회를 잡는다. 이는 새로운 기술을 가지고 새로운 제품을 개발하고 출시하면서 실현된다. 현재의 기술, 제품, 시장과 전혀 관계없는 새로운 사업을 추구하면서 성장할 때 진정한 다각화가 실현된다.

④ 오래된 사업 정리

새로운 사업을 개발함과 동시에 오래된 사업을 정리하면서 기업의 자원을 다른 곳으로 집중시킨다. 이는 기업의 업종이 변화되고 있음을 말해준다. 기술이 빠르게 발전하고 산업이 재편되고 있기 때문에 이러한 활동이 전보다 더 중요해지고 있다.

2. 사업단위에서 시장지향전략

기업이 사업 포트폴리오 분석을 통해 새로운 사업을 계획하고 오래된 사업을 정리하는 결정을 내렸다면, 각 전략적 사업단위가 활동하는 시장에서 경쟁기업을 식별하여 이들과의 경쟁에서 이길 수 있는 경쟁전략을 수립하여야 한다.

이를 위해 사업단위는 경영자원과 다른 경쟁기업이 가지지 못한 핵심역량(core competence)이 있어야 하며, 이러한 경영자원과 핵심역량이 경쟁자들과 비교되어 우위를 갖게 된다. 핵심역량을 이해하기 위해 보통 일본의 장인정신이 배어 있는 기업, 혼다를 이야기하는 경우가 많다. 혼다는 엔진에 핵심역량을 축적했기 때문에 자동차, 오토바이, 소형선박, 잔디 깎는 기계 등으로 다각화할 수 있었다. 이러한 핵심역량은 오랫동안 축적된 것, 특허 등을 내면서 다른 기업이 모방하기 어려운 사업이어야 한다.

사업단위에서 시장지향전략 계획은 다음 단계가 필요하다.

1) 기업임무 설정

전사적 수준에서 기업 전체의 임무가 설정되고, 사업단위에서는 이러한 기업 전체의 임무 내에서 자신의 특정 임무를 설정하고 시장지향적 전략 계획을 수립한다.

2) 스와트(SWOT) 분석

기업의 강점, 약점, 기회, 위협(strengths, weaknesses, opportunities, threats)에 관한 전반적 평가를 스와트(SWOT) 분석이라고 부른다. 강점과 약점은 내부자원과 능력을 분석하면 나오고, 외부환경을 분석하면서 기회와 위협을 찾는다. 스와트 분석을 통해 기업이 수행할 수 있는 마케팅전략 대안은 [그림 2-4]와 같다.

내부자원과 능력을 분석하여 강점이 있고, 외부환경 분석에서 기회가 발견되면 기회를 선점하고 다각화를 시도한다. 시장기회는 있지만, 내부자원과 능력에 약점이 있다고 판단되면 자신이 가진 핵심역량을 강화하고, 전략적 제휴를 통해 보완한다.

3) 목표설정

스와트(SWOT) 분석이 끝나면 보다 명확하고 측정 가능한 목표를 설정해야 한다. 측정 가능하도록 설정된 목표는 경영계획, 실행, 통제를 명확하게 이룰 수 있게 한다. 이는 피터 드러커가 제창한 목표에 의한 관리(Management By Objectives: MBO)를 통하여 여러 목표가 계층성으로

[그림 2-4] 마케팅전략 대안

외부환경 분석

		기회	위협
내부 자원과 능력 분석	강점	시장기회 선점 다각화	시장침투 제품계열 확장
	약점	핵심역량 강화 전략적 제휴	철수 재구축

배열되고 수량적으로 진술되어 현실적으로 일관성 있게 전개되도록 해야 한다.

4) 전략 형성

사업단위는 원가우위와 차별화 전략 중 택할 수 있다. 주요 현대 경영 전략을 펼칠 수 있으며, 그중 전략적 제휴(strategic alliance)가 중요한 전략으로 떠오르고 있다. 제품이나 서비스 제휴, 촉진 제휴, 로지스틱스 제휴, 가격결정 협약 등이 이루어진다.

5) 프로그램 형성

사업단위가 주요 전략을 개발하면, 상세한 지원프로그램을 실행하여야 한다. 기업이 기술 선도력을 확보하려면 알앤디 부서를 강화하고, 첨단기술 연구동향을 파악하고 시장을 선도할 제품을 개발하고 판매원들을 훈련시키며, 기술 선도력을 커뮤니케이션할 광고를 개발해야 한다. 마케팅프로그램이 형성되면, 코스트를 추정해야 한다.

6) 실행

명확한 전략과 지원프로그램은 실행(implementation)을 통하여 빛을 발휘한다. 탁월한 성과는 높은 목표를 지닌 문화와 유연하고 반응적인 구조, 그리고 흠 없는 집행(execution)에 달려 있다.

7) 피드백과 통제

전략 실행 과정에 기업은 실행결과를 추적하고 내부, 외부환경에서 일어나는 일을 감시하면서, 환경 변화에 기업의 전략이 맞도록 해야 한다. 일을 올바르게 수행하는 능률성보다 올바른 일을 수행하는 효율성이 더욱 더 중요해지고 있다. 환경 변화에 맞지 않는 일을 수행하여 사업 자체가 올바른 일이 아니면, 그 일을 아무리 능률적으로 수행해도 의미가 없기 때문이다.

4절. 마케팅 프로세스

 마케팅의 전략적 과정은 세분화, 표적화, 포지셔닝(segmenting, targeting and positioning) 과정이고, 전술적 과정이 마케팅믹스로서 전략이 전술에 앞서서 전개된다. 그러나 이러한 전략적 과정의 앞부분에 마케팅기회 개발이 있다. 기회를 발견하기 위해 거시환경 분석, 소비자행동 분석, 경쟁자 분석 등이 필요하다. 이러한 분석은 전략과 전술에 선행한다.

마케팅 프로세스를 전략과 전술 부분으로 바라보면 [그림 2-5]와

[그림 2-5] 가치선정, 창출, 전달, 소통의 연속선

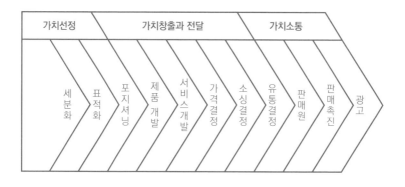

같은 가치선정, 창출, 전달, 소통의 연속선으로 바라볼 수 있다.

마케팅기회 개발이 중요하니 마케팅전략 개발, 마케팅믹스 개발에 대해서 알아보기로 하자.

1. 마케팅기회 개발

기회를 찾아야 전략과 전술을 개발하여 성과를 창출할 수 있다. 기회를 개발하는 것이 먼저인 이유이다. 다음 장에서 설명할 정보시스템과 조사시스템을 갖추고자 하는 것은 기회 발견과 관련된다. 스와트 분석에서 살펴본 바와 같이 환경 분석에서 기회와 위협이 도출된다. 환경에 대한 이해는 미시환경과 거시환경으로 나눈다. 미시환경 분석은 제품을 생산하고 판매하는 기업의 능력에 영향을 미치는 요소로서, 공급업자, 도매상, 중간상인, 고객, 경쟁자에 대한 분석이다. 거시환경 분석은 인구통계적, 경제적, 물적, 기술적, 정치적, 법적, 그리고 사회문화적 요인을 분석하는 것이다. 소비자행동을 분석하면 충족되지 않는 영역을 발견할 수 있다. 소비자행동에 대한 이해는 심리학, 사회학, 문화인류학적인 연구결과에 대한 다양한 이해를 필요로 한다. 그 부분은 4장과 5장에서 자세히 다루고자 한다.

2. 마케팅전략 개발

기회를 발견하면 전략을 개발해야 한다. 시장세분화를 통해 표적시장을 찾고, 그 표적시장에서 차별화하고자 포지셔닝 전략을 개발한다. 이 전략은 경쟁상황 속에서 기업이 타사와 자사를 차별화시키려는 전략이다. 소비자의 마음속에 경쟁사와 차별화된 것을 심는 전략을 개발하면 신제품 개발과 시장확산의 방향이 도출된다. 전략은 글로벌로 나아가고, 오프라인을 넘어 온라인을 결합하면서 나아가고 있다.

3. 마케팅믹스 개발

마케팅전략에 맞추어 제품, 가격, 촉진, 유통이 결합되어 이루어지는 마케팅믹스 개발이 뒤따른다. 가장 기본적인 것은 제품결정(product decision)이다. 제품, 질, 디자인, 특징, 브랜드, 포장을 포함하는 제품을 개발한다. 임대, 배송, 수리, 훈련과 같은 서비스에 대한 이해가 중요해지고 있다.

실무에서 가장 시급한 것은 가격결정(pricing decision)이다. 유통결정 (place decision)은 제품을 표적고객에게 접근하여 유용하게 만든다. 촉진결정(promotion decision)은 기업이 제품을 표적시장으로 의사전달하고 촉진하기 위해 수행하는 모든 활동을 포함한다. 판매원을 고용, 훈련, 동기유발시키고, 광고, 판매촉진, 공중관계, 스포츠마케팅을 통해 촉진력을 높인다. 이러한 마케팅믹스에 대해 구체적으로 이해하고 펼쳐가는 것이 마케팅의 핵심에 해당한다. 우리는 이 책의 많은 부분을 마케팅믹스에 대한 구체적 이해에 할당하려고 한다.

본 장은 세종대왕의 사례에서 마케팅 시장 지향성의 근본을 찾고자 했다. 세종대왕이 국민을 바라보고 훈민정음을 만드는 과정과 미래를 여는 시각을 이해하면 할수록 놀랍다. 대한민국 마케팅 연구의 단초를 여기에서 발견할 수 있다. 과학기술, 음악, 언어창제 등 다양한 수행에서 미래를 향한 마케팅 모습을 발견할 수 있다. 이러한 국민 지향 사례는 정부와 기업, 그리고 모든 조직의 경영자에게 중요한 시사점을 제공한다. 기업가정신은 사회와 미래를 바라볼 수 있어야 한다. 위로만 크는 나무는 그늘을 만들지 못하고, 홀로 자라는 나무는 숲을 이루지 못한다. 주변에 그늘을 만들고, 이웃과 함께 살아가는 기업가정신이 발휘되어야 한다. 유한양행의 창시자인 유일한 박사가 돋보이는 것은 초지일관 기업의 사회성을 강조하고 실천했기 때문이다. 기업은 자원과 역량, 그리고 핵심역량을 찾아가야 한다. 그리고 이 핵심역량을 가지고 다각화를 시도하면서 범위를 확장해나갈 수 있다.

시장지향 전략적 프로세스는 경영 전략이라는 큰 그림 속에서 마케팅 프로세스가 전개되어야 함을 일깨우고 있다. 세 가지 수준의 마케팅 프로세스 기회 발견에서 전략과 전술이 펼쳐져야 함을 강조하고자 한다.

■ 참고문헌

김학주 역주 (2013),《맹자》, 서울대학교출판문화원, p648~649.

박영규 (2004),《한권으로 읽는 조선왕조실록》, 웅진닷컴.

장세진 (2012),《경영전략》, 박영사.

필립코틀러 지음, 안진환 번역 (2010)《마켓 3.0》, 타임비즈.

황창규, 〈스티브 잡스보다 더 위대한 세종대왕〉, 중앙경제, 2011년 1월 14일.

Hamel, Gary and C.K. Prahalad (1989), 〈Strategic Intent〉, Harvard Business Review, p67, p63-76.

Kotler, Philip and Kevin Kellen (2012), 《Marketing Management》, 14th edition, Prentice- Hall.

Prahalad, C.K. and Gary Hamel (1990), 〈The Core Competence of the Corporatio〉, Harvard Business Review, May-June, p79-91.

Marketing

3

환경 분석,
정보,
그리고 조사

Marketing

대한민국은 동북아의 패권 싸움에 직면해 있다. 현재 일본·중국과의 관계가 16세기 이순신 장군이 살았던 시대와 비슷한 양상으로 나타나고 있다. 우리는 앞 장에서 세종대왕이 중국의 한자에 대항하여 우리나라 토양에 맞는 언어를 창출하는 문인정신을 보았다. 나라를 지키려면 무인정신도 필요하다. 일본과 대적하여 우리나라를 지킨 가장 큰 인물로 이순신 장군을 꼽지 않을 수 없다.

2015년 서울대학교 행정대학원 국가리더십센터에서는 이순신을 대항해시대의 국가지도자로 보고, 동아시아 국제 질서가 격변하는 과정에서 능동적, 주체적으로 시대에 맞섰던 인물로 이순신을 조명하고 있다. 우리는 위기의 시대에 위대한 지도자의 탄생을 본다. 해군

대학에서는 오래전부터 이순신 장군을 제독으로 부르고, 한국해전사에서 빛나는 해전들을 분석해왔다. 이러한 분석은 경영 전략과 마케팅전략에 엄청난 시사점을 던지고 있다.

임진왜란은 1592년 4月부터 시작되어 7년의 긴 전쟁으로 조선이 중국 명나라와 연합하여 왜군을 격퇴시킬 때까지 진행되었다. 이 전쟁이 시작되고 조선이 수세에 몰리다가 공세로 변하기 시작한 것은 이순신 장군의 한산도대첩으로 60척의 왜군 배를 전멸시키면서 부터였다. 이순신 장군은 왜군과 23전 23승을 거둔, 전 세계 해전 역사에서 다시 볼 수 없는 전공을 세웠다. 장군의 3대 대첩을 한산도, 명량, 노량진으로 보는데, 여기서는 명량해전에서 12척의 배로 133척의 왜군을 어떻게 이길 수 있었는지 분석하여 보고자 한다.

이 해전은 위기상황에서 올바른 정보와 전략적 의지가 얼마나 중요한지 보여준다. 명량해전(鳴梁海戰)은 1597년 9월 16일(양력 10월 25일)에 치른 해전이다.

이 해전을 치루기 전에 이순신 장군은 모함을 받아 한산도 본영에서 서울로 압송되고, 원균이 수군통제사로 임명되었으나, 원균은 칠천량해전에서 섬멸적인 타격을 입고 전사하게 된다. 조정은 크게 당황하여 도원수 권율의 휘하에서 백의종군하던 이순신을 다시 기용하여 복직시키고 수군을 재정비하도록 한다. 이순신은 12척의 배를 확보하였으나, 조정은 이 숫자로는 해전 수행이 불가능하다고 판단, 해전을 포기하고 육지에서 싸울 것을 명한다. 그러나 이순신 장군은 이 명을 철회 요구하는 다음과 같은 장계를 올려 수군력의 잔존을 알렸고, 조정은 이것을 받아들이게 된다.

"임진년 이후로 5~6년 동안 왜적들이 감히 충청, 전라도 지방에 침입하지 못한 것은 오직 우리 수군이 적의 해상진출을 성공적으로 차단하였기 때문입니다. 신에게는 아직도 싸울 수 있는 전선이 열두 척이나 있으니 죽을 각오로 싸우면 능히 승산이 있습니다. 그런데 이제 만일 우리 수군을 전폐한다면 이는 오히려 왜적들이 원하는 바가 될 것이며 적은 호남 연안으로부터 한강까지 단숨에 북상할 것입니다. 이것이 바로 신이 가장 걱정하는 바입니다. 전선의 수가 비록 적다고는 하나 보잘 것 없는 신이 아직 죽지 않고 있으니 왜적이 감히 우리를 가볍게 여기지 못할 것입니다."

조선 수군이 해체 위기에 직면해 있을 무렵 왜군은 육상에서 남원을 유린하고 전주에 입성함으로써 사실상 전라도 전역을 석권하게 된다. 일본 수군은 육군의 북진에 호응하여 해로를 따라 서해로 북상하기 위해 어란포에서 남해와 서해의 분기점이 되는 명량수로를 통과할 준비를 하였다. 이 수로가 뚫리면 육지에 물자를 쉽게 수송할 수 있게 되어 결정적으로 불리해진다고 판단하고 이순신은 명량해전을 준비한다. 《난중일기》에서 이순신은 명량해전을 하루 앞두고 다음과 같은 비장함을 보인다.

'수가 적은 수군으로써 명량(鳴梁)을 등지고 진을 칠 수 없다. 그래서 진을 우수영 앞바다로 옮겼다. 여러 장수들을 불러 모아 약속하면서 이르되, 병법에 반드시 죽고자 하면 살고, 살려고만 하면 죽는다(必死則生 必生則死)고 했으며, 또 한 사람이 길목을 지키면 천 사람이라도 두렵

86

게 한다(一夫當逕 千夫足懼)고 했음은 지금 우리를 두고 한 말이다. 너희 여러 장수들은 살려는 생각은 하지 마라. 조금이라도 명령을 어기면 군법으로 다스릴 것이다.'

명량수로는 화원반도와 진도 사이의 좁은 수로로써 조수 간만 시 유속이 빠르고 암초가 많아 대형선박의 통과는 어려운 곳이었다. 조선은 12척, 일본은 133척이라는 수적인 열세에도 감정적으로 흔들리지 않고 이순신 장군은 '명량(울돌목)'에 대한 정확한 정보를 입수하였다. [그림 3-1]에서 볼 수 있듯이 좁은 울돌목 물살을 분석하여 12척의 배로도 물리칠 수 있다는 확신을 통해 문제를 새롭게 정의하였다.

[그림 3-1] 명량해전과 울돌목

오늘날 연구 자료에 의하면 명량은 세계에서 다섯 번째로 빠른 조류가 흐르는 곳으로, 최고 조수속도는 한강에 홍수가 일어났을 때의 유속보다 열두 배 빠르다는 분석도 있다. 그 당시에도 빠른 물결에 대한 정보가 있었고, 이순신 장군은 이를 이용한 전략을 구상한다.

[그림 3-1]은 그때 상황을 보여준다. 조선수군 12척이 울돌목 앞에서 적의 병선이 보이는 곳에 있고, 병선으로 가장한 어선이 멀리 뒤에 있으면서 적을 유인하고 있다. 좁은 울돌목으로 5척 밖에 못 들어와 12대 5의 싸움을 시작하고, 그 뒤에 오는 배들은 화포와 물살에 엉기게 되는 전략을 펼치고 있다.

이순신 장군은 적의 동태를 파악하고, 지형과 물살에 대한 철저한 정보 분석에 기반을 두어 전략을 펼쳤다. 이러한 정보는 개인적으로 입수된 것이 아니라 오랫동안 경험을 쌓은 지역주민의 도움을 받으면서 획득한 정보라는 점도 의미가 있다. 이순신은 지역주민의 정신적이고 물질적인 지원을 받고 있었다.

지도자 이순신 장군의 삶은 오늘날 경영자에게 던지는 시사점이 크다. 그는 나라를 사랑하는 마음이 충만했다. 정성스럽고, 정의로우며, 아무런 지원도 없이 자력으로 일을 수행할 수 있는 능력을 지녔다. 12척으로 133척을 대적할 수 있는 자신감은 어디에서 나오는가? 그 이전에 한산도대첩에서 왜군에게 보여준 저력이 있었다. 히데요시가 왜군에게 '이순신과는 싸우지 말라'라는 말을 할 정도로 왜군은 이순신 장군을 두려워했다. 이순신 장군이 강한 자신감을 보인 것은 '죽으면 죽으리라'라는 결의를 가지고, 해전 전개과정에 대한 철저한 사전 준비와 전략적 방향을 지니고 있었기 때문이다.

이순신 장군의 전략은 오늘날 틈새시장을 발견해야 하는 중소기업인에게 던지는 시사점이 크다. 울돌목과 같은 공간을 발견하여 사업을 할 수 있다면 적은 수를 가지고도 승리할 수 있다는 것을 보여준다. '신에게는 12척의 배가 있습니다'라는 말은 자신과 12척의 배가 결코 적은 숫자가 아니라는 의미이다. 적이 두려워하는 지도자가 있고, 적은 숫자로도 이길 수 있는 자신감이 중요하다. 중소기업일수록 기업가와 기업가정신이 기업의 미래를 결정적으로 지배한다.

좁은 공간에서는 물살을 파악하고 공격하는 적을 유인할 수 있는 전략적 능력을 지녀야 한다. 작은 규모로 큰 규모의 적을 이기려면 싸움 환경에 대한 철저한 정보 분석, 의지, 그리고 능력이 결합되어야 함을 일깨워준다. 중소기업이 지역에 토착화되어 있을 때, 진정성을 가지고 그 지역주민의 사랑을 받지 못한다면 대기업 자본의 힘에 견딜 수 없게 된다. 대한민국에서 사업을 하면서 국내 지역에 능통한 국내기업들이 강한 네트워크와 지역주민에 대한 강한 애정을 가지고 혁신하면, 토착기업으로서 대기업과 경쟁가능하고, 더 나아가 대한민국으로 들어오는 다국적기업과도 경쟁이 가능하다.

그리고 이 사례에는 놀라운 분석력이 종합화되어 있다. 일종의 빅데이터 분석이 있다. 400년 전 이순신 장군은 전략을 펼치기 전에 지형과 물살, 적의 동태에 대한 철저한 데이터 분석을 수행하였다. 이는 탐색적일 뿐만 아니라 객관적이고 과학적으로 수행된 것으로 판단된다.

1절. 거시환경 분석

 오늘날 기업은 국내시장에서 거시환경이 일상적으로 변하고 있고, 해외시장에서도 변화가 계속 나타나고 있다. 2015년 가장 큰 화두는 미국과 중국의 G2시대의 부상이다. 중국이 거대 경제로 부상하고 있는 것이다.

중국에 대한 거시환경 분석을 하면 이전 자료가 틀리다는 것을 알수 있다. 대한민국이 세계 최고였던 조선과 철강 산업의 경쟁력이 중국으로 넘어가고 있고, 상하이 푸동지역을 중심으로 금융대국과 정보통신대국으로 진입중이다. 중국은 이미 세계 2위의 경제대국이 되면서 전통산업 중심에서 하이테크산업 중심으로 이동하고 있다. 중국으로 진출하려는 기업이 중국에 관한 거시환경을 분석한다면, 인구통계적, 경제적, 정치적, 문화적 환경을 총체적으로 분석하여야 한다.

거시환경 분석이 전략상 꼭 필요한 이유는 스와트(SWOT) 분석에서도 알 수 있다. 이 분석에서 강점과 약점(Strength & Weakness) 파악은 내부환경 분석에서 오지만, 기회와 위협(Opportunity & Threat)은 거시환경 분석에서 온다. 거시환경 분석을 통해 변화의 추세를 이해하고, 자원의 투입을 효율적으로 하는 방향을 찾을 수 있다. 거시환경 분석의 체계에 대해 살펴보기로 하자.

1. 인구통계적 환경 분석

인구(population)에 대한 이해는 환경 분석에서 우선적으로 수행한다. 관심 있는 국가, 도시, 지역의 인구, 성장률, 나이 분포, 교육 수준, 가계 패턴, 지역 특징에 대한 분석을 수행한다.

마케팅 활동의 효과가 미래에 나타나기 때문에 현재의 인구뿐만 아니라 장기적인 인구성장률 동향에도 관심을 가져야 한다. 인구의 증가는 제품과 서비스의 수요증가를 의미한다. 인구의 연령층 분포를 살펴본다. 이 분포는 제품의 수요에 크게 영향을 미친다. 인구의 지리적 분포도 이해해야 한다. 인구가 대도시에 집중되어 있을수록 마케팅에 유리하다. 때로는 교육 수준에 대한 분석이 필요하다.

가계패턴(house patterns) 분석도 필요하다. 전통적인 가계는 남편, 아내, 어린이로 구성되어 있었다. 현재는 독신자, 부부만 있는 가계 등으로 패턴이 변하고 있다. 인구의 지리적 분포도 다르다. 대도시 중심으로 인구가 몰리는 경향이 나타나고 있다.

이러한 인구통계 환경에 대한 이해는 시장세분화의 기반이 된다. 나이, 성별, 교육, 지리, 라이프스타일 등을 기준으로 대중시장을 수많은 보다 작은 시장들(micromarkets)로 세분화시키는 것으로 이 책의 시장세분화의 장에서 다시 다루고자 한다.

2. 경제적 환경 분석

경제적 환경은 소비자의 구매력이나 소비지출에 영향을 미치고, 소비자행동 변화는 마케팅 활동에도 직접적인 영향을 미친다.

경제는 선진국, 개발도상국, 후진국 등 국가가 처한 산업구조에 따라 다르게 나타난다. 우리나라와 같이 가공수출 중심의 경제는 칠레, 베네수엘라 등 자연자원수출에 의존하는 원료수출형 경제 또는 농업에 종사하면서 자급자족에 의존하는 경제와 산업구조가 다르다. 산업구조가 다르기 때문에 제품이 달라지고 마케팅 내용도 차이가 있다.

경제를 크게 네 가지로 분류하면 자급자족 경제, 원자재수출 경제, 산업화 과정 경제, 산업 경제로 나눌 수 있고 이에 따라 소득분포가 다르게 나타난다. 선진국과 개발도상국 사이에서 경제 환경이 변화되고 있다. 산업화 과정에 있는 경제로서 개발도상국에서 생산이 계속 늘어가고, 중국과 인도 경제가 성장하고, 미국이나 일본에서 판매되는 많은 제품이 중국 등 개발도상국에서 제조되고 있다.

우리는 마케팅은 수요를 창출하고 관리하는 활동이라는 것을 살펴본 바 있다. 소비자의 지불능력인 구매력은 시장수요와 직결된다. 구매력은 현재 소득, 물가, 저축 등에 의존한다. 정부는 기업 대출이 용이하도록 금리를 낮추고, 은행은 낮은 이자로 기업에게 대출을 해주고 기업 활동을 용이하게 한다.

특정 국가 경제 내에서 빈부 격차가 나타나고, 마케팅과 제품소비에서도 이러한 빈부 격차를 반영한다. 필리핀, 인도, 태국 등에서 상류층의 소비수준이 높아 삼성, LG 등은 고가 전략을 선택하기도 한다. 1인당 소득(per capita income) 분석과 같은 소득 분석은 그 국가의 경제개발단계, 산업화, 복지수준뿐만 아니라 시장규모와 그 질적 수준을 이해하는 데 도움을 준다.

3. 정치적 환경 분석

정치적 환경 분석은 위험도 분석과 연결되어 있다. 정치와 법률 분석, 인구 분석, 산업구조 분석, 소득 분석 등이 연관된다. 정치적 불안정과 급변은 공장 설립 등 대단위 투자에서 불확실성 지각을 증가시킨다. 정치적으로 불안정해지면 외국 투자자가 현지를 떠나버리고, 정치적 안정이 회복되면 투자가 몰려오는 현상이 나타난다. 정치적 요소는 국가와 제품의 이미지와 관련되어 소비자들이 심리적 거리를 달리하게 만든다. 2001년 9월 11일 뉴욕에 테러 발생으로 미국이 아프가니스탄을 공격하였을 때 이슬람 국가에서 맥도날드 불매운동이 나타난 바 있다. 2015년부터 아이에스(IS) 테러가 발생하면서 이러한 위험의식은 더욱 커지고 있다.

4. 기술적 환경 분석

기술은 제품에 담겨 차별화를 달성한다. 정보통신과 생명공학으로 특징되는 첨단기술은 세계를 하나로 묶는 강력한 힘으로 작용하면서 기업경영을 글로벌로 변화시키고 있다.

오늘날 첨단기술은 파도타기 원칙(the principle of surf-riding)이 적용되어 기술이 파도처럼 밀려오지만 곧 새로운 기술이 출현하여 시장을 지배하면서 이전 기술은 밀려버리는 현상이 나타나고 있다. 기술의 첨단화는 기업의 글로벌 활동을 다양하게 변화시켜 사회적 변화를 주도하고 있으며, 그에 따른 경영활동의 방법과 범위를 변화시키고 있다. 또한 기술의 첨단화는 광범위한 수요를 창출할 잠재력을 잉태시킨다. 의학, 생명공학 및 정보통신기술의 발달은 그 자체가 기업에 커다란 기회를 제공하고, 인간, 기업 및 정부의 목적과 기능을 크게 변화시킬 것이다. 기술 분야에서 우리가 관심을 기울여야 하는 부분은 기술돌파(technological breakthrough)와 기술융합(technological fusion)이다. 컴퓨터 칩의 발달은 기술돌파의 모습을 보여주는데, 항공우주위성 기술은 컴퓨터, 반도체, 통신, 신소재 등 여러 다른 기술이 융합되는 것을 보여준다. 기술융합은 오늘날의 화두가 되고 있다. 기술 분류를 IT, BT, NT, ET, ST, CT 등으로 하지만, 이들의 융합이 빠르게 나타나고 있고, 경영과 마케팅에 변화를 가져오고 있다.

2015년 6월 미래창조과학부는 대한민국의 '13대 미래성장동력' 기술수준을 분석한 바 있는 데, 이 분야에서 최고 기술국은 미국이며, 최고그룹, 선도그룹, 추격그룹, 후발그룹, 낙후그룹 등 다섯 개로 나누었을 때, 우리나라는 선도그룹과 추격그룹으로 평가되었다. 여기서 선도그룹은 5세대 이동통신, 웨어러블 스마트 디바이스, 실감형 콘텐츠, 지능형 반도체 등 네 개의 분야로 분류된다.

- 5세대 이동통신 (선도)
- 심해 해양플랜트 (추격)
- 스마트카 (추격)
- 지능형 로봇 (추격)
- 웨어러블 스마트 디바이스 (선도)
- 실감형 콘텐츠 (선도)
- 맞춤형 웰니스 케어 (추격)
- 재난 안전관리 스마트 시스템 (추격)

- 신재생 에너지 하이브리드 시스템 ^(추격)
- 지능형 반도체 ^(선도)
- 융복합 소재 ^(추격)
- 지능형 사물 인터넷 ^(추격)
- 빅데이터 ^(추격)

대학 및 정부출연연구소 등에서 창업해 연구개발중심기업으로 나타나는 벤처기업은 기술적 환경변화에 대한 깊은 이해를 가지지 않으면 안 된다. 그러나 기술, 제품, 시장이 근본적으로 분리된 것이 아니라, 서로 관련이 있기 때문에 기술적 환경 분석은 매우 중요하다.

5. 문화적 환경 분석

중동에서 새로운 시계 신제품을 어떻게 개발할 것인가? 개발을 하려면 중동 문화에 파고들어야 한다. 중동은 유목민족의 전통이 아직 남아 있어서 시계로 보는 시간보다는 자연의 시간을 더 좋아한다. 중동지역에서 기도 시간을 철저히 지키는 문화를 발견하여 기도 시간에 맞추어 알람(alarm)이 울리는 손목시계 아이디어로 신제품 개발에 성공한 사례가 있다. 해외시장은 크기 때문에, 기업이 대한민국의 고유문화를 잃지 않으면서 다른 문화를 받아들이는 문화수용력을 기르는 노력이 중요하다. 대한민국 콘텐츠를 해외로 파는 것도 중요하고, 해외문화를 이해하면서 세계와 호흡하는 것이 더욱 중요해지고 있다. 문화는 한 사회의 인간행동을 규정하는 가치관과 사회적 규범의 총체적 체계이다.

문화는 한 집단이 형성해온 가치관과 규범을 가지고 있어 소비자들이 돈과 시간을 소비하는 라이프 스타일에 영향을 미칠 뿐만 아니라 인간 삶의 내부에 깊게 뿌리내려 보이지 않게 영향을 미치고 있다. 전 인구의 80퍼센트가 힌두교를 믿고 소를 성스럽게 여기는 인도인에게 소고기를 넣은 햄버거를 팔수는 없다. 자기 아내보다 화장품을 더 많이 사용하는 프랑스에서 화장품기업은 기회를 발견할 수 있다. 심각한 문화차이를 이해 못해 기업이 낭패를 당하는 일이 쉽게 나타날 수 있다.

인류학자 에드워드 홀(Edward T. Hall)은 문화에 따라 배경을 중요하게 여기는 정도가 다르다고 분석하였다. 유교주의 문화(중국, 한국, 일본)와 라틴아메리카 문화는 배경(context)을 중요시하는 고배경 문화(high context culture)이다. 미국, 스칸디나비아, 독일 문화는 배경을 중요하게 생각하는 정도가 낮은 저배경 문화(low context culture)이다.

호프스테드(Geert Hofstede)는 문화를 다음과 같이 네 개의 요소로 압축시켰다.

- 개인주의와 집단주의(individualism and collectivism)는 자신과 직계가족에게 관심을 갖는 성향으로 대한민국은 집단주의로 분류되며, 미국, 영국, 네덜란드 등이 개인주의로 분류된다.
- 권력거리(power distance)는 조직 내 부와 권력이 불평등하게 배분되어 있거나 편중되어 있을 경우 이를 어느 정도로 수용하는지 판단하는 것으로, 대한민국은 권력거리가 길게 나타난다.
- 불확실성회피(uncertainty avoidance)는 미래에 대해 위협을 느끼는 정

도와 다른 사람의 의견이 자신과 다를 때 신경을 쓰는 정도이다. 대한민국은 일본, 라틴 국가와 함께 불확실성회피가 강하게 나타난다.

- 남성성(masculinity)은 지배적 가치가 어느 정도 남성다운가 보는 척도인데, 대한민국은 네덜란드 등과 함께 여성성이 강하게 나타나고 일본은 남성성이 강하게 나타나는 차이를 보인다.

6. 자아와 사회적 자아

사람에 따라 독립된 자아(independent self)를 가진 사람과 상호의존적 자아(interdependent self)를 가진 사람이 있다. 이러한 자아 차이는 태도와 행동에 있어서 차이를 보인다는 유명한 연구가 나타났다(Markus and Kitayama, 1991). 캐나다 등 북아메리카와 영국, 프랑스 등 서구 등의 나라는 독립적 자아가 강한 반면, 한국, 일본, 중국 등은 상호의존적 자아가 강한 나라로 분류된다.

사회심리학에서 중요하게 다루는 사회정체감 이론(social identity theory)에 따르면, 개인은 마음속에 자신이 속한 집단이 자리하고 있는 정도가 달라 사회적 자아(social self)형성이 다르다고 주장한다. 사회적 자아가 강하다는 것은 자신이 속한 집단에 대한 집단정체감이 강하다는 의미이다(이규현, 2009). 집단정체감이 강해지면 자신이 속한 내집단을 선호하고 속하지 않은 외집단을 배척하는 현상이 나타난다. 이러한 내집단에 대한 선호와 외집단에 대한 배척은 동양인과 서양인에 따라 다소 다르게 나타난다. 동양인들은 자신이 속한 내집단과 자아가 겹치게 나타나 내집단에 강한 애정을 보이지만, 외집단이나 그

저 아는 이들에게는 상당한 거리감을 두는 경향이 있다. 이에 비해 서양인들은 자신과 내집단 사이에도 일정한 거리를 두며, 내집단에 속한 사람과 외집단에 속한 사람들을 크게 구분하지 않는 행동원리를 따른다. 니스벳(Richard Nisbett)은 [그림 3-2]에서 이러한 동양과 서양의 정체감 차이를 그림으로 잘 요약하고 있다.

[그림 3-2] 동양과 서양의 자아와 정체감의 차이

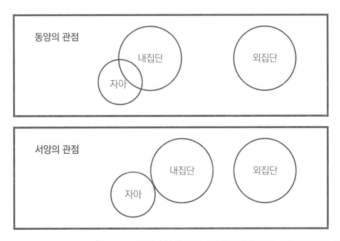

자료: 니스벳 지음, 최인철 옮김 (2004), 《생각의 지도》, 김영사.

2절. 마케팅정보시스템

 시장을 움직이는 목표물(moving target)로 보아야 한다. 움직이는 목표물에 맞추어 마케팅을 펼치기 위해서는 마케팅정보시스템이 구축되어야 한다. 이는 근본적으로 의사결정을 지원하는 시스템이다. 즉, 마케팅정보시스템(marketing information system)이란 마케팅에 활용할 목적으로 마케팅환경에 필요한 자료를 수집·분류·분석·평가·전달하기 위한 사람, 기구, 절차의 체계를 말한다.

이 정보센터에서는 기업 외부의 마케팅환경과 기업 내부의 환경에서 나타나는 변화에 대한 자료를 수집하여 체계적으로 정리한 후 의사결정자에게 제시하는 역할을 한다. 이는 앞에서 설명한 거시환경에서 나타나는 일상정보를 분석하는 일상정보시스템, 내부자료를 분석하는 내부보고시스템, 마케팅조사시스템, 마케팅의사결정지원시스템으로 구성된다.

1 마케팅 일상정보시스템

마케팅환경 변화에서 일상적으로 중요한 데이터와 정보가 쌓이고 있다. 마케팅환경 변화에 일상적으로 나타나는 정보를 관리하는

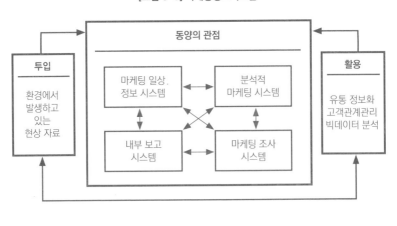
[그림 3-3] 마케팅정보시스템

시스템을 마케팅 일상정보시스템(marketing intelligence system)이라고 한다.

이 시스템은 다양한 원천에서 데이터가 획득된다. 즉, 과학자와 기술자, 공급업자, 구매 대행자, 판매원, 구매자에게 획득될 수 있다. 경쟁사에 관한 일상정보 수집도 중요해지고 있다. 경쟁사에 관한 일상정보는 경쟁사의 연차보고서, 연설문, 간행물, 전시회, 광고 등으로부터 수집할 수 있다.

산업의 전반적 동향 파악도 중요하다. 이는 정부가 지방자치단체에 제공하는 보고서들과 지침서, 산업동향이나 생활지표 조사보고서 등을 통해서 파악할 수 있다. 마케팅 일상정보가 온라인과 모바일로 수집되는 단계에 이르렀고, 이러한 일상적 정보수집은 정보의 참신성이 확보되기 때문에 자사의 경영에 정성적으로 영향을 미칠 수 있다.

2 내부보고시스템

기업 활동에는 내부보고용으로 자료가 저장되어 관리되는 데 이를 내부보고시스템(internal reports system)이라 한다. 회계 부서에서 재무제표를 통한 매출, 주문, 원가 및 현금흐름에 관한 상세한 기록을 유지하고, 판매 부서에서는 재판매업자의 반응, 경쟁사의 활동, 고객만족 또는 서비스 문제에 관하여 보고한다. 다음과 같은 세 가지가 중요하다.

- 판매대리점이나 고객이 기업에 주문을 하고, 주문 부서가 청구서를 작성하여 여러 관련 부서에 송부하는 주문-인도-청구의 순환주기를 확보해야 한다.
- 마케팅에서 판매가 이루어지면, 판매보고서를 작성한다. 이러한 보고서는 적시에 총괄적인 판매보고가 이루어지는 시스템을 만들어야 의사결정에 유용하다.
- 판매정보시스템을 설계하는 경우 과도한 정보의 전달이나 지나치게 최근 정보를 취급하려는 욕심보다 경제적으로 제공 가능한 정보를 제공하는 것이 중요하다.

3. 분석적마케팅시스템

컴퓨터에 자료뱅크, 통계뱅크, 모델뱅크를 설치해, 마케팅 관리자가 접근하기 어려웠던 저장 자료를 손쉽게 검색, 처리하여 여러 가지 문제에 대한 해답을 얻을 수 있다. 이들 세 가지를 자세히 살펴보도록 하자.

첫째, 자료뱅크(data bank)는 수집된 자료를 검색, 조작 및 변환하는 기능을 수행하는 시스템을 말한다. 자료뱅크는 여러 개의 파일로 구성되어 있으며, 자료의 정리와 편집, 파일의 유지와 보관 및 갱신, 정보검색, 자료의 논리적 처리, 자료변환 및 보고서 작성 등의 활동을 수행한다. 컴퓨터에 저장된 자료를 데이터베이스(database)라고 부른다.

둘째, 통계뱅크(statistical bank)는 자료뱅크에서 검색한 자료를 바탕으로 의미 있는 정보를 추출하기 위해 통계적으로 분석하는 시스템이다. 이는 마케팅 자료를 통계적으로 검정하고 수리적으로 분석하여 마케팅 관리자에게 정보를 제공할 때 통계적 기법을 활용하는 마케팅 하위시스템이다.

셋째, 모델뱅크(model bank)는 보다 좋은 마케팅 의사결정에 도움을 줄 수 있는 모델을 모아 놓은 하위시스템이다. 즉, 자료뱅크에서 검색한 자료를 마케팅 분석모델에 적용하여 분석하기 위해 각종 모델을 설정하고 그것을 보관하였다가 필요하면 그 모델로 분석한 다음 결과 정보를 제공하는 활동을 수행하는 마케팅 정보 하위시스템이다.

4. 마케팅조사시스템

창업 단계에서 의사결정은 직관 중심으로 수행되는 경향이 있지만, 성장하면 조사에 기반을 둔 의사결정이 중요해진다. 조사는 외부 조사기관에 의뢰하여 진행되기도 하지만, 내부에 조사를 수행할 수 있는 능력을 지닌 부서가 있을 경우, 체계적으로 접근할 수 있다.

조사시스템이 효율적으로 가동되려면 조사자와 경영자의 소통이 중요하다. 조사자는 통계적인 지식에 밝아 분석적이고 경영자는 시장 전체의 흐름을 바라보는 눈이 없는 경우가 많다.

그럼에도 불구하고 일상적으로 시장의 흐름을 보다 객관적으로 바라보기 위해서 마케팅조사는 여전히 중요하다. 많은 중소기업의 문제는 조사시스템이 없어서 시장을 제대로 파악하지 않고 진출하여 실패하는 경우가 많다. 마케팅조사시스템을 확보하게 되면 활동에 대한 시장의 반응을 체크하기 위해 2차 자료분석과 1차 자료분석을 통해 문제를 풀 수 있다.

3절. 마케팅조사 과정

 시장조사, 수요조사 등이 실제 기업 활동에 중요하다. 이는 크게 마케팅 활동에 대한 조사로 수행되는데, 기업이 시장에 진출하기 전에는 거시환경에 대한 분석을 수행하기도 하지만, 대부분의 마케팅조사는 마케팅믹스, 즉, 신제품 개발, 가격결정, 유통결정, 촉진결정 등에 대한 소비자의 반응조사가 수행된다. 이러한 마케팅조사를 수행하기 위해서는 통계학에 대한 이해가 필요하고, SPSS와 같은 통계프로그램에 대한 이해가 필요하다. 이는 다음 그림과 같이 전개된다.

1. 문제제기

분명한 문제제기를 가져야 조사를 효율적으로 수행할 수 있다. 시장점유율이 빠르게 감소하는 징후를 포착하는 것, 경쟁사가 신제품 개발을 통해 시장을 잠식하기 시작하는 것 등이 기업의 문제제기로 나타난다. 문제제기가 명확해지면 조사설계를 효율적으로 수행하기 쉬워지며, 정보수집에 시간과 비용을 줄일 수 있게 된다. 문제를 명확하게 파악하기 위해 상황분석, 문헌조사, 전문가 의견조사 및 사례연

[그림 3-4] 마케팅조사 절차

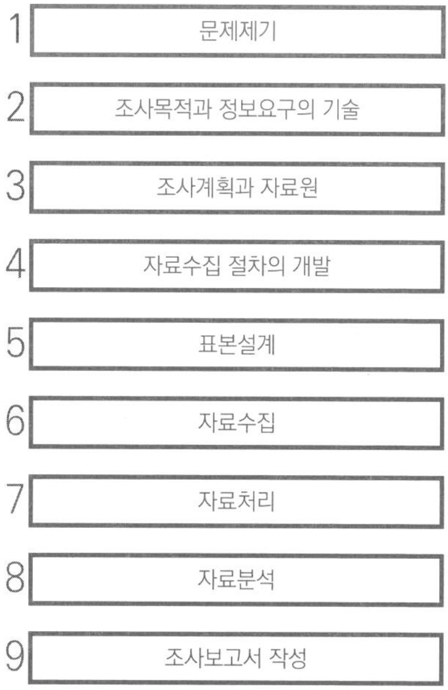

1	문제제기
2	조사목적과 정보요구의 기술
3	조사계획과 자료원
4	자료수집 절차의 개발
5	표본설계
6	자료수집
7	자료처리
8	자료분석
9	조사보고서 작성

구 등 탐색조사가 자주 이용된다.

2. 조사목적과 정보요구의 기술

문제제기는 조사목적을 구체적으로 설정하고 어떠한 정보가 필요한지 기술하는 단계로 넘어간다. 조사목적이 분명해지면 그 목적을 달성하는 과정과 결과를 검토, 효율적인 조사가 가능해진다. 조사목적을 잘못 규정하거나 광범위하게 또는 협소하게 설정하면, 완벽한 조사를 수행해도 조사결과는 마케팅 의사결정에 실질적인 도움을 주지 못할 수 있다.

3. 조사계획과 자료원

조사자는 조사목적을 달성할 수 있는 조사계획을 개발하는 단계로 넘어간다. 조사계획과 함께 1차 자료와 2차 자료 중에서 자료원을 어떻게 잡을지 결정한다. 1차 자료는 조사자가 조사를 수행하면서 직접 수집하는 자료이고, 2차 자료는 현 조사 수행자가 아닌 제3자에 의해 다른 목적으로 수집된 자료이다. 건물을 짓기 위해 청사진이 필요한 것처럼, 조사를 수행하기 위해 조사설계가 필요하다. 조사설계는 탐색조사, 기술조사, 인과조사가 있다.

- 탐색조사는 문헌조사, 전문가의견조사, 사례조사로 구분되는데, 보통 기술조사와 인과조사를 수행하기 위한 전 단계로 수행한다.
- 기술조사에는 모집단에서 추출된 표본으로부터 자료를 획득하는 데 있어서, 한 번에 끝내는 조사인 횡단조사(cross sectional study)와 패널을 만들어 그들에게 일정한 시간 간격을 두고 반복적으로 측정하는 종단조사(longitudinal study)가 있다. 후자로 얻은 자료는 변화분석에 이용되어 중요하다. 시간의 변화에 따라 마케팅 관리자가 중요시여기는 변수의 변화 상태를 알고자 한다. 브랜드 충성도, 구매 패턴의 변화, 추세 분석 등에 이용된다.
- 인과조사는 마케팅 현상이 야기한 원인과 결과의 관계를 정확히 밝혀내 근본적인 문제해결이 되는 경우에 사용한다. 새로 개발한 광고가 판매에 어떻게 영향을 미치고 있는가? 새로 개발한 신제품이 기존 제품과 비교하여 얼마나 호응이 있는가? 소비자의 신제품에 대한 태도와 구매의도에 영향을 미치는 변수는 어떠한

것이 있는가? 등 원인과 결과의 관계를 알려고 하는 과제는 매우 중요하다.

4. 자료수집 절차의 개발

자료수집은 2차 자료와 1차 자료를 함께 이용하는 경우가 많다. 이 경우 설문지를 작성하여 수집하는 경우가 많다. 설문지에는 조사하고자 하는 내용이 담기기 때문에 설문지 작성이 매우 중요하다. 설문지 작성을 위해서 척도와 측정에 관한 내용을 이해하고 작성하여야한다. 이 작성은 경영자가 필요로 하는 내용을 잘 파악하여 접근해야 한다.

5. 표본설계

조사대상자를 구체적으로 선정하는 단계이다. 조사대상자 선정방법은 전수조사와 표본조사가 있다. 전자는 조사대상자들이 속해 있는 집단 전체를 조사하는 것이며, 후자는 일부를 조사하는 것이다. 전수조사는 시간과 비용이 많이 들어 표본조사를 많이 수행한다. 이때 표본추출방법을 선정하는 것이 중요한데, 이 방법에 따라 결과가 달라질 수 있다.

표본추출방법은 크게 확률 표본추출기법과 비확률 표본추출기법으로 나뉜다. 확률 표본추출은 복권을 추첨하듯이 단순무작위로 선정하는 방법과 보다 정교한 층화표본추출과 군집표본추출이 있다. 비확률 표본추출에는 임의로 선정한 지역과 시간대에 조사자가 원하는 사람들을 표본으로 선택하거나, 미리 정해진 분류기준에 의해 전체 표본을 여러 집단으로 구분하고 각 집단별로 필요한 대상을 추출하는 방법 등이 있다.

6. 자료수집

자료수집을 잘 수행하는 것은 조사의 오류를 줄이는 데 결정적으로 중요하다. 숙련된 면접원(interviewers)을 선발하고 훈련시켜 일정에 따라 조사과정에 오류가 발생하지 않도록 철저히 감독해야 한다. 자료수집을 위해 개인면접, 전화면접, 우편면접, 컴퓨터에 기반을 둔 조사를 수행한다. 인터넷상에서 수행하는 온라인조사가 점점 더 중요해지고 있다. 이메일조사나 온라인조사 과정에 대한 이해가 필요하다.

7. 자료처리

수집된 자료의 분석을 위한 준비 단계이다. 이 단계에는 수집된 설문지로부터 부호화 작업(coding)과 입력 작업을 통하여 전산을 입력하고 자료편집을 하는 단계이다. 자료편집은 조사 분석을 수행할 수 있도록 완전하고 일관성 있는 자료를 확보하기 위한 작업으로 자료의 정정, 보완 및 삭제 등을 한다. 즉, 자료 분석을 용이하게 하기 위해 관찰된 내용에 일정한 숫자를 부여한다.

8. 자료분석

1) 기술통계

기술통계는 신문이나 잡지 등에서 여론조사를 수행할 때 자주 쓰는 통계 접근이다. 집중화경향인 평균이 얼마이고, 평균에서 흩어

진 정도인 분산이나 표준편차 등을 가지고 집단의 성격을 설명하고
자 한다.

2) 집단과 집단 간의 차이 분석

집단과 집단 사이의 차이를 분석할 필요가 있을 때 수행된다. 새로
운 신제품을 개발하여 이전의 제품과 비교하여 소비자 선호도에서
차이의 정도가 있는지 보고자 한다. 분명하게 차이가 있고, 신제품을
더 선호할수록 바람직한 것이다. 신제품 개발에 엄청난 투자를 한 경
우 이러한 차이에 대해서 아는 것은 경영자를 안심하게 한다.

3) 변수들 사이의 관계 분석

조사자가 알고자 하는 변수들 사이의 관계를 알기 위해 상관 분석
을 수행하는데, 변수 사이에 관계가 깊으면 상관계수 1로 접근한다.
이 상관 분석과 함께 회귀 분석을 사용한다. 이는 독립변수와 종속변
수로 나누어 독립변수가 변하면 종속변수가 어떻게 변하는지 분석
한다. 광고액과 매출액의 관계가 상관관계가 성립되고, 광고액이 높
아지면 매출액도 높아지는 관계가 되는 것은 의미가 있다. 그리고 그
관계가 얼마나 강하게 나타나는가 보는 것도 의미가 있다. 이 관계
가 내년도의 광고액 투자 결정에 영향을 미치기 때문이다. 매출액이
라는 하나의 종속변수에 광고액 말고도 다른 변수들을 고려하여 여
러 독립변수를 가지고 종속변수를 분석하는 다중회귀 분석(multiple
regression)이 의미 있는 결과를 도출한다.

9. 조사보고서 작성

조사결과와 그 결과에 대한 해석을 마케팅 관리자에게 제공하기 위한 단계이다. 조사자는 전반적인 조사과정, 조사결과, 추출 정보, 요약 및 의사결정을 위한 권장사항 등을 보고서로 작성해야 한다. 이 보고서는 의사결정에 도움이 되도록 그래프, 차트 등을 이용해 작성해야 한다. 이때 경영자와 조사담당자 사이에 원활한 커뮤니케이션을 통해서 필요한 의사결정 정보가 파악되어야 한다.

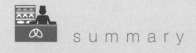

이순신 장군은 대한민국 마케팅에 엄청난 시사점을 주고 있다. 그는 23전 23승으로 일본의 침략을 무찌를 수 있었던 전략과 전술 체계를 가지고 있었다. 임진왜란 이후 대항해시대에 조선은 그 가능성을 살리지 못했다. 오늘날 새로운 동북아시대에서 대한민국이 주역이 되기 위해 이순신 장군의 사명과 전략을 재조명하는 작업은 의미가 있다. 기업은 환경 분석을 통해 변화에 대응하고 기회를 발견할 수 있다. 환경이 변하고 시장도 변하고 있어, 환경변화에 잘 적응하려면 정보시스템이 필요하다. 기업경영과 관련된 데이터베이스를 형성하고 관리하면서 변화의 추세와 패턴을 분석하고, 변화 속에서 의미 있는 흐름을 찾을 수 있다. 오늘날 화두가 되고 있는 빅데이터 분석도 이러한 정보시스템에서 도출되고 있는 경영혁신의 흐름이다.

마케팅조사를 수행하는 능력은 중요한 마케팅역량이다. 이 역량을 가진 개인이나 조직과 그렇지 못한 개인이나 조직은 차별화된다. 많은 기업이 해외시장 진출 시 마케팅조사를 제대로 수행하지 못해 실패한다. 중소기업의 해외시장 진출 시 비록 통계지식을 연마하지 않더라도, 시장 변화의 흐름을 읽는 탐색적인 사고와 과학적이고 객관적인 절차를 지닌 조사자와 서로 소통하는 능력을 길러야 한다.

■ 참고문헌

구태훈 외 8인 (2015), 《대항해시대 국가지도자 이순신》, 서울대학교출판문화원.

리차드 니스벳 지음, 최인철 옮김 (2004), 《생각의 지도》, 김영사.

이규현 (2014), 《마케팅조사원론》, 경문사.

이규현 (2009), 〈왜 우리는 서로 함께 행동하려고 하는가: 목표지향행동과 집단정체감〉, 소비문화연구.

이순신 지음. 노승석 옮김 (2014), 《증보 교감 완역 난중일기》, 도서출판 여해

해군대학 해양전략연구부 편집 (1999), 《한국해전사》, 해군대학.

Bagozzi, Richard P. and Kyu Hyun Lee (2002), 〈Mutiple Route for Social Influence〉, Social Psychology Quarterly, 65(3), p226-247.

Hofstede, Geert (2001), 《Culture's Consequences: Comparing Values, Behaviors, Institutions and Organizations across Nations (2nd edition)》, Thousand Oakes, CA: Sage.

Markus, H. and S. Kitayama (1991), 〈Culture and the Self: Implications for Cognition, Emotion, and Motivation〉, Psychological Review, 98, p224-253.

memo

Marketing

소비자
행동

Marketing

소비자행동은 소비자가 소비생활에 필요한 물건을 유통업체를 찾아 구매하는 행동을 말한다.

경제학은 인간이 가지고 싶은 것은 많지만, 자원은 한정되어 있다는 '자원의 희소성' 문제에서 출발한다. 희소한 자원을 선택하고 분배하는 문제를 전적으로 시장의 메커니즘에 맡기는 것이 타당하다고 주장하는 것이 자유시장주의다. 이는 1776년 아담스미스의《국부론》저술의 탄생부터 19세기까지 지배했다. 그러나 시장은 완벽하지 않아 불평등, 불공정으로 인한 경제위기가 나타났다. 1929년 미국 대공황이 나타나자 정부 개입의 필요성을 주장한 케인즈(John Maynard Keynes)의 수정자본주의 이론이 받아들여졌다. 루즈벨트(Franklin Delano Roosevelt) 대통령은 케인즈 이론을 기반으로 뉴딜정책을 성공적으로 실행했고 경제활동에 정부 개입이 정당화되었다. 그러나 1970년대 석유위기가 나타나고 경제 불황이 심해지자 하이에크(Friedrich Hayek), 프리드만(Friedman, Milton) 등이 개인적 선택을 중시여기면서 정부는 시장에 관련된 세력이 최적행동을 할 수 있도록 분위기를 조성하고 시장개입은 최대한 자제하여야 한다고 주장하게 된다. 이를 시장부활 자본주의, 즉 신자유주의라고 한다.

2015년 정부는 얼어붙은 소비행동을 촉진하기 위해 유통업체와 함께 한국판 블랙프라이데이 행사를 진행했다. 유명 백화점과 대형 마트, 편의점, 온라인 쇼핑몰 등 2만7천 개의 유통업체들은 50~70 퍼센트의 파격적인 할인율을 제시하면서 사상 최대의 행사를 진행했다. 이 행사는 2015년 10월 1일부터 10월 14일까지 2주간 진행되었고, 국내 소비를 진작시키는 목적뿐만 아니라 10월 1일부터 일주일간 중국의 국경절 연휴와 겹쳐 중국 소비자까지 공략했다.

미국에서 블랙프라이데이는 추석과 같은 추수감사절(Thanksgiving Day)인 매년 11월 넷째 주 목요일 다음 금요일을 지칭한다. 추수감사절을 보내고 많은 소비자들이 매장을 찾아 쇼핑을 하기 때문에, 매출장부에 흑자(Black ink figure)를 기록한다고 해서 블랙프라이데이라고 이름 붙었다. 11월 넷째 주 금요일부터 성탄절 기간을 거쳐 연말까지 약 1개월 동안 연간 소비 20퍼센트 정도의 구매가 발생하는데 이는 매우 중요한 소비현상임을 알 수 있다.

미국의 블랙프라이데이 행사는 유통업체들이 주도, 정부가 지원하는 형태이고 한국에서 시작된 블랙프라이데이 행사는 정부가 주도하고 유통업체들이 따르는 형태이다. 미국 모형은 유통업체 주도로 오랜 세월동안 이루어진 것이지만, 한국모형은 정부 주도로 이루어져 오래 지속될지 의문스럽다. 그럼에도 불구하고 이번 블랙프라이데이 행사에 정부, 유통업, 소비자가 등장하는 새로운 모습을 볼 수 있었다.

블랙프라이데이가 성립하려면 유통기업은 일반 소비자에게 매력적인 가격을 제시하기 위해 여러 기업들로부터 수많은 제품을 유리한 조건으로 공급받아야 한다. 이와 같이 기업과 기업과의 관계를 B2B(Business to Business) 관계라고 한다. 제조기업에서 이러한 관계는 중소제조기업들로부터 수많은 부품을 구매하면서 나타나며, 조직구매 형태로 이루어진다. 유통업자나 제조업자는 일반 소비자에게 판매하기 위한 제품을 공급하거나 제조하는데, 이때 나타나는 기업과 소비자와의 관계를 B2C(Business to Customer) 관계로 부른다.

대한민국 정부의 구매기관은 조달청이다. 조달청은 정부관련기관들로부터 구매를 의뢰받은 후, 기업을 선정하여 연결시켜준다는 점에서 정부와 기업과의 관계, 즉 G2B(Government to Business) 관계가 나타난다. 본 장에서는 이러한 관계에 대해 이해를 넓혀 대한민국 마케팅에서 소비자행동의 모습을 찾아보고자 한다.

1절. 소비자행동

일반적으로 소비자행동은 기업과 고객과의 관계에서 다루는 영역이다. 자동차기업이 자동차를 만들어 출시할 때, 소비자들은 반응한다. 어떠한 반응이 나타날까?

소비자행동은 획득, 소비, 처분 행동 전체를 다룬다. 소비자들은 의사결정(decision-making)을 한다. 습관적으로 수행되는 의사결정도 있지만, 신중하게 고려하고 광범위한 정보탐색 과정을 거치는 의사결정도 있다. 전자는 구매습관이 형성된 경우로 정보탐색에서 의식적인 노력을 기울이지 않고, 일상적으로 구매결정을 하는 경우이다.

소비자들은 거의 혹은 전혀 어려움 없이 자발적 통제에 대한 감각 없이 자동적으로 빠르게 결정한다. 작은 정보를 이용해서 빠르게 수행하는 휴리스틱(heuristic) 판단을 수행하기도 한다. 이러한 판단은 주먹구구식으로 행해지고 있기 때문에 오류가 발생하고 실수와 편견이 생기기도 한다. 이 연구 분야를 개척한 이는 대니얼 카너먼(Daniel Kahneman)으로 2002년 노벨 경제학상을 받으면서 행동경제학 연구의 문을 열었다. 그의 연구는 2012년 《생각에 관한 생각(Thinking: Fast and Slow)》으로 집대성되어 나타났다.

소비자의사결정은 관여도와도 관련되어 연구되었다. 관여도 (involvement)는 '주어진 상황에서 특정 대상에 대한 개인의 중요성 지각 정도'를 말한다. 욕구, 가치, 관심에 기반을 두어 특정 대상에 대한 관련성 지각 정도가 다르다는 것에서 나타난 개념이다.

관여도는 개인, 제품, 상황에 따라 다를 수 있다. 다음과 같은 함수 관계를 만들 수 있다.

관여도 = f (개인, 제품, 상황)

같은 제품 선택 과정에서 건강 여부에 따라 관여도가 다르게 나타날 수 있고, 비싼 내구재 선택이 값싼 일용품 선택보다 관여도가 높을 수 있다. 그리고 자신이 사용하는 상황과 타인에게 선물을 주는 상황이 다르면 관여도가 다르게 나타날 수 있다.

이러한 관여도에 따라 의사결정과정이 다르게 나타나기 때문에, 소비자행동을 저관여상황의 의사결정과 고관여상황의 의사결정으로 나누어 살펴보고자 한다.

1. 저관여 의사결정

저관여 의사결정(low involvement decision-making)은 소비자들이 제품이나 서비스에 대하여 관심이 적거나, 중요하지 않게 여기거나, 제품 구매가 긴급한 상황이 아닌 경우에 나타나는 경우로 슈퍼마켓 등에서 습관적 구매행동을 보일 때 나타난다. 이는 고관여 의사결정 모형이 제품이 비싸고, 지각된 위험이 크며, 구매가 빈번하지 않으면서 고도로 자기 표현적일 때 나타나는 것과 대별된다.

저관여 상황에서는 소비자의 브랜드 전환(brand switching)이 자주 일어난다. 브랜드 차이가 있을 때는 이쪽 브랜드에서 저쪽 브랜드로 쉽게 옮기는 다양성 추구행동(variety seeking behavior)이 나타난다.

이 경우는 소비자가 특정 제품에 대한 신념을 형성하고 있지만 많은 단계를 거치지 않고 어느 하나의 브랜드를 선택하게 되며, 그 브랜드를 선택하여 소비하는 과정에서 제품을 평가한다. 이는 고관여 의사결정 모형, 제품을 평가한 후 선택하는 신중한 의사결정과 다른 양상을 보인다. 저관여 의사결정의 경우 제품을 평가한 후에는 다양성을 추구하여 다른 성능을 가진 브랜드로 쉽게 전환한다.

2. 고관여 의사결정

고관여 의사결정(high involvement decision-making)은 광범위한 문제해결 행동에서 보이는 행동이다. 소비자가 승용차, 스테레오 세트, 대형 매트리스, 초강력 진통제 등 비용과 건강상의 이유로 오랜 시간과 노력을 기울일 수 있을 때 나타난다. 소비자행동에서 제시된 통합모형에 잘 나타나 있다. 이러한 통합모형에 잘 알려진 모형이 [그림 4-1]에 소개되어 있다.

이 모형은 투입이 먼저이고 그 다음 구매행동이 나타나는데, 이 과정에서 정보처리과정과 의사결정과정이 나타나고, 여러 변수가 의사결정에 영향을 미친다고 제시한다. 자극에 대한 반응으로서 소비자 행동이 나타나는 것이 반영되고 있다. 이러한 시각은 심리학자 스키너(B. F. Skinner)의 학습이론을 받아들인 것이다. 소비자가 물리적, 비물

[그림 4-1] 소비자행동의 통합모형

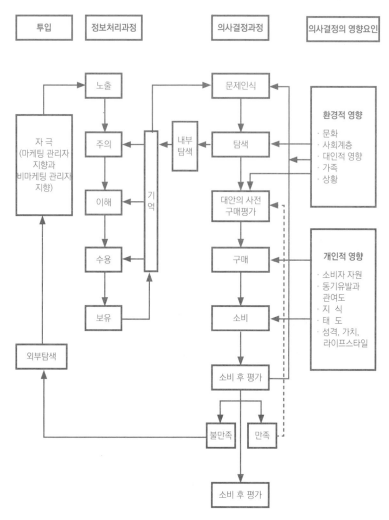

자료: Roger D. Blackwell, Pual W. Miniard and Jame F. Engel, 《Consumer Behavior》, 10th ed., Thomson South-Western, 2006, p85.

리적 특성에 대한 정보를 자극 또는 투입으로 받아들이고, 복잡한 심리과정을 거친 다음, 구매결정이 일어난다고 본다. 투입과 산출의 가운데 나타나고 있는 심리학적 장(psychological field)과 거기서 작용하는 여러 가지 요인이 있다. 이 통합모형을 기반으로 하여 소비자행동의 중심을 의사결정으로 보고, 의사결정의 전 단계, 의사결정 단계, 의사결정에 영향을 미치는 단계 세 가지로 나누어 살펴보기로 하자.

1) 의사결정의 전 단계: 정보처리과정

소비자가 제품이나 광고 등 마케팅믹스와 관련된 것에 노출될 때 이전에 형성된 기억과 작용하는 정보처리과정을 거친다. 이 정보처리과정은 인지적 과정으로 제품이나 광고 등에 노출되고, 주의를 기울이고, 이해하고 수용하는 과정에서 기억과 어떻게 관계하는지 다룬다. 특정 광고를 소비자가 주의를 기울이지 않으면 이해와 수용으로 넘어가지 못해 광고효과가 없어진다.

이러한 정보처리과정에서 형성되는 새로운 제품이나 광고에 대한 기억은 이전에 형성된 기억과 관계하면서 문제인식이 형성되고 의사결정과정으로 넘어간다.

2) 의사결정과정

우리는 앞에서 관여도에 따라 의사결정이 다를 수 있음을 보았다. 관여도는 저관여도와 고관여도가 있는데 [그림 4-1]은 고관여 상황에서 의사결정을 다루고 있다. 이는 다음 단계를 거친다.

① 문제인식

소비자가 현재의 상태와 바람직한 상태 사이의 격차를 느낄 때 문제인식이 나타난다. 그 격차가 크면 클수록 강도가 커진다. 기업은 신제품을 출시할 때, 광고를 통해서 신제품의 차별성을 강조하고 이전 제품과의 격차가 크게 개선되었다는 것을 강조하면서 문제인식을 높인다.

② 정보탐색

문제인식이 나타나면 문제를 풀기 위한 노력으로 넘어가게 되는데, 그 시작은 정보탐색이다. 정보탐색은 내적탐색과 외적탐색으로 이루어지는데, 소비자가 자신의 기억으로부터 제품정보를 회상하는 과정을 거칠 때 이를 내적탐색이라고 한다. 이 내적탐색으로 정보가 충분하다고 판단하면 외적탐색으로 넘어가지 않고 구매로 연결된다. 그러나 대부분 내적탐색이 충분하지 않다고 생각해 외적탐색을 시작한다. 외적탐색을 하는데 시간, 돈과 같은 비용이 수반되므로, 외적탐색 결과 주어지는 혜택이 비용을 초과하는 수준까지 탐색하게 된다.

소비자가 텔레비전을 구매하고자 할 때, '어떠한 브랜드의 텔레비전이 있을까' 머릿속에 여러 가지 브랜드가 상기된다면 이를 고려해야 할 선택대안, 즉, 고려집합(consideration set)이 나타나는데, 이는 기억 속에 있는 제품이 된다. 소비자가 브랜드 애호도가 형성되어 있을 경우 고려되는 대안의 수는 극히 제한될 수 있으나, 브랜드 애호도가 강하지 않다면 머릿속에 떠오르는 브랜드에 관심을 기울일 것이다.

③ 대안평가

정보탐색 결과 나타난 여러 대안을 평가하고 인식된 문제를 가장 잘 충족시킬 수 있는 하나의 대안을 소비자가 선택하는 과정이다. 이때 소비자는 평가기준을 가지게 되는데, 이 평가기준은 제품품질, 가격, 브랜드, 원산지, 안전성, 진정성, 신뢰성 등과 같은 요인이 될 수 있다. 명성과 지위, 제품에 대한 호의적인 감정도 고려될 수 있다.

이러한 대안평가 과정에서 소비자들은 수용 기준을 정하는 경우가 있다. 이 수용 기준은 속성 가치를 받아들일 때 제한점을 두는 것을 말하는 데, 가격을 예로 들면 소비자는 지불할 가격범위를 정하고 어느 가격 이상은 수용할 수 없다는 수용 기준을 정한다. 어떤 단서나 신호가 존재하면 대안평가는 보다 쉬워질 수 있다.

소비자들은 쉽게 선택하기 위해 선택대안들로부터 선택전략을 생각해낸다. '나는 할인 판매할 때만 구매한다. 그리고 대안 중에서 언제나 가장 좋은 제품만 구매한다'와 같이 자기 나름대로의 구매방식이 있을 수 있다. 또한 구매의사결정을 하는데 있어 지침이 되는 합리적인 방식이 있는데 이를 결정규칙이라 한다.

④ 구매결정

특정 제품을 구매하는 데 있어서 소비자는 점포 선정을 먼저 하는 경우가 있다. 슈퍼마켓을 선택하고, 그 슈퍼마켓에서 제한된 문제해결을 하는 과정에 있다고 할 때, 소비자는 선반을 훑어보면서 특정 제품에 대한 구매 욕구가 발생하고, 두세 가지 브랜드를 검토한 후 하나에 대해 구매결정을 할 수 있다. 구매 전에는 생각하지 않았지만, 구매과정에서 백화점의 판매촉진을 보거나, 소비자의 기억 속에 특정 브랜드에 대한 광고가 회상되어 구매하기도 하는데, 이를 충동구매라고 한다.

충동구매도 많이 일어나지만, 소비자선택행동연구에서 가장 중요시여기는 것은 합리성이다. 이 합리성에서 시간과 자원의 제약, 미래의 불확실성 때문에 선택의 극대 기준을 추구하지 못해 만족 수준에서 결정을 하게 되는 제한된 합리성(bounded rationality)이 중요하게 대두되었다. 행동경제학의 많은 이론은 이러한 제한된 합리성에서 출발한다.

⑤ 구매 후 행동

구매 후 행동은 만족과 불만족으로 나타난다. 구매 후 만족하게 되면 특정 제품과 브랜드에 대한 충성도가 시작된다. 그리고 재구매 의도가 강해지고 주변 준거집단에 좋은 구전을 하게 되지만, 불만족이 나타나면 다른 제품구매로 바뀌거나 주변 사람들에게 나쁜 구전을 하게 된다. 그렇게 되면 현재고객을 잃어버려 시장점유율이 떨어지고, 잠재고객도 잃어버려 시장성장이 정체되는 결과를 가져오게 된다. 그러므로 '이 제품을 다른 사람에게 추천할 수 있습니까?'라는 질문에 추천의도가 강하다는 것은 기업 성장에 큰 의미를 지닌다. 이러한 만족과 불만족에 관한 내용은 다음 장에서 보다 자세히 살펴보려고 한다.

3) 의사결정에 영향을 미치는 요인

이러한 소비자의사결정에 영향을 미치는 요인이 존재하는데, 이는 넓은 순서로 문화적·사회적·개인적 영향 요인이 작용한다. 이를 보다 자세히 살펴보기로 하자.

① 문화적 요인

인류학자 베네딕트(R. Benedict)가 말했듯이, 우리가 끼고 보는 안경의 렌즈가 보이지 않듯이 우리는 문화의 영향을 모르고 지낸다. 그러나 다른 나라로 여행을 하여 색다른 문화를 접하게 되면 우리가 얼마나 큰 영향을 받으며 살고 있는지 이해하게 된다.

문화는 신념, 가치, 규범으로 크게 구분될 수 있다. 신념은 한 사회 구성원들이 공유하고 있는 인지적 측면인 사고, 지식 등인데, 종교적인 신념은 소비에 영향을 미친다. 가치체계는 사회 구성원들이 현실을 올바르게 이해하고 합리화하는 전반에 영향을 미친다. 규범은 의식적 또는 무의식적으로 시인하고 기대하는 행동양식으로 소비자행동에 영향을 미친다.

한 사회의 특수집단에서 특이하게 나타나는 생활양식이 있는데, 이를 하위문화라고 한다. 국적, 종교, 지역, 인종, 연령, 성별, 직업, 사회계층에 따라 구분하여 하위문화가 어떻게 다르게 나타나며 소비자행동에 영향을 미치는지 볼 수 있다. 대한민국은 이제 단일민족에서 다민족국가가 되는 중인데, 이제는 이들이 만드는 하위문화에 관심을 기울여야 한다. 이들은 소비패턴에서 많은 차이를 보인다.

② 사회적 요인

사회적 동물로서 소비자는 일상생활을 영위하기 위해 자주 만나고 친교하는 소규모의 집단이 있고, 이들의 영향을 받는다. 준거집단(reference group) 구성원들 사이에서 정보를 교환하고 순응행동이 생기게 됨으로 신제품의 수용과 확산에 큰 영향을 미친다.

준거집단에서 나타나는 사회적 영향관계인 사회네트워크(social

network)를 분석해야 하는 이유이다. 이들 사이에서 의견선도자의 영향력은 특히 중요하다.

소비자들은 소비할 때 가족에게 크게 영향을 받는다. 텔레비전, 세탁기, 냉장고 등의 가전제품은 개인보다는 가족이 소비하고, 대형 백화점이나 슈퍼마켓에 가족들이 함께 와서 의견을 주고받으면서 공동 의사결정을 수행하는 것을 볼 수 있다. 이 경우 아내와 남편의 상대적 영향력이 다르게 나타나며, 부모와 자녀 상호 간의 영향력도 다르게 나타난다.

③ 개인적 요인

개인적 요인은 개인 차이를 말한다. 성별, 수명주기단계, 직업, 소득 등 개인 차이가 소비에 영향을 미친다. 라이프스타일이 돈과 시간을 소비하는 패턴에서 차이를 유발한다.

④ 심리적 요인

소비자의 구매행동에서 심리적 요인은 결정적이다. 지각, 기억, 동기유발, 학습, 태도에 대해서 자세히 살펴보자.

지각(perception)은 신문, 잡지, 텔레비전, 라디오와 같은 대중 매체를 통하거나 직접 쇼핑을 하면서 수행한다. 외부정보가 시각, 촉각, 청각, 후각, 미각 등 감각기관을 통하여 전달되기 때문에, 이러한 오감을 중요하게 여기는 마케팅이 등장한다. 향기를 중요하게 생각하는 것도 이러한 지각을 강조하는 경우이다. 소비자지각은 선택적으로 이루어지고, 조직화하면서 사물을 범주화하는 경향이 있다.

기억(memory)연구는 정보처리과정과 관련되어 중요하게 연구되어 왔다. 인간에게 유입된 정보는 아주 짧은 시간 동안 저장된다. 정보에 계속적으로 주의를 주지 않으면 그 정보는 사라진다. 계속적으로 주의하는 정보는 단기기억으로 이전되고, 기억이 네트워크화 되어 장기기억 속에 저장된다. 장기기억 속에 저장된 정보는 회상을 통해 불러일으킬 수 있다. 감정도 기억에 저장되며 오래가는 경향이 있다. 효과를 내는 광고는 장기기억에 저장되어 회상이 잘 된다는 점에서 이 영역은 광고에서 중요하게 다루고 있다.

동기유발(motivation)을 이해하기 위해 여러 심리학 이론이 나타났다. 프로이드(Freud)는 무의식 영역을 발견하여 인간행동의 내부를 설명하고자 했다. 행동 현상에서 심리를 제대로 파악할 수 없기 때문에 무의식 세계를 분석하는 탐색적인 영역을 제시했다. 매슬로우(Maslow)는 인간의 욕구를 생리적 욕구, 안전 욕구, 사회적 욕구, 존경 욕구, 자아실현 욕구 이 다섯 단계로 보았다. 이는 소비자 욕구를 이해할 때 중요한 단서를 제공한다. 허즈버그(Herzberg)는 동기유발에는 주위 환경과 같은 외부적인 위생요인이, 칭찬과 같은 내부적 만족요인이 작용한다고 보았다.

학습(learning)이론은 심리학자 스키너(Skinner)가 크게 공헌하였다. 인간행동에서 새로운 것을 경험하여 강화되면 이는 심리 내부에 개입이 일어나 행동에 변화가 나타난다는 이론이다. 소비자가 목마름, 배고픔 등 생리적 욕구가 나타났을 때 어떤 특정 제품을 선택하여 욕구를 해소시킨 경험이 있다면, 이는 강화되어 다시 그러한 상황이 발생될 때 그 제품을 선택할 가능성이 커진다. 이는 파블로프(Ivan Pavlov)의 무조건반사처럼 자극에 대한 직접적인 반응과 다른 것으로 행동변화를 잘 설명해주고 있다.

사회심리학에서 태도(attitude)이론이 발달해 소비자행동을 설명하는 데 있어 중요하게 도입되었다. 광고 등 설득이론이 태도변화이론으로 받아들여졌다. 태도를 정의하는 데 있어 '한 사람이 타인, 대상, 쟁점에 대해 내리는 전반적인 평가(a person's overall evaluation of person, objects and issues)'로 보았다. 소비자는 특정 제품, 브랜드, 광고 등에 전달되는 제품을 평가하면서 호의적·비호의적 감정을 가지게 되는데, 이는 기업의 제품이나 브랜드의 선택 여부에 결정적으로 중요하다. 그러므로 기업은 소비자들이 자사의 제품에 호의적인 태도를 가져 시장점유율을 높일 수 있게 광고 등 이미지 변화를 시도한다. 태도는 행동의도와 연결되어 있기 때문에, 특정 제품에 대한 소비자태도를 알면 구매의도를 예측할 수 있다는 점에서 태도연구는 소비자행동에서 중요하게 다루고 있다.

2절. 조직구매행동

 ## 1. B2B 시장과 B2C 시장에서 구매자행동의 차이

현대자동차가 특정 중소기업으로부터 자동차 램프시스템을 구매한다면 이를 산업재 구매자행동이라 한다. 이러한 기업과 기업 간의 관계를 B2B(Business to Business)라고 한다. 자동차 제조기업과 완성된 자동차를 구매하는 일반 소비자와의 관계는 B2C(Business to Customer)라고 한다. 이 관계가 이루어지는 시장에서 구매자행동에 어떠한 차이가 있을까?

1) 제품개념 차이가 있다
B2C 시장은 소비생활을 위해서 필요한 개념이지만, B2B 시장은 완성품을 만들기 위해서 필요한 개념이다.

2) 고객 수에 차이가 있다
B2C 시장은 기업과 불특정한 다수의 구매자로 형성되는 경우가 많고, B2B 시장은 기업과 기업 간의 한정된 수의 거래관계로 이루어진다.

3) 구매 형태에 차이가 있다

B2C 시장에서 구매자는 개인이나 가족을 위해서 구매하지만, B2B 시장은 구매를 담당하는 구매센터에서 여러 부서들이 참여하여 이해관계를 조정하여 구매결정하는 경우가 많다.

4) 고객관계의 차이가 있다

B2C 시장에서는 판매자와 구매자 관계가 단기적으로 끝나는 경우가 많으나, 고객관리를 통한 고객유지로 장기적인 관계를 맺으려는 노력을 하고 있다. B2B 시장에서 납품하는 기업과 구매하는 기업은 장기적인 관계를 통해 기업과 기업 사이의 신뢰(trust)유지에 신경을 쓴다. 현대자동차에 부품을 조달하는 에스엘(sl), 만도공조 등의 회사들은 현대자동차가 원하는 제품사양에 맞추는 고객맞춤화를 택한다.

5) 수요변동에 대한 영향이 다르다

B2C 시장은 소비자 구매와 직접 관련이 있는 소득, 경기, 유행 등에 민감하지만, B2B 시장은 경기, 환율, 금융, 기술혁신 등 산업 환경 전반에 걸친 요소에 영향을 크게 받는다. B2C 시장에서 수요가 증가하면 B2B 시장의 수요도 파생되어 증가하는 파생수요(derived demand)가 발생한다. 자동차와 같은 제품은 수많은 부품으로 구성되기 때문에 자동차에 대한 일반 소비자의 수요가 증가하면, 자동차를 생산하는 과정에서 거래되는 부품들, 즉, 타이어, 유리, 섬유 등의 결합수요(joint demand)가 발생한다. 이와 같이 파생수요와 결합수요를 고려하게 되면 제조기업은 부품관련 기업과의 관계뿐 아니라 일반 소비자들과

의 관계까지 넓게 바라보고 수요변동을 고려해야 한다.

2. 조직구매과정

농수산업, 임업, 철광업, 제조업, 건설업, 유통업 및 서비스업에서 생산과 판매의 목적을 달성하기 위해 조직구매가 이루어지고 있다. 이 구매과정은 경험이 많은 구매중개인에 의하여 이루어지기도 하며 복잡한 구매인 경우 많은 사람들이 구매의사결정에 참여하게 되는 특징이 있다. 따라서 산업재를 판매하는 기업은 경험이 많고 잘 훈련된 판매사원을 확보하는 것이 필수적이다.

조직구매는 새로운 구매상황, 수정된 구매상황, 직접재구매상황이 있다. 새로운 구매상황에서는 이전의 경험과 완전히 달라, 문제인식에서 시작하여 폭넓은 정보탐색을 하는 광범위한 문제해결(extensive problem solving) 행동을 한다. 수정된 구매상황에서는 대안을 재평가하면 이점이 있을 수 있다고 판단하는 경우로 제한된 문제해결행동(limited problem solving)을 한다. 직접재구매상황에서는 구매필요가 연속적으로 발생하는 경우로서 습관적 반응행동(routinized response behavior)이 일어난다. 이러한 구매상황에서 조직구매과정은 여덟 가지 단계로 이루어진다.

1) 문제인식

기업에 있는 누군가가 특정 제품이나 서비스에 관한 문제를 발견하고, 필요를 인식할 때 구매과정이 시작된다. 기업이 신제품을 만들 계획을 세우는 경우 생산을 위해 제조설비나 자재 등을 구입할 필요성을 느낀다. 또는 구매담당자가 지금 자사가 보유하고 있는 제품이나 시설보다 더 좋은 품질의 제품이나 시설을 제공받을 수 있고 좀 더 저렴한 가격으로 제품을 공급받을 수 있다는 정보를 획득할 경우이다.

2) 일반적 욕구기술

구매자는 필요로 하는 품목의 특성과 요구되는 수량을 결정한다. 표준화된 제품의 경우에는 이 단계가 어렵지 않으나 복잡한 품목일 경우 그것을 정의하기 위하여 기술자, 사용자, 컨설턴트 등과 공동작업을 수행해야 한다. 이러한 구매담당자, 기술자, 사용자 등으로 구성된 팀은 신뢰성, 내구성, 가격 등과 같이 그 품목에서 중요하게 고려해야 할 특성에 대한 상대적 중요도를 결정하게 된다.

3) 제품명세서

필요한 품목의 기술적 특성을 명세화하는데, 이는 주로 기술 부서의 가치분석 자료를 근거로 실시한다. 비용절감을 위해 적은 비용이 드는 방법을 결정하는 연구가 필요하다. 기술부서는 최상의 제품 특성을 결정하고 이를 순차적으로 상세하게 추진한다.

4) 공급업자 탐색

구매자는 가장 적절한 공급업자를 식별하기 위해 거래실적 장부를 검토하거나 인터넷을 통한 정보탐색을 시도한다. 새로운 구매일수록 공급자에 대한 정보를 탐색하는데 시간과 비용이 많이 소요된다. 공급업자는 자사의 제품이 고려대상의 우선순위에 들 수 있게 해야 하고 시장에서 호의적인 평가를 받을 수 있도록 노력한다.

5) 제안서 제출 요청

구매자는 공급자에게 능력 있는 제안서를 제출해주기를 요청한다. 어떤 공급업자는 카탈로그를 보내기도 하고 영업사원을 보내기도 한다. 그러나 제품이 복잡하거나 고가일 경우 일반적으로 구매자는 공급업자에게 자세하게 작성된 제안서나 공식적인 제안발표(presentation)를 요청한다. 산업재 마케팅 관리자는 구매자의 제안서 요청에 대하여 효과적으로 대응할 수 있도록 조사, 제안서 작성, 그리고 발표 기술을 갖추고 있어야 한다. 여기서 제안서는 기술적인 내용뿐만 아니라 자사제품 선택을 유도할 수 있는 마케팅 내용까지 담은 문서여야 한다. 제안서의 발표는 구매자에게 확신을 줄 수 있고 경쟁자들에게 자사가 뛰어남을 알릴 수 있어야 한다.

6) 공급자 선택

구매센터는 바람직한 공급업자 특성을 열거하고 그들의 상대적 중요도를 기입한 목록을 작성한다. 일반적으로 구매담당자들이 공급업자와 고객 사이의 관계에서 가장 중요하게 생각하는 항목들은 제품이나 서비스의 품질, 약속시간 내 배달, 기업의 도덕성, 경쟁적 가격 등이다. 그 외 중요한 항목은 고장 수리 능력, 기술적 협조 및 충고, 지리적 위치, 회사의 경력과 명성 등이 있다. 구매센터의 구성원들은 각 공급업자를 항목별로 평가하여 가장 우수한 공급업자를 선택해야 한다.

7) 주문내용 명세서 작성

구매자는 선택한 공급자와 최종 주문을 협상한다. 이때 기술적 명세서, 필요한 수량, 기대되는 배달시간, 반품정책 그리고 보증 등에 대한 내용을 열거한다. 유지, 보수 등이 관련될 경우 구매자들은 정기 구매 주문보다는 포괄적 계약(blanket contracts)을 사용한다. 이 계약은 일정기간 동안 동의한 가격에 따라 지속적으로 제품을 공급하도록 하여 공급업자와 구매자 간에 보다 오래 관계가 이루어지게 하며, 이 계약을 통하여 공급업자들은 재고를 비축해두고 구매자가 물품을 필요로 할 때 즉각 공급할 수 있다.

8) 성과 검토

구매자는 선택된 공급자의 성과를 검토한다. 성과에 따라 지속적으로 계약을 하거나, 조정을 하거나, 재계약을 하지 않는 등의 선택을 하게 된다. 공급업자는 구매자가 구매 후 만족을 하고 있는지 지속적인 검토를 하고, 이에 따라 구매자 자신의 구매에 대한 확신을 심어줄 수 있는 마케팅 노력을 기울여야 한다.

3. 조직구매행동을 형성하는 영향요인

조직구매행동은 크게 거시환경, 조직, 집단, 개인 영향요인이 함께 작용한다.

1) 거시환경 영향요인

일차적으로 생산과 투자수준, 소비팽창, 이자율과 같은 경제적환경이 영향을 미친다. 정치적, 법적, 기술적 요인이 영향을 미친다. 그리고 경쟁, 빠른 기술변화, 짧아지는 제품수명주기 등 환경불확실성이 조직구매행동에 영향을 미친다.

2) 조직 영향요인

특정 조직이 가지고 있는 전략적 우선순위, 구매에서 전략적 추세 등이 영향을 미친다.

① 전략적 우선순위: 구매를 전략적으로 접근하여 원가를 줄이고 경쟁력을 확보하려고 한다.

② 구매의 전략적 역할: 조직 계층에서 구매 부서는 전략적 공급부서로서 그 역할이 상승되고 있다. 신뢰성 있는 공급자와 장기적인 계약을 체결하는 노력은 조직을 안정시킨다.

③ 구매에서 전략적 추세들: 복수 부서를 가진 회사에서 구매는 분리된 부서에 의해서 수행되지만 집합적으로 구매하는 경향도 나타나고 있다. 최근은 인터넷 구매가 지속적으로 증가하고 있다. 많은 제조기업들이 린생산(lean production)이나 즉시 공급(Just-in-Time) 생산방식을 도입하여 구매패턴을 변화시키고 있다.

3) 집단 영향요인

조직구매는 집단으로 이루어진다. 조직구매의 의사결정단위를 구매센터(buying center)라고 한다. 여러 부서에서 참여하는 경우 참석자들의 이해관계와 권위나 지위에 따라 결정이 다르기 때문에 구매과정에서 집단역학(group dynamics)이 일어난다. 집단역학은 구매과정에 참여하는 구성원의 성격에 따라, 각 구성원들의 상대적 영향력에 따라, 그리고 잠재적인 공급자들을 평가하는 구성원들의 기준에 따라 달라진다.

구매센터는 다음과 같은 역할을 하는 사람으로 구성되어 있다.

① 시발자(initiators): 어떤 제품과 서비스가 구매되어야 한다고 요청하는 사람들이다.

② 사용자(users): 구매할 제품이나 서비스를 사용하게 될 사람들로서 많은 경우 구매제안을 하고 구매품목을 결정하는 데 도움을 준다.

③ 영향력 행사자(influencers): 엔지니어와 같은 조직 내 기술 전문가는 구매의사 결정에 영향을 미치는 데 필요한 정보를 제공한다.

④ 의사결정자(deciders): 최종적으로 공급업자를 선택하거나 승인하는 권한을 가진 사람들이다. 중요한 구매는 최고경영자가 의사결정자 역할을 하는 경우도 있다.

⑤ 인정자(approvers): 의사결정자나 구매자들의 제안된 행위를 인정해주는 사람이다.

⑥ 구매자(buyers): 공급업자 선택과 구매조건에 대한 공식적인 권한을 가지고 공급업자를 선택하고 협상한다.

⑦ 문지기(gatekeepers): 구매와 관련된 정보의 흐름을 관리하는 사람들이다. 예컨대 구매담당자가 산업재를 판매하는 회사의 영업사원들이 자사 내의 산업재 사용자나 의사결정자와 직접 접촉하는 것을 막는 권한을 가지는 경우이다.

4) 개인 영향요인

결국 조직이 아니라 개인이 구매결정을 한다. 구매센터에서 각 구성원들은 독특한 성격, 학습된 경험, 조직기능, 개인적이고 조직 목표를 성취하는 정도에 차이가 있다. 구매결정에서 중요한 개인적인 위치를 지니고 있다고 지각하는 조직구성원들은 동료보다 결정과정에 보다 더 적극적으로 참여하는 경향이 있다.

개인은 평가기준, 정보처리, 위험회피 전략을 다르게 가지고 있다는 것을 주목해야 한다.

3절. 정부기관의 조직구매

조직구매행동은 기업뿐 아니라 정부기관에 서도 나타난다. 정부관련기관(국가기관, 지방자치단체, 교육기관, 공기업, 기타 공공기관)은 자체적으로 기업으로부터 물품을 구매하는 경우도 있지만, 정부 공급의 대표기관으로서 조달청을 통해 물품을 구매하는 경우가 많다. 이 경우 정부와 기업의 관계인 G2B(Government to Business) 관계가 나타난다.

조달청은 여러 업무 중에서 공공기관이 필요로 하는 물품의 구매와 공급 및 공공시설물의 공사계약 관리를 담당한다. 공공 전자조달 창구를 단일화한 나라장터(국가종합전자조달시스템)를 운영한다. 소속기관으로는 11개 지방조달청(서울·부산·인천·대구·광주·대전·경남·강원·충북·전북·제주)을 운영하고 있다. 조달청은 정부관련기관들로부터 물품구매의뢰를 받아 나라장터 웹사이트(www.g2b.go.kr)에 의뢰 내용을 공개하고, 공개적으로 입찰을 받아 투명하게 업체를 선정하여 물품을 정부관련기관에 제공한다. 나라장터 시스템은 세계적으로 알려졌으며, 시스템 수출도 하고 있다. 정부기관의 조직규범으로서 효율성, 투명성, 공정성의 규범이 적용되어 운영되고 있다.

140

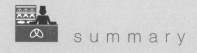

2015년 처음 정부 주도로 시작한 블랙프라이데이 행사는 소비자, 유통업자, 정부 이렇게 3자가 관련되어 있다. 본 장에서는 B2C, B2B, G2B를 함께 살펴보았다.

우선 개인 소비자는 개인과 가족을 위해서 소비를 한다. 소비자들은 힘들이지 않고 통제에 대한 감각 없이 자동적으로 빠르게 사고하기도 하고, 관심도가 높은 대상에 광범위한 정보를 이용하면서 사고한다. 전자는 행동경제학의 최근 연구이며, 후자는 전통적으로 소비자행동의 통합적인 모형에서 제시한 체계이다. 본 장에서는 후자를 중심으로 소비자 정보처리과정, 소비자 의사결정과정, 그리고 의사결정에 영향을 미치는 요인을 살펴보았다.

본 장에서는 기업과 기업과의 관계에서 이루어지는 조직구매를 구매센터에서 나타나는 구매행동으로 살펴보았다. 또한 대한민국의 대표 조달기관으로서 조달청에서 이루어지는 정부와 기업과의 구매관계를 살펴보았다. 마케팅 연구의 대부분이 소비자 행동분야에서 이루어진다. 마케팅 논문의 다수가 이 분야에 대한 연구인 것을 보면 그 중요성을 알 수 있다. 마케팅이 산업과 정부의 관점으로 확장되어 가야할 필요성에서 앞으로 B2B와 G2B 연구의 중요성을 지적하고자한다.

■ 참고문헌

대니얼 카너먼 지음, 이진원 옮김 (2012), 《생각에 관한 생각》, 김영사.

이규현 (2011), 《소비자행동론》, 교보문고.

이규현, 리차드바고치 (2009), 〈우리는 왜 함께 행동하려고 하는가: 목표지향행동과 집단정체감〉, 소비문화연구.

이규현, 유재보 (2010), 〈조직구매행동의 사회적 영향력: 정부구매에서 사회정체감과 집단규범의 영향〉, 소비문화연구, 13(4), p67~84.

Bagozzi, R. P., and Kyun-Hyun Lee (1999), 〈Consumer Resistance to, and Acceptance of, Innovators〉, Advances in Consumer Research. 26(1), p218~225.

Blackwell, Roger D., and Paul W. Miniard, and James F. Engel (2006), 《Consumer Behavior》, 10th ed., Thomson South-Western.

Hutt, Michael D. and Thomas W. Speh (2010), 《Business Marketing Management: B2B》, 10th ed., South-Western College Publication.

Webster, Jr. Frederick E. and Yoram Wind (1972), 《Organizational Buying Behavior》, Prentice-Hall.

memo

5

Marketing

고객
만족

Marketing

필자가 군복무를 마치고 복학하였을 때가
대학교 2학년 2학기, 1976년이었다. 가을 축제에 참여해 관악산 큰
나무가 있는 공원에서 탈춤공연을 관람하고 있었다. 공연을 관람하
는 도중 관중석에서 '얼쑤~' 하면서 장단을 맞추면서 흥을 북돋우고,
공연을 하는 필자 역시 함께 흥이 나는 귀중한 체험을 했었다. 관중과
함께 호흡했던 공연이 인상적이어서 아직도 기억에 깊이 남아 있다.
그리고 26년이 지나 2002년 FIFA월드컵에서 '대~한민국'이라는 함
성이 울려 퍼지며 호흡을 같이 하는 국민의 모습을 보았다. 대한민국
이 가장 즐거웠던 이벤트인 이 사례를 여기서 살펴보고자 한다.

　2002년 월드컵은 21세기 최초의 월드컵이며 아시아에서 처음 열
린 월드컵이었다. 2002년 5월 31일부터 6월 30일까지 한 달 동안

대한민국과 일본 두 개의 나라가 공동으로 개최했다. 대한민국이 부진하리라던 모두의 예상을 깨고 처음으로 이탈리아를 꺾고 8강에 올라갔으며, 스페인을 연장전 승부차기로 꺾고 4강에 진출하였다. 이 기간 동안 세계에 보여준 우리의 국민적 결속감은 놀라웠다. 이때 국민들이 외쳤던 '대~한민국'이라는 구호는 여러 나라에 퍼져 영향을 미쳤다. 이때 대한민국이라는 국가가 세계에 마케팅되었다.

　우리나라에 관심이 생긴 외국인들이 방문할 때, 기대 이상으로 만족하게 되면 어떠한 일이 나타날까? 그들이 만족하면 분명히 다시 방문하고 싶거나, 본국으로 돌아가서 주변인에게 추천할 것이다. 대한민국이라는 국가 이미지를 높이고, 외국으로 진출한 대한민국 기업활동에 도움이 될 것임이 분명하다. 이는 기업에도 마찬가지로 적용된다. 고객이 만족하면 어떠한 일이 나타날까? 본 장에서는 이러한 고객만족과 불만족에 관련된 내용을 다루고자 한다.

1절. 고객만족을 향한 노력

고객만족은 기업 전체의 노력으로 이루어져야 한다. 대한민국의 많은 기업 중에서 LG는 이 분야의 선두주자이다. LG는 고객에게 어떠한 접근을 해왔을까?

LG는 1958년 (주)금성사(Goldstar)로 창립하여 국내 최초로 국산라디오, 흑백TV, 한국형 디지털TV를 개발한 기업으로 유명하다. 디오스 냉장고, 휘센 에어컨, 트롬 세탁기, 올레드 TV, LG PC, 퓨리케어 공기청정기와 가습기, 스마트폰 등 종합 전기, 전자제품 생산 및 판매업체로 자리매김하고 있다.

최근에는 사물인터넷(IoT)으로 제품을 연결시키고 있다. 제품에 근거리무선통신(NFC)를 100퍼센트 장착하고, 에어컨, 냉장고에는 무선랜(Wi-Fi)를 탑재하여 가정을 부엌, 거실, 세탁실로 나누어, 각각의 위치에 허브(냉장고, 에어컨, 세탁기)를 두고 서로 정보를 주고받는 생태계로 만들려 하고 있다(2015년 10월 28일, 'LG전자의 스마트홈전략', 디지털데일리, 참조).

지금의 LG 디오스 김치톡톡 김치냉장고는 1985년 대한민국 최초의 김치냉장고에서 발전되었다. 그 당시 금성사는 대한민국 가전제품의 대표였다. 김치냉장고는 발효식품인 김치 냄새가 다른 음식에

배지 않도록 냉장고 내에 김치전용칸을 마련하였다. 이러한 제품 개발은 대한민국 문화에 적합한 조사를 통해 시장 특성을 파악하고 그에 맞는 제품을 제공해야 고객만족을 창출할 수 있다는 것을 보여주었다. 고객이 어디에 있든지, 그들의 삶을 변화시킬 제품을 만들어 행복하게 해주려면 문화를 이해해야 한다.

[그림 5-1] 1984년에 출시한 금성 김치냉장고 광고

이러한 사례에서 알 수 있듯이 해외시장에 맞는 제품 개발은 참여관찰을 통한 라이프스타일 분석이 필요하다. 이른바 '홈스테이 분석'은 현지법인에서 일하는 마케팅 직원들이 현지 가정에 허락을 받고 고객과 함께 생활하면서 그들의 생활스타일(lifestyle)을 분석하면서 잠재욕구를 추출해 그들에게 맞는 신제품을 개발하는 방법이다. 참여관찰(participant observation)은 다른 문화의 관점에서 그들의 행동에 대한 이해와 통찰을 하고자 하는 문화인류학적인 조사방법이다. 인도에서는 그들의 생활습관을 조사하여 야채와 물 보관 장소를 더 크게 만들

고, 밝은색 디자인의 냉장고를 만들었다. 크리켓을 좋아하는 소비자들을 위해 크리켓 비디오게임을 즐길 수 있는 TV를 개발하였다. 러시아에서는 실내에서 가무를 즐기는 그들을 위해 가라오케폰을, 이스라엘에서는 유대인의 안식일 종교문화를 고려해 안식일 기능이 적용된 냉장고를 출시하였다. 중동지역에서는 그들이 즐겨먹는 대추야자를 상하지 않고 오랫동안 보관할 수 있는 냉장고를 출시하였다.

LG는 고객사랑을 강조하면서 고객과 관계를 맺어왔다. 기업의 마케팅 활동 전체가 고객만족과 연결되어 있음을 보여주고 있다.

2절. MOT

고객만족이론은 고객접점에 대한 이해에서 출발한다. 고객접점에 대한 강조는 스웨덴, 노르웨이, 덴마크 정부와 민간이 공동으로 소유한 스칸디나비아 에어라인 시스템(Scandinavian Airlines System)을 획기적으로 발전시킨 얀 칼슨(Jan Carlson) 회장이 시작했다.

얀 칼슨 회장이 1981년 대표이사로 취임할 당시, 스칸디나비아 에어라인 시스템은 석유위기 이후 2년 연속 적자를 기록하고 있었다. 그는 연 800만 달러의 적자기업을 1년 만에 7천1백만 달러의 흑자기업으로 전환하였다. 그는 이 비결을 《진실의 순간(Moments of Truth)》에서 소개하고 있다.

그는 고객접점을 분석하였다. 1년 동안 자사를 이용하는 고객이 몇 명인가? 그들이 대략 몇 명의 종업원을 만나고 그 시간은 어느 정도인가? 1년 동안 1천만 명의 고객들이 대략 5명의 SAS 종업원을 만나고, 각각 약 15초간 만난다는 것을 분석하고, 이 접점에서 고객을 만족시키면 된다고 생각했다. 그는 1천만 명이 5명의 종업원을 만나니 연간 5천만 번 고객이 15초씩 '창조되고' 있다고 보고, 이 5천만 번

[그림 5-2] 진실의 순간

의 '진실의 순간'들이 SAS가 기업으로 성공적으로 존립하느냐 못 하느냐를 판가름하는 절대 절명의 순간이라고 보았다. 또한 SAS를 선택한 것이 최고의 선택이었다는 것을 고객에게 증명해야 하는 순간이라고 보았다.

그는 고객들이 SAS의 서비스 수준을 평가하는 것은 종업원과의 상호작용이라는 사실을 인식했다. 경영뿐만 아니라 기타 모든 면에서 고객접점에 초점을 맞춘 결과, SAS는 연간 8백만 달러의 적자에서 연간 7천1백만 달러의 흑자를 기록하게 되었고, 1983년도에 '올해의 최우수 항공사'로, 1986년에는 또 '고객서비스 최우수 항공사'로 선정되었다.

얀 칼슨 회장의 목표는 SAS의 종업원과 고객이 접촉하는 모든 부분의 질적 수준을 높이는 것이었다. 종업원과 고객의 만남에서 고객의 기대에 전적으로 부응하도록 서비스를 창출했다. 항공시장에서는 비즈니스 여행객들이 가장 안정된 고객이라고 인식하고 '출장이 많은 비즈니스 여행객에게 세계 최고의 항공사가 된다'는 전략적 목표를 세웠다. 비즈니스 여행객들이 선호하지 않는 출장 날짜나 출발 시간에는 저렴한 요금으로 좌석을 제공했다.

항공사의 서비스품질에 대한 관심이 계속 확산되었다. 미국의 피플익스프레스 항공사의 회장 도날드 버르(Donald Burr)는 '승객들은 기내 커피쟁반에 묻은 얼룩(부정적인 증거)만 보고도 그 비행기의 엔진 상태까지 그러리라고 믿어버린다'라고 확언했다.

고객과의 접점에서 진실한 마음으로 고객을 대하면서 성과로 연결시키는 실무는 오늘날 고객만족 운동의 전기를 제공해주었다. 진실의 순간(Moment of Truth)의 약자인 MOT는 오늘날 표준화된 서비스를 가지고 접점관리하는 과정으로 모든 기업에서 일반화하고 있다.

3절. 고객만족 이론

기업들은 치열한 경쟁속에서 고객가치와 고객만족을 중요시여기고 있다. 마케팅의 목적은 고객을 창출·유지·지배하는 것인데, 고객만족(customer satisfaction)을 실현하면 고객이 재구매하면서 충성도가 증가하고 타인에게 추천하려는 의도가 강해져 새로운 고객이 증가하게 된다.

1. 고객지각가치

고객은 기업의 제공물로부터 기대하는 가치가 있다.

경제적, 기능적, 심리적 혜택에 대한 지각된 금전적 가치가 있는데, 이를 총 고객가치(total customer value)라고 한다. 또한 고객이 기업이 제공한 제공물을 평가, 획득, 처분하는 데 소요되는 비용이 있는데, 이러한 비용 전체를 총 고객비용(total customer value)이라고 한다. 고객이

> 고객지각가치
> =총 고객가치(제품가치+서비스가치+종업원가치+이미지가치)
> −총 고객비용(금전비용+시간비용+에너지비용+심리적비용)

154

지각하는 가치(customer perceived value)는 총 고객가치에서 총 고객비용을 뺀 부분을 의미한다.

예를 들어, 고객이 A회사의 제품과 B회사의 제품 중에서 어느 제품을 구매할지 고민한다고 해보자. A회사의 제품과 B회사의 제품을 제품, 서비스, 종업원, 이미지를 포함해 기업이 창출하는 가치를 모두 합해서 총 고객가치를 계산하고, 거래하면서 발생하는 비용인 금전적 비용, 구매시간, 에너지, 심리적 비용을 포함하여 총 고객비용을 계산해 A회사의 제품을 구매했을 때 총 고객가치에서 총 고객비용을 뺀 값이 B회사의 제품을 구매했을 때보다 크다면 A회사 제품을 구매한다.

이와 같이 고객들에게 전달된 가치는 고객들이 기대하는 특정 제품과 서비스 혜택의 묶음과 고객들이 제품이나 서비스를 평가·획득·사용·처분하는 데서 유발한다고 기대하는 비용 묶음과의 차이에서 결정된다.

2. 기대불일치 이론

소비자의 만족·불만족 연구에서 가장 큰 영향을 끼친 저자는 리차드 올리버(Richard Oliver)이다. 그는 소비자가 제품을 구매하기 전에 그 제품의 성능이 어떨 것이라는 기대를 가지고 있는데, 제품을 구매하고 난 뒤 이 기대와 실제 제품성능을 비교하는 과정에서 불일치 정도에 따라 만족과 불만족이 나타난다고 보았다. 올리버는 이를 기대불일치 이론(expectancy-disconfirmation theory)으로 제시하였다.

[그림 5-3]은 기대수준 정도와 제품성능 평가 정도에 따라 만족과 불만족이 어떻게 다르게 나타나는가 보여준다. 기대수준이 높고 제

품성능 평가도 높으면 만족, 기대수준이 낮으나 제품성능 평가가 높으면 일시적 만족, 기대수준이 높으나 제품성능 평가가 낮으면 불만족, 기대수준도 낮고, 제품성능 평가도 낮으면 약간 불만족 또는 무관심으로 나타난다.

[그림 5-3] 기대와 성과

3. 서브퀄과 갭 이론

기대와 성과 사이의 불일치를 주장한 올리버의 이론을 확장하여 파라슈라만(A. Parasuraman)과 그 동료들은 서비스품질을 강조하면서 서브퀄(SERVQUAL)과 갭(GAP) 이론을 개발하였다.

1) 서브퀄(SERVQUAL)

서비스기업은 경쟁자보다 일관성 있게 보다 높은 품질의 서비스를 제공하여 고객의 기대를 넘어서면 경쟁력을 확보할 수 있다. 우선 서비스품질에 대한 기준이 필요하다. 파라슈라만과 동료들은 초점집단면접을 통해 고객이 서비스를 소비하면서 경험하게 되는 서비스품질의 내용을 평가하는 열 가지 기준을 도출하였다. 이 기준은 유형성, 신뢰성, 응답성, 능력, 예절, 신용도, 안전성, 접근가능성, 커뮤니케이션, 고객의 이해이다. 이를 측정하기 위하여 '기대'를 측정하는 항목과 '성과'를 측정하는 항목으로 구성된 두 가지 유형의 척도를 만든 후 '성과'와 '기대'와의 차이에 의해 서비스를 측정하는 도구를 개발하였고, 이를 서브퀄(SERVQUAL)이라 명명하였다.

그들은 소비자들이 서비스를 소비할 때 서비스에 대한 바람직한 수준의 기대감을 가지고 있으며, 이러한 기대에 실제 서비스가 어느 정도 부응하는가가 서비스품질의 척도가 될 수 있다고 보았다. 여러 가지 서비스품질을 구성하는 항목별 기대수준과 실제 경험 차이인 성과-기대(performance-expectation: P-E)의 차이를 합한 것으로 서비스품질의 크기가 결정되며 성과와 기대의 차이 값이 적을수록 서비스품질 수준은 높은 것으로 지각하게 된다고 보았다.

2) 갭(GAP) 이론

어떤 고객이 패스트푸드점을 방문할 때, 고급 레스토랑 정도의 수준은 아니어도 일정 수준의 서비스를 기대한다. 이러한 기대(expectation)는 패스트푸드점의 마케팅 관리자가 하는 광고, 가격, 판촉 등에 영향을 받을 뿐만 아니라, 고객이 가지고 있는 개인적인 욕구수준, 구전의 영향, 경쟁사의 품질수준에 영향을 받는다.

그리고 고객은 패스트푸드점에서 직접 서비스 경험을 하면서 주관적으로 지각된 서비스품질(perceived service quality)을 파악하게 된다. 여기서 이전에 형성한 서비스에 대한 기대와 자신이 경험한 지각된 서비스 사이에 격차를 발견하게 된다. 기업은 이러한 격차를 줄이고, 더 나아가 기대보다 지각된 품질수준을 높이고자 한다.

다음과 같은 등식이 성립하게 된다.

GAP = 지각된 서비스품질 - 기대된 서비스

지각된 서비스품질과 기대된 서비스와의 격차를 풀어보자.

파라슈라만과 동료들은 소비자가 지각한 서비스와 기대한 서비스의 격차(GAP5)는 다른 네 가지의 격차에서 영향을 받는다고 보았다. 즉, 다음과 같이 공식으로 나타낼 수 있다.

GAP5 = f(GAP1, GAP2, GAP3, GAP4)

GAP5: 지각된 서비스품질과 기대된 서비스의 불일치

GAP1: 기업에서 고객의 기대를 알지 못한다.

GAP2: 고객의 기대를 반영하는 서비스품질 표준을 모른다.

GAP3: 서비스표준과 실제 성과가 일치하지 않는다.

GAP4: 약속한 서비스내용과 실제 성과가 일치하지 않는다.

4절. 고객평생가치

 **1. 개념**

마케팅은 고객을 창출하고 유지하는 일이다. 이러한 관계에서 비용과 수익이 발생된다. 수익을 주는 고객을 창출·유지해야 하고, 고객가치를 평생가치까지 고려할 필요가 있다.

파레토법칙이라 불려지는 80대 20의 법칙은 최상위 20퍼센트의 고객이 기업 이익의 80퍼센트를 창출한다는 이론이다. 윌리엄 셔던 (William A. Sherden, 1994)은 이 비율을 20-80-30으로 수정해야 한다고 주장한 바 있다. 최상위 20퍼센트의 고객들이 기업 이익의 80퍼센트를 창출하지만, 이 이익의 50퍼센트는 수익성이 없는 30퍼센트의 하위 고객들과의 거래로 인하여 사라져버린다는 것이다. 이는 수익성이 없는 고객과의 관계를 없애버림으로써 수익성을 개선할 수 있는 여지를 찾을 수 있음을 의미한다.

수익을 주는 고객(profitable customer)은 어느 개인이나 기관과 오랜 기간 동안 거래를 하면서 고객을 유치, 판매, 서비스하는 데 드는 비용을 초과한 수익을 준 고객을 의미한다.

은행과 같은 기업이 고객만족을 측정하여 고객을 만족시켰다고 하더라도 만족한 고객이 수익을 주는 고객이 아닐 수 있기 때문에 고객 수익성을 따질 필요가 있다. 이는 제품군과 고객군을 고려하여 분석 할 필요가 있다. 이것이 고객수익성 분석(customer profitability analysis)이 나타난 배경이다. 기업은 고객으로 모든 수입을 추정하고 모든 비용 (생산, 유통, 커뮤니케이션 비용, 고객 접촉 비용, 고객 봉사에 들어가는 비용)을 함께 고려한 다. 이를 통하여 가장 많은 수익을 주는 고객을 플래티넘고객(platinum customers), 수익은 적게 주지만 희망이 있는 고객을 아이언고객(iron customers), 수익도 적고 희망도 없는 고객을 레드고객(red customer)으로 분류할 수 있다(Kotler and Keller, 2009).

이러한 고객수익성을 경쟁우위 관점에서 볼 수 있다. 마이클 포터 (Michael Porter)의 경쟁전략에서 경쟁우위는 경쟁자들이 따라올 수 없는 성과를 내는 기업의 능력을 말한다. 이는 비용우위와 차별화를 통하 여 달성될 수 있는데, 경쟁자들보다 비용을 낮출 수 있는 생산성을 지 녀야 하고, 차별화할 수 있는 마케팅 능력을 지녀야 한다. 이 책에서 는 이 차별화를 강조할 것이다.

2 측정

기업은 고객만족을 정기적으로 측정하여야 한다. 만족한 고객은 오 랜 기간 동안 충성도를 보인다. 기존 제품의 업그레이드를 쉽게 하고 신제품이 출시되면 가격에 덜 민감하며 제품 구매의도를 강하게 보 인다.

고객만족도를 1~5점 척도로 측정할 수 있다. 1=전혀 만족하지 않 는다, 2=조금 만족한다, 3=보통이다, 4=조금 만족한다, 4=매우 만족한다. 1점으로 답한 고객은 기업과 제품에 만족하지 못해 떠날 가능성이 크고, 부정적인 구전을 흘릴 수 있다. 5점으로 답한 고객은 재구매 가능성이 높으며 긍정적 구전을 흘릴 수 있다.

기업의 입장에서 특정 고객이 특정 제품을 한번 구입하는 것은 수익 발생이 크지 않은 것 같지만, 그 고객이 일생동안 다른 제품을 구입하지 않고 자사제품만 빈번하게 구매한다고 하면 상당한 수익을 기업에 안겨준다. 이와 같이 한 고객이 기업에 충성할 때 일생 동안 얼마의 가치를 창출하는가 이해하고자 하는 개념이 고객평생가치(customer lifetime value:CLV) 개념이다. 고객의 일생동안 기업에 들어오는 이익흐름을 순 현재가치로 계산한 개념이다. 기업은 고객으로부터 들어오는 모든 수입을 추정하고, 고객을 유치하는데 드는 모든 비용을 뺀 후 적절한 할인율을 적용하여 계산한다.

다음은 신규고객에 대한 생애가치를 계산하고 비용까지 계산한 사례이다.

연간 평균 고객 매출: 500,000원
평균 고객 생애기간: 20년
회사 이익률: 10%
고객평생가치: 1,000,000원

신규고객 획득 비용이 백만 원보다 적어야 기업에 이익이 된다.

고객과의 관계 맺기를 잘하면, 고객자산(customer equity)이 증가한다. 블랫버그(Blattberg)와 동료들(1996, 2001)은 브랜드 자산과 같은 개념처

럼 고객자산(customer equity)이라는 개념을 만들어냈다. 이는 기업의 모
든 고객의 평생가치를 현재가치로 할인한 총계이다.

5절. 고객관계 형성과 충성도 구축

오늘날 고객은 더 많은 정보를 가지고 있고, 가격에 민감하고 요구사항도 많고 덜 관대해지고 있다. 이는 많은 제품에 둘러쌓여 인터넷을 통해 쉽게 가격비교를 하고, 브랜드 변환(brand switching)도 쉬워졌기 때문이다. 그러므로 고객을 장기적으로 유지하는 것이 쉽지 않다. 브랜드 변환을 통해 고객이 다른 기업으로 옮기면 기업에 부담을 주게 된다. 이러한 고객이탈을 방지하고 고객유지를 강화하기 위해서 두 가지 주요 방법이 있는데, 하나는 고객들이 전환할 때 높은 전환 비용(switching cost)이 발생하도록 락인(Lock-in)전략을 세우는 것이다. 항공마일리지 시스템이 이에 해당한다.

고객유지(keeping customers)는 고객만족을 통하여 나타난다. 평균 기업 업무의 반 이상이 만족을 얻은 현재의 고객으로부터 이루어지고 있다. 만족하지 못한 대부분의 소비자들은 그 회사의 제품을 절대 재구매하지 않을 뿐만 아니라, 주변 사람들에게 자신이 겪은 불쾌감을 이야기함으로써 잠재고객을 사라지게 한다. 만족하지 못한 소비자 한 명을 잃어버림으로써 미래 잠재고객을 잃어버리고 주변의 현재고객에게 불만족을 창출하여 치명적 영향을 받게 된다.

이와 같이 소비자가 불만족하면 재구매를 하지 않고 다른 제품으로 전환하기 때문에 불만족 소비자가 많아지면 그 해당 제품이나 서비스의 시장점유율이 감소하게 되고, 소비자는 해당 제품에 대한 나쁜 소문을 퍼뜨리게 되어 회사는 잠재고객을 잃게 되면서 결국에는 판매가 줄어들게 된다. 그러나 소비자가 만족하면 그 제품에 대한 애호도가 높아지고 계속 재구매를 하면서 단골고객이 되고, 다른 소비자에게 해당 제품이나 서비스를 추천하면서 새로운 고객이 생겨나게 되어 결국에는 판매가 늘어나게 된다. 때론 소비자가 회사에 귀중한 정보나 아이디어를 제공해 회사는 소비자를 정보나 아이디어의 원천으로 활용하게 됨으로써 보이지 않는 자산이 증가하게 된다.

불만족한 소비자는 내적인 조화를 이루려는 지향 때문에 불만족을 감소시키기 위하여 다음 두 가지 중 어느 한 가지 행동을 하게 된다. 첫째, 제품을 버리거나 반품함으로써 부조화를 줄이려고 애쓴다. 둘째, 높은 가치를 확신시켜 주는 정보를 구함으로써(혹은 낮은 가치를 확신시켜주는 정보를 회피함으로써) 부조화를 줄이려고 애쓴다. 불만족한 소비자들이 불만을 표시하는 행동 반응이 나타나는 것을 소비자 불평(consumer compliant)이라 한다. 불량고객(badness customer)이 나타날 수 있는데, 이들은 파괴적인 행동까지 하기 때문에 기업에 상당한 마케팅비용을 발생시킨다. 때문에 이에 대응하기 위해 표준화된 서비스를 강화시킬 필요가 있다.

[그림 5-4]는 기업과 고객과의 관계를 설명해준다. 기업과 고객이 분리되어 있는 경우와 접합되어 함께 파트너가 되는 관계를 보여주고 있다.

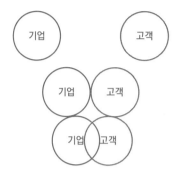

기업이 고객관계를 파트너관계로 발전시키면 고객충성도가 구축된다. 이때 고객과 공동체를 형성하여 고객충성도를 유지하는 정책이 중요해진다. 미국의 오토바이 브랜드 할리데이비슨(Harley Davidson)은 재구매율이 가장 높은 브랜드로, 브랜드 공동체가 세계적으로 잘 형성되어 있는 것으로 유명하다. 할리데이비슨을 소유하고 있는 사람들의 모임인 HOG(Harley Owners Group)가 전 세계적으로 확산되어 있다.

강력한 고객유대관계를 개발하기 위해서 재무이익 증가, 사회적 혜택 증가, 그리고 구조적 결속을 이루어야 한다. 고객에게 재무이익을 증가시키면서 결속시키는 방법으로 상용고객우대 프로그램이 있다. 단골고객은 전문 종업원에게 응대를 받으면서 사회적 혜택을 증가시킨다. 고객과 구조적 결속을 이루기 위해서 장기계약을 체결하고, 지속적으로 제품을 저가에 공급하는 등의 방법을 택한다.

고객과 유대관계를 유지하기 위해서는 고객 데이터베이스가 구축되어야 한다. 고객 데이터베이스는 성명, 주소, 전화번호를 모아놓은 고객메일링 리스트(customer mailing list) 이상의 정보를 포함하고 있는데, 고객의 과거 구매기록, 인구통계 변수, 사회심리 변수, 선호매체와 같은 유용한 정보를 포함하고 있다.

이러한 정보는 고객이 구매, 서비스요청, 전화, 온라인관계 등을 할 때마다 획득하게 되는데, 이러한 정보를 데이터웨어하우스(data warehouse)에 저장하고 의미 있는 자료를 추출하기 위해 분석한다. 이러한 축적이 있으면 고객의 문의전화가 올 때 그 고객의 데이터를 가지고 효율적으로 응대할 수 있게 된다.

많은 기업들이 고객과의 강한 유대관계를 구축하고자 고객관계관리(customer relationship management) 실행에 관심을 가진다. 이는 기업이 고객의 정보를 관리하여 그들의 충성도를 높이고자 진실의 순간, 즉, 고객접점을 세심하게 관리하는 과정이다. 여기서 고객접점(customer touch point)은 고객이 제품과 브랜드에 직접 접촉하는 기회를 말한다. 호텔의 경우, 예약, 체크인, 체크아웃, 상용고객 서비스, 비즈니스 서비스, 운동시설, 식당 등에서 종업원이 고객과 만나는 접촉점이 존재한다. 우수한 호텔일수록 직원들이 고객 이름을 기억하고 고객의 욕구를 파악하고 그들을 만족시키려고 세심한 주의를 기울인다.

개별적으로 고객과 상호작용할 수 있는 능력을 길러야 수익성이 높아진다고 믿는 기업은 고객관리, 즉 CRM을 강조하고 있다. 이를 위해서 현재고객과 잠재고객을 식별하고, 고객의 가치에 따라 고객을 차별화하고 그들과 상호작용하면서 관계를 강화시켜야 한다고 보았다. 이를 위해서 제품, 서비스, 메시지를 각 고객에게 개별화시켜야 한다.

이러한 CRM은 B2B마케팅에서 오랜 역사를 가지고 발전해왔다. 기업 고객을 상대하는 마케팅 관리자들은 고객과 직접적인 관계를 맺고, 관계를 이어가고 있다. B2C 기업들 중에서 할리 데이비슨이나 애플과 같이 개인 고객을 상대하는 기업들도 CRM을 이용해 고객과 굳건한 관계를 구축하고 있다. 이들은 엄청난 데이터웨어하우스를 축적하고 광산에서 금을 캐내듯이 의미 있는 정보를 추출하는 데이터마이닝(data mining)을 발전시키고 있다. 장바구니 분석과 같은 여러 기법이 발달해왔다. 오늘날에는 빅데이터 분석을 통해 고객의 트랜드를 분석하거나 신제품 개발 등으로 연결시키고 있다(이규현, 2014, 2015)

6절. 고객만족 평가모형

고객만족을 이야기할 때, 기업은 망망대해 가운데 배이며 고객은 별이라는 은유법을 쓴다. 이 말은 고객이라는 별이 있기 때문에 불확실한 환경에서 방향을 잡을 수 있다는 의미이다.

우리나라 고객만족운동의 리더는 KMAC(한국능률협회컨설팅 www.kmac.co.kr)이다. 1992년 국내 최초로 고객만족지수 KCSI(Korean Customer Satisfaction Index)를 개발하였는데, 이 지수는 매년 우리나라에 공표됨으로써 각 산업 및 기업의 현 위치를 확인하고 향후 관련 산업 및 기업의 경쟁력 향상을 위한 기초자료로 활용한다. 고객만족 평가시스템을 개발하여 우수기업에게 고객만족대상을 수여해왔으며, 이는 대한민국 기업이 고객만족 수준을 향상시키는 데 엄청난 공헌을 해왔다. 평가요소는 크게 Driver, Activity & Infra, Result으로 나누어 평가하고 있다.

1. Driver

이는 리더십과 고객만족경영 전략으로 평가한다. 고객만족은 최고경영자가 강한 의지를 가지고 전략적으로 추진하는지 본다. 이건희

168

회장이 1993년 프랑크푸르트에서 표명한 신경영선언을 통한 품질향상에 대한 의지는 삼성전자의 질을 크게 높였다. 고객만족기업이 되려면 최고경영자의 중요성이 얼마나 큰지 이것으로 알 수 있다.

고객만족전략을 펼치기 위해서는 고객에 대한 분명한 정의를 가지고 있어야 하며, 고객에게 제공하는 기업가치를 정립하고, 분명한 목표와 비전을 제시하고, 이를 달성하기 위한 중장기 추진전략을 가지고 있어야 한다.

2. Activity & Infra

실제 고객만족을 수행하는 활동이 무엇이며, 인프라는 어떻게 구축되어 있는지 본다. 인적자원 개발, 경영정보시스템, 프로세스 관리, 고객서비스 활동이 전개되고 있는지 평가한다.

고객과 직접 상호작용하는 종업원을 훈련시키고 동기유발시키면서 고객만족을 향한 봉사의 이념을 가지고 활동하는 체제를 가진 기업이 경쟁력이 있다.

아인슈타인은 결과를 바꾸기 위해서 과정을 바꿔야 한다고 강조한 바 있는데, 성과 창출에 프로세스가 중요하다는 것을 설명하는 말이다. 조직 내 핵심사업 프로세스를 설계하고, 관리하고, 지속적으로 개선해나가는 것은 기업이 서로 경쟁하도록 한다.

상품과 서비스개발 체계를 고객지향적으로 구축하고, 고객의 욕구를 반영한 서비스를 개발하고, 고객불만처리 프로세스와 개선 활동을 지니고 있는가? 서비스표준 매뉴얼이 MOT별로 갖추어져 있는가?

3. Result

성과의 방향은 종업원, 고객, 주주로 연결된다. 즉, 고객만족을 창출하기 위해 종업원만족을 달성하고, 종업원만족과 고객만족을 창출하면 주주만족으로 연결된다.

고객만족은 성과로 연결되어야 한다. 성과는 고객중심 성과, 인적자원관련 성과, 프로세스 성과, 조직효율 성과 재무적 성과를 함께 바라보고자 한다. 최근에는 사회공헌 성과도 포함된다. 고객만족도와 영업수익이 증가한다는 것은 기업 상태가 좋아지고 있다는 것을 의미한다.

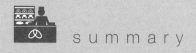

　　　　　　2002년 FIFA월드컵은 탈춤처럼 함께하는 공동체의 모습을 보여주었다. 국민 전체가 만족한 이벤트였고, 함께하는 공동체 질서가 우리에게 있음을 보여주었다. 우리는 느슨하게 연결되어 있는 것 같지만 어떤 계기가 있으면 공동체 정신이 나타난다. 고객만족도 이러한 모습이어야 한다. LG 사례처럼 고객만족은 그 나라 문화와 사람들에게 파고들어 감성과 라이프스타일을 이해해야 나타난다. 얀 칼슨 회장은 고객과 만나는 접점 하나하나가 진실의 순간임을 파악하고, 그 접점에서 고객만족을 실현시키고자 했고 성공했다.

　리차드 올리버가 정립한 기대불일치이론은 고객은 구매하기 전에 구매하고자 하는 제품이 어떠할 것이라는 기대를 형성하고, 제품을 실제 구매하였을 때 그 기대가 충족되지 못하면 불만족한다는 이론이다. 파라슈라만과 동료들의 서브퀄과 갭 이론은 이를 확장한 것이다. 이것은 오늘날 서비스기업의 고객만족을 설명하는 데 설득력 있는 이론으로 평가받고 있다.

　고객평생가치를 본다는 것은 고객을 장기적으로 바라본다는 것이고, 고객과 공동체를 이룬다는 의미이다. 고객관계를 발전시키기 위하여 CRM, 데이터마이닝, 빅데이터 분석 등 여러 분석이 이루어지고 있고, 대한민국 고객만족도를 평가하는 기준이 만들어지고 있다. 국민이 떠나면 국가지도자의 직책이 의미가 없는 것처럼, 고객이 떠나면 기업이나 경영자는 의미 없는 존재가 되어버린다.

■ 참고문헌

이규현 (2014), 《Big to Great 신한카드》, 한국고객만족경영학회.
이규현 (2015), 《DAEKYO: 더 크게, 사람을 펼치다》, 한국고객만족경영학회.

Oliver Richard L. (1980), 〈A Cognitive Model of the Antecedents and Consequences of Satisfaction Decisions〉, Journal of Marketing Research, 17, p460~469.
Parasuraman, A. Valarie A. Zeithaml, Leonard L. Berry (1985), 〈A Conceptual Model of Service Quality and It's Implications for Future Research〉, Journal of Marketing, Fall.
Peppers, Don and Martha Rogers (2004), 《Managing Customer Relationships A Strategic Framework》, Wiley.

memo

6

Marketing

경쟁
분석

Marketing

　　　　　　　　　한 산업의 경쟁력은 정부, 기업, 학계의 협
력에 의해서 창출된다. 대한민국 IT 분야의 성장과 타이밍을 논할 때
자주 언급하는 CDMA 기술 개발을 살펴보자.

　이 기술 개발은 대한민국이 IT 후진국에서 선진국으로 발돋움하는
결정적인 계기를 마련해주었고, 우리나라가 IMF 경제위기를 탈출하
여 경제성장을 할 수 있는 엔진 역할을 수행하였다. 특히, CDMA는
우리나라가 개발한 세계 최초의 새로운 기술 제품이었다는 점에서
높이 평가되며, 이전에 개발한 TDX교환기, DRAM, TFT-LCD 기술
이 선진국에서 '이미 존재하는 기술'을 모방하거나 추월하는 기술들
이었다는 점에서 크게 다르다.

　이 기술 개발은 정부주도로 기업과 학계가 협력한 모형이었다. 정

부는 유럽 시장에서 표준으로 사용하던 GSM 기술을 택하지 않고 미국의 퀄컴(Qualcomm)이 원천특허를 가지고 있었던 CDMA를 원천기술로 선정하고, 표준화 작업을 주도했다. 한국전자통신연구소(ETRI)와 학계는 선행기술 개발에 나섰고, 삼성은 단말기 개발을, SK텔레콤은 통신가입자 유치와 기술협력을 함께하였다. 기술과 시장 여건이 불확실한 상황에서 정부와 민간이 협력하여 새로운 길을 개척하고 성공하여 국내산업 발전에 새로운 모형을 제시한 사례이다.

이 분야에서 후발주자가 된 노키아와 모토로라는 자체 기술을 개발하고자 하였으나, CDMA 기술 제품이 빠르게 세계시장을 잠식하자 타이밍을 놓쳐버리고 휴대폰 시장의 지배권을 상실하고 사라지게 되었다. 국내시장에서 모토로라가 1991년 42퍼센트, 1995년 52퍼센트를 점유하였으나, 1996년 CDMA 상용화로 인해 국내 단말기 기업인 삼성과 LG의 시장점유율이 80퍼센트까지 올라갔고, 2001년에는 99퍼센트 수준으로 증가했다. 이 과정에서 CDMA 원천기술의 특허를 소유하고 있었던 퀄컴사는 막대한 로얄티를 받아 성장할 수 있었으며, 우리나라 기업과 정부출연연구소에서 원천기술의 중요성을 더욱 강조하는 계기가 되었다.

이 기술 개발 과정을 연구해보면, 연구원들이 개인의 이익이 아닌 '대한민국 기술자립'이라는 목표를 향해 애국심과 사명감을 가지고 일한 것을 알 수 있다.

이제 1980년대, 1990년대 수행된 국가주도형 프로젝트는 새로운 국가산업전략을 필요로 하고 있다. 1996년에는 한국전자통신연구소(ETRI)와 같은 국책연구소가 주도를 했었지만, 이제는 삼성전자의 연구개발자금이 ETRI의 10배가 넘을 정도로 민간영역이 커졌다.

현재 5G기술 개발경쟁이 동북아에서 뜨겁게 달아오르고 있다. 이 기술은 초고화질 영화 한 편을 10초 내에 내려받을 수 있는 기술로 엄청난 산업 파급효과를 가져올 것으로 예상되고 있다. 미국과 함께 G2를 형성하는 경제대국으로 성장한 중국은 정부주도로 통신 산업을 키우기 위해 5G기술 개발에서 주도권을 확보하려 하고 있다. 일본도 투자를 늘리고 주도권을 잡으려고 하면서 새로운 경쟁이 동북아에서 펼쳐지고 있다. 대한민국은 2018년 동계올림픽을, 일본은 2020년 동경 하계올림픽을, 중국은 2022년 북경 동계올림픽을 5G 테스트베드(TestBed)로 삼고 경쟁을 벌이고 있다.

국가나 기업은 원래 적에 대한 지각이 있어야 강해진다. 경쟁국가나 기업이 위협을 가하지만, 새로운 기회를 찾으려는 노력을 통해 더 강해질 수 있다는 도전과 응전의 논리이다. 우리는 이 장에서 국가, 산업, 기업수준에서 경쟁 분석을 살펴보고자 한다.

1절. 국가경쟁력 분석

 경영학에서 경쟁 분석에 가장 많이 인용되는 학자는 하버드 경영대학원의 마이클 포터(Michael E. Porter) 교수이다. 그는 《경쟁전략(competitive strategy)》이라는 저서를 1980년에 출간한 이후 이 분야에 큰 영향을 미쳤다. 그는 경쟁을 볼 때 산업조직론 분석 속에서 보다 넓게 바라보면서 전개하였다. 그는 실제로 경쟁이 기업과 기업 사이에서 일어나는 것이 아니라, 그 기업이 몸담고 있는 산업 내에서 일어난다고 분석하였다. 그리고 이 분석틀을 확장하여 국가 간 경쟁을 바라보는 국가경쟁우위(competitive advantage of nations)로 확장하였다.

[그림 6-1] 포터와 그의 저서 《경쟁전략과 국가경쟁우위》

[그림 6-2] 포터의 국가경쟁력 결정요소

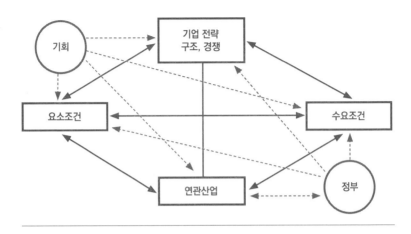

국가경쟁력은 한 국가 내에 존재하는 요소조건, 수요조건, 관련 지원 산업 및 기업 전략, 구조 및 경쟁이라는 네 가지 조건의 상호작용을 다이아몬드 관계로 표현하면서 주목하였다. 그리고 이 관계에 정부의 역할이 중요하고 기회도 작용함을 밝혔다.

이 모형을 보면 대한민국의 경우 정부와 기업의 협력이 중요한 역할을 하였다. 이는 앞에서 살펴본 CDMA 기술 개발에서도 살펴본 바 있다. 대한민국은 자연자원이 부족하지만, 인적자원에서 경쟁력이 강하다. 이 경쟁력은 높은 교육열을 통해 지식의 경제를 달성하면서 높아졌다. 이는 우리가 이 책에서 학습하는 마케팅역량에서 인적자원 차별화와도 관련된다.

마이클 포터의 분석과 다른 지표로 스위스의 국제기관인 WEF (World Economic Forum)는 매년 국가경쟁력을 평가하여 발표하고 있다. 이 분석은 여러 세부 지표를 평가하고 전체적으로 종합하고 있다.

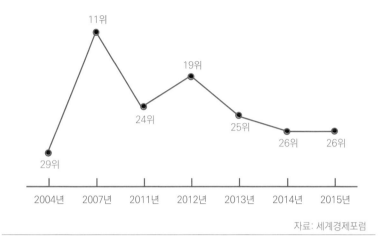

[그림 6-3] 대한민국 국가경쟁력 순위

11위

19위

24위

25위

26위   26위

29위

2004년   2007년   2011년   2012년   2013년   2014년   2015년

자료: 세계경제포럼

2015년 대한민국의 국가경쟁력은 총 140개국 중에서 26위로 전년
도와 동일하다.

　우리나라는 노동과 금융부문이 취약한 것으로 나타나고 있다. 노동
시장 효율성은 83위, 금융시장 성숙도는 87위로 나타나고 있다. 국
가경쟁력을 높이기 위해서는 노동·금융·규제개혁을 추진할 필요가
있다. 기업혁신 분야에서 기업 활동 성숙도는 26위, 기업혁신은 19
위로 나타나고 있다. 인적자원 분야에서 경쟁력이 있으나, 노동시장
효율성은 낮게 나타나고 있다.

2절. 산업 내 경쟁 분석

이제 마이클 포터가 분석한 산업조직론 분석으로 다시 살펴보자. 국가경쟁력 분석은 국가라는 큰 틀에서 바라보는 거시적인 분석이지만, 한 국가 내에 존재하는 산업을 바라보고 기업을 보면 마케팅역량을 바라보는 데 직접적으로 관련된다. 특정 국가가 모든 산업에서 경쟁력에서 선두를 달리기는 어렵기 때문에 국가마다 경쟁력 있는 산업을 키우려는 정책을 펼치고 있다. 대한민국은 반도체, 전자, 철강, 자동차, 조선 등 경쟁우위를 가진 산업이 존재한다. 반도체산업은 건재하여 수출 1위를 달성하고 있으나, 조선산업 등은 중국의 도전을 받아 경쟁력이 저하되고 있어 위기의식을 느끼고 있다. 이는 다른 선진국에서도 마찬가지이다. 자동차산업의 수출이 경제에 지대한 영향을 미치고 있는 독일의 경우, 2015년 포크스바겐 사태로 인해 수출이 줄어 국가경제에 미치는 영향을 걱정할 정도이다.

1. 산업조직론 분석

여기에서는 마이클 포터가 그 이전에 연구한 산업조직론 연구를 경쟁의 관점으로 《경쟁전략(competitive strategy)》에서 정리하여 제시한 분석틀을 소개하고자 한다. 이 분석은 [그림 6-4]와 같다. 여기서 중요한 것은 일반인들이 산업 내 경쟁자들을 바라보는 것을 넘어서서 다른 네 가지 경쟁요인을 보아, 경쟁의 다섯 가지 요인을 고려한다는 것이다. 하나의 산업 속에서 경쟁을 바라볼 때, 동종기업, 구매자, 대체품생산자, 새로운 진출기업이 관계하면서 경쟁의 구도에 영향을 미치고 있다.

1) 동종기업 간의 경쟁

우리가 일반적으로 이야기하는 경쟁은 동종기업 간의 경쟁을 의미한다. 현대자동차의 경우 르노삼성, GM, 도요타와 같은 동종기업 사이의 경쟁을 인식한다. 이들 경쟁기업이 마케팅을 어떻게 펼치는가는 기업의 마케팅전략에 직접적으로 영향을 미친다.

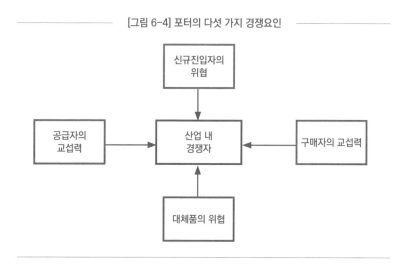

[그림 6-4] 포터의 다섯 가지 경쟁요인

2) 공급자 교섭능력

경쟁의 범위를 넓히면 현재 기업에 부품을 제공하는 공급자를 경쟁의 범위에 넣을 수 있다. 유통기업 이마트는 공급자들로부터 제품을 공급받으면서 구매자들에게 가격대비 품질이 좋은 상품을 가져오려고 노력한다. 이 경우 대량으로 구매할 수 있는 구매력이 있기 때문에 공급자와의 교섭능력을 높이면서 공급자의 힘을 약화시킬 수 있다. 백화점 1층에 있는 루이비통과 같은 명품점의 경우 공급자가 상대적으로 강한 교섭력이 있다. 자동차의 경우에도 헤드라이트와 같은 핵심부품에서 세계적인 명성을 가진 공급자가 현재 기업과 연결되어 있으면 협력자이지만, 그 공급자가 경쟁기업으로 판매선을 옮겨버리면 경쟁자로 변해버리기 때문에 능력 있는 공급자와의 교섭능력은 경쟁우위를 결정한다.

3) 구매자 교섭능력

구매자의 교섭능력도 경쟁우위에 중요하다. 구매자들은 가격인하, 품질향상 및 서비스 증대를 요구하는데, 가격인하의 목소리는 산업의 수익성을 감소시킬 수 있다. 산업재시장에서 장기적인 관계를 형성하여온 구매자가 갑자기 다른 경쟁업체로 구매선을 변화시키면 타격을 받을 수 있다.

4) 대체품의 압력

자동차를 구매하려는 고객이 오토바이와 같은 대체품을 구매할 수도 있기 때문에 대체품을 생산하는 기업과도 경쟁을 벌이고 있다고 넓게 생각해야 한다. 경쟁의 범위를 좁게 보면 마케팅근시안(marketing myopia)에 걸려 경쟁력을 잃을 수 있다.

5) 새로운 진출기업의 위협

새로운 외국 기업의 국내시장 진출 위협은 언제나 심각하다. 도요타 자동차의 국내시장 진출은 현대자동차에 위협이 되고 있다. 마케팅 상황에서는 특정시장에 새로운 진출기업의 위협이 항상 도사려 있다.

2. 산업의 경쟁구도 변화

한 산업 내에서 새로운 경쟁자들이 들어오고, 경쟁에 밀려 나가는 등 경쟁구도가 변화되고 있다.

첫째, 경쟁자의 수가 많아지면 경쟁강도가 높아진다. 사업이 잘 된다고 판단하면 경쟁기업이 그 사업에 뛰어들어 경쟁강도가 높아진다. 처음에 블루오션이라고 생각하더라도 레드오션으로 변해버리면 경영 어려움에 직면하게 된다. 이 경우 기업은 시장세분화를 통해 경쟁자의 수가 적은 새로운 시장으로 들어가려고 한다.

둘째, 산업에 따라 진입장벽(entry barrier), 이동장벽(mobility barrier), 퇴진장벽(exit barrier)이 다르게 나타난다. 비행기산업에 새로이 진입하기는 어려우나 식당을 차리는 것은 비교적 쉬워 경쟁이 치열해진다. 시장에 진입한 뒤에는 더 매력적인 세분시장으로 이동하려고 하는데 이동장벽이 존재한다. 그리고 사업을 접을 때도 고객, 채무자, 종업원들에 대한 법적, 도덕적 의무 때문에 퇴진장벽이 작용한다.

셋째, 원가구조가 경쟁 여부를 변화시킨다. 기업은 원가를 줄이는 여러 행동을 하게 되고, 이는 경쟁구도에 영향을 미치고 있다. 자신의 분야에 경쟁력이 있다고 판단하고 최신 장비를 도입하여 좋은 제품이나 서비스를 창출하려고 하지만, 경쟁자가 가격을 낮추어 접근하면 어려움에 직면할 수가 있다. 특히 병원 등에서 비싼 최신 장비를 임대하고 영업을 하는 경우, 고객이 가격이 싼 곳으로 이동하면, 임대료 부담이 증가해 어려움에 직면할 수가 있다.

넷째, 수직적 통합의 정도가 경쟁에 영향을 미친다. 기업이 성장하는 과정에서 수직적 통합을 실현시키는 경우가 많다. 예를 들어, 석유 회사는 석유 탐사, 정제, 화학품 생산 등 수직적 통합을 통해 부가가치를 실현하는 가치사슬을 만들고 원가를 줄이면서 거대해지는 경향이 있다. 이러한 거대화는 유연성을 상실할 위험을 안게 된다.

다섯째, 세계화 정도가 경쟁에 영향을 미친다. 기업이 글로벌화되면 산업 간 경쟁을 세계적으로 바라보아야 하고, 경쟁도 치열해진다.

3절. 시장점유율에 따른 경쟁 전략

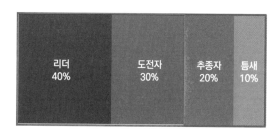 산업 내 기업들은 시장점유율에서 차이를 보이며 경쟁하고 있다. 시장 전체에서 가장 많은 점유율을 가진 순서에 따라 리더, 도전자, 추종자, 틈새기업으로 나눌 수 있다.

[그림 6-5] 시장점유율에 따른 경쟁

| 리더 40% | 도전자 30% | 추종자 20% | 틈새 10% |

시장점유율에 따라, 자신의 위치가 어디인가에 따라 전략이 다를 수 있다. 예를 들어, 시장점유율에서 2위인 기업은 1위인 기업과 다른 경쟁 전략을 펼치려고 한다. 펩시가 '젊음'을 내세우면서 10대와 20대의 젊은 세대를 표적시장으로 맞추고 그들의 선호에 초점을 맞추면서 포지셔닝 전략을 공격적으로 펼치는 경우가 그 예이다. 시장

점유율 위치에 따라 어떻게 다른 전략을 펼칠 수 있는지 살펴보기로 하자.

1. 시장리더의 전략

대한민국에서 삼성전자, 현대자동차, SK텔레콤과 같은 시장리더 (market leader)는 어떠한 전략을 구사하고 있는가?

첫째, 전체 시장규모를 팽창시킨다. 시장침투 전략(market penetration strategy), 새로운 세분시장으로 나아가고, 지리적 범위를 팽창시키면서 새로운 고객을 확보하고, 제품이 새롭게 사용될 수 있도록 범위를 넓혀간다.

둘째, 시장점유율을 높이려고 한다. 경쟁자가 공격적으로 나오는 경우가 많기 때문에 시장리더는 전체 시장 크기를 확장하려고 할 뿐만 아니라 현재의 시장점유율이 떨어지지 않게 방어해야 한다. 이를 위하여 지속적인 혁신을 가속화하고 있다.

2. 시장도전자 전략

시장에서 2위의 지위를 가진 기업은 1위 기업의 아성에 도전하는 시장도전자(market challenger)의 전략을 구사한다. 시장도전자의 전략은 보통 공격 전략을 택한다. 도전자가 모방 전략을 택하는 경우도 있지만, 이 모방 전략만으로는 결코 1위가 될 수 없다는 것을 알기 때문에 창조적 도전을 시도한다.

누구를 공격할 것인가 정하는데, 시장리더를 공격할 수도 있고 자그마한 지역 기업을 공격할 수도 있다. 일반적인 공격 전략을 선택할 때도 정면 공격과 측면 공격으로 나뉜다. 어느 때는 특수 공격 전략을 선택한다. 가격 할인, 값싼 제품, 유명 제품, 제품 혁신, 서비스개선, 유통혁신, 제조 원가절감, 광고 촉진 등으로 공격할 수 있다.

3. 시장추종자 전략

1위와 2위 기업이 되지 못하는 대부분의 기업은 시장리더에 도전하기보다 추종하는 방향을 택한다. 전략적 방향은 모방 전략이다.

전체적으로는 세계 1위의 기업이라도 사업부문이 다각화되어 있어 포트폴리오 상에서 1위가 되지 못하는 경우가 많다. GE의 잭웰치가 1위와 2위가 되지 못하는 기업은 팔아버리는 전략을 택한 것은 시장 추종자의 위치는 경쟁이 어려운 것을 알았기 때문이다. 대한민국에서도 삼성전자와 LG전자 사이에서 대우전자가 추종자로서 결국 성공하지 못했다.

결국 시장추종자가 성공하기 위해서는 '혁신적 모방(innovative imitation)'이 필요하다. 제품과 서비스품질이 비슷하여 제품과 서비스 차별화나 이미지 차별화의 기회가 적고, 가격민감성이 높은 철강이나 화학산업에서는 이런 전략이 많이 나타난다. 시장 리더에게 도전하여 보복을 받지 않으면서 차근차근 시장점유율을 높여가려는 전략을 택하는 경우이다.

4. 시장틈새 전략

리더, 도전자, 추종자와 다르게 자그마한 시장, 즉 틈새(niche)에서 리더가 되는 방법을 택할 수 있다. 중소기업은 자금력에서 대기업과 경쟁하기가 쉽지 않아 경쟁을 피하고, 대기업이 관심 없는 자그마한 시장을 표적시장으로 두고 접근하는 경향이 있다. 이러한 기업들은 전문화(specialization)를 추구한다. 시장이 변하고 있기 때문에 한 분야에만 전문화를 고집하게 되면 개발한 틈새시장이 쇠퇴하는 경우 도산되기 때문에 두 개 이상의 틈새시장을 개발하여 경쟁력을 길러 생존력을 높이는 전략을 택하는 것이 현명하다.

4절. 경쟁력의 원천

대한민국 기업의 경쟁력 원천을 어디에서 찾을 수 있는가? 시장지향성, 규모와 범위, 속도, 네트워크, 그리고 지식을 원천으로 보고자 한다.

1. 시장지향성

기업 활동은 스칼라(scalar)가 아니라 벡터(vector)이다. 방향이 잘못되면 전체가 다른 곳으로 가버린다. 마케팅에서 방향성은 고객과 시장지향성이다.

이러한 방향성을 가장 먼저 지적한 논문은 〈마케팅 근시안(Markeing Myopia)〉이라는 논문이다. 이는 테오도르 레비트(Theodore Levitt)에 의해 작성, 하버드 비즈니스 리뷰(Harvard Business Review)에 게재된 것으로 현대 마케팅 운동의 시작점을 알리는 논문이 되었다. 이 논문에서 레비트는 대부분의 조직이 그들의 사업을 좁게 해석하여 비전을 작게 잡고 활동을 넓히지 못해 경쟁력을 상실하게 된다고 분석하고 있다. 그러므로 최고경영자는 보다 넓은 관점에서 시장을 보고 고객지향으로 사업을 정의해야 한다고 제기하였다. 미국에서 철도산업이 성장하지 못한 이유는 철도업에 한정했기 때문이라고 비판하고 있다. 보다 광범위한 운송업으로 사업의 범위를 넓게 정의하여 고객지향적으로 변신하고, 고객만족지향으로 변하겠다는 기업의지를 강하게 가졌다면 결코 사양산업이 되지 않았을 것이라고 주장했다.

그의 분석은 실무계에 큰 영향을 미쳤다. 오늘날 석유산업에 속한 기업들은 에너지산업으로, 영화산업에 속한 기업들은 엔터테인먼트(entertainment)산업으로 사업을 재정의하였다. 고객지향성, 시장지향성(market orientation)은 마케팅역량의 출발점이 된다.

2. 규모와 범위

기업의 규모와 범위는 서로 연결되어 경쟁력을 결정한다. 규모의 경제(economy of scale)를 추구하는 기업은 원가우위 전략을 추구하고, 가격중심으로 이익을 확보하려고 한다. 이는 생산기술, 설비, 자본을 중시하는 것이어서 단순 반복 작업에서 필요하다. 범위의 경제(economy of scope)를 추구하는 기업은 품목수를 증대시켜, 생산과 판매기능을 공동으로 활용하여 이점을 누리려고 한다. 여러 제품을 공동생산하면 생산과정에 한 제품의 생산 공정 중 다른 제품을 생산할 때 추가적 비용 없이 전용 가능한 공통생산요소, 즉 설비, 기술, 정보 및 노하우 등에서 이점을 누릴 수 있다. 현대자동차그룹은 기아자동차를 인수하여 생산과 마케팅에서 범위의 경제를 확보하고 있다.

3. 속도

속도의 경제(economy of speed)는 생산, 유통, 판매의 전 과정에 시간의 개념을 도입하여 경쟁업체보다 빠르게 수행하면서 경쟁력을 찾는다. 시간에 기반을 둔 경쟁(time based competition)은 개발 과정뿐만 아니라 개발된 제품의 시장 확산에서도 나타난다. 이 경제를 실현하는 기업은 [그림 6-6]에서 나타난 것처럼 확산곡선을 A에서 B로 변화시킨다.

대한민국의 '빨리빨리' 문화는 분명 프랑스와 같이 '느림'을 존중하는 문화와 다르다. 우리나라 대기업은 제품을 생산하고 마케팅하는 과정에서 속도를 중요하게 생각해 경쟁력을 높여왔다. 쿠팡은 '로켓배송'이라고 이름 붙인 배송속도를 경쟁력으로 내세우고 있다.

4. 네트워크

네트워크 경제(economy of network)는 큰 경쟁력의 원천으로 자리 잡고 있다. 네트워크 이론에서는 사회적관계를 통한 사회적자본 형성이 재무적자본 형성에 영향을 미친다고 본다.

[그림 6-6] 속도에 의한 확산곡선의 변화

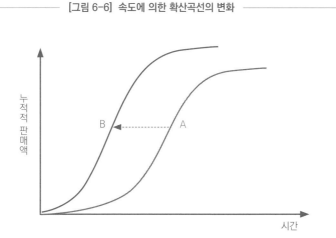

기업 간 관계를 네트워크화시키면 정보와 자원을 공동으로 연결시키고 이들을 공유하고 상호 교환할 수 있어 시너지효과를 얻을 수 있다. 원가절감을 원하는 기업은 아웃소싱 방법을 통하여 네트워킹을 달성하기도 한다. 즉, 원재료 및 부품 원가의 비중이 큰 제조업체는 조달비용이 가장 저렴한 지역에서 필요한 원자재와 부자재를 집중적으로 조달한다. 이 부분은 책에서 가치사슬의 개념으로 자주 언급할 것이다.

5. 지식

지식경제(economy of knowledge)는 경쟁사보다 능률적이고 효과적으로 새로운 지식을 받아들여 활용하는 조직창출 능력을 말한다.

산업사회에서 주도적인 철강, 자동차, 석유화학 등의 기업들이 규모의 경제를 강조하였다면, 현대 지식사회에서 주도적인 소프트웨어, 정보서비스, 통신, 의료, 미디어, 레저, 생명공학 등 기업들은 지식의 경제를 살리고 있다고 볼 수 있다. 시장의 변화를 빠르게 감지하는 정보체제를 갖추고 있지만, 정보를 넘어서 조직화된 지식체제 쪽으로 이동되어 경영에 활용되어야 한다.

지식은 사람에게 흡수되어 암묵지가 되고 창조적인 조직문화를 형성해 나타난다. 학습조직을 추구하는 기업들은 구성원들이 가지고 있는 암묵적 지식(implicit knowledge)을 명시적 지식으로 변화시키면서 창조성을 발휘하고자 한다.

5절. 차별화 전략

마이클 포터의 경영 전략에서 경쟁우위는 원가우위와 차별화가 있다고 주장한다. 즉, 가격을 낮추어 접근하거나 자사제품이 타사와 차별화되어 있다는 것을 강조하면서 시장에 호소하는 것이다.

제2장에서 전략은 자원과 역량에 의존한다는 것을 보았다. 기업의 자원이 한정되어 있어 광범위한 시장에서 경쟁하는 것보다 좁은 시장에서 경쟁하는 것이 현명하다고 판단되는 경우에는 특정 구매자집단이나 특정지역을 집중적으로 공략하는 집중화 전략(focus strategy)을 택한다. 이러한 집중화 전략은 원가우위 전략과 차별화 전략 양쪽에서 나타날 수 있다. 원가우위 분야에서는 표적세분시장에서 원가우위를 추구하고자 하는 경우이며, 후자는 기업이 표적시장을 정하여 집중하고자 할 때 그 표적시장과 다른 세분시장에 차이점이 나타날 때 적용가능하다.

차별화(differentiation)는 자사가 제공하는 제품이 경쟁자가 제공하는 제품보다 차별적 우위가 나타나도록 하는 행위인데, 이를 달성하기 위해 제품 개발에 끊임없는 개선을 추구해야 한다. 신제품 개발은 기존 제품을 진부화시키는 창조적 파괴과정을 거친다. 세계를 석권하는 스마트폰과 같은 신제품이 나타나자, 대한민국은 작은 개선점과 큰 개선점을 찾아갈 뿐 아니라, 나타난 제품을 진부화시키는 방법을 생각하는 동시에 새로운 제품을 고려했다. 신제품을 개발하자마자 개선과 진부화를 고려한다는 것은 경쟁이 치열한 시장에서 타당한 전략이다.

차별화는 제품, 서비스, 인적자원, 유통, 이미지 다섯 가지에서 나타날 수 있다.

1. 제품차별화

이는 유형의 차별화(tangible differentiation)와 무형의 차별화(intangible differentiation)로 나눌 수 있다. 전자는 크기, 모양, 중량, 색상, 디자인, 기술적인 면에서 눈으로 관찰할 수 있는 제품 특성을 말하며, 후자는 성능, 내구성, 신뢰성, 속도, 안전성과 같은 보이지 않으나 느낄 수 있는 사회적이고 심리적인 차이를 말한다. 대한민국이 축적한 문화적인 가치관이 현재 유형과 무형으로 나타나고 있다.

2. 서비스차별화

제품에 서비스가 가미될 때 서비스차별화는 힘을 발휘한다. 주문용이성, 배송, 설치, 고객교육, 고객컨설팅, 보수 등에서 차별화를 달성한다. 서비스품질을 높여서 고객만족을 창출할 수 있는 분야이다. 대한민국의 인천공항공사는 세계 1등 서비스를 창출한 것으로 유명하다. 2015년 7월 1일부터 총 13개에 달하는 노선을 비첨두시간대(non peak time: 심야시간)인 22시에서 7시 사이에 새롭게 개설하여 인천공항을 '24시간 잠들지 않는 공항'으로 만들고 있다.

3. 인적자원차별화

서비스기업의 경우 우수한 종업원이 차별화를 대변한다. 종업원의 기술, 능력, 예절, 신뢰성, 반응성, 커뮤니케이션 능력 등을 높이면서 차별화한다. 이는 인적자원관리 분야와 마케팅 분야가 결합되는 영역이다. 능력 있는 종업원의 채용과 교육훈련, 동기유발은 내부마케팅 능력이다. 경영자들은 종업원을 내부고객으로 바라보고 종업원을 만족시켜야 만족된 종업원이 외부 고객을 만족시킬 수 있다는 믿음을 가지고 접근해야 한다. 항공, 호텔 등 서비스업종의 경쟁력에서 필수적인 사고이다.

4. 유통차별화

유통의 범위, 전문성, 성과 등을 높이면서 차별화한다. 델(Dell)컴퓨터는 인터넷으로 제품사양을 올리고, 인터넷 주문을 받아 사양을 맞추어주는 유통차별화로 경쟁력을 확보했다. 온라인과 오프라인 채널을 함께 이용하는 다채널 전략도 이에 해당된다.

5. 이미지차별화

상징, 매체, 분위기, 이벤트 등을 통해 차별화가 나타난다. 이는 광고나 제품 경험을 통해 형성된다. 이미지는 브랜드 자산이 중요시되면서 더욱더 강한 경쟁력 원천이 되고 있다. 기업은 정체성을 소비자에게 제대로 전달하면서 좋은 이미지를 전달할 때 차별화를 달성한다. 미국기업 애플은 스티브잡스의 창조성을 중심으로 이미지 차별화를 달성한 것으로 유명하다. 삼성전자의 이건희 회장도 반도체를 파는 것 이상으로 브랜드 가치를 높여야 한다는 것을 강조해 빠르게 글로벌 브랜드로 자리매김하였다.

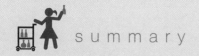

CDMA 기술 개발에서 나타난 경쟁력은 대한민국 마케팅에 시사하는 바가 크다. 이 기술의 성공은 1997년 IMF 경제위기를 탈출하는 경제성장의 엔진 역할을 했다고 분석될 정도로 마케팅 성공 사례로 꼽힌다.

본 장에서는 경쟁을 국가수준, 산업수준, 기업수준으로 바라보면서 대한민국 마케팅을 설명하고자 했다. 국가수준에서 교육열과 인적자원은 강하지만, 금융, 노동 시스템을 강화시켜 경쟁력을 높이는 과제가 남겨져 있다. 산업수준에서 새로운 진출기업의 위협은 계속되고 있다. 자동차산업을 예로 들면, 전기자동차와 같은 새로운 진출기업이 등장하고 이는 산업의 구도를 바꾸고 있다. 새로운 진출기업의 위협은 시장에서 소비자들의 선호를 빠르게 변화시켜 시장의 판도를 바꾸어버린다. 기업의 쉬지 않는 혁신이 불확실성을 줄이는 이유이다.

시장점유율이 선도자, 도전자, 추종자, 틈새 중에서 어느 위치에 있는가에 따라 전략이 다르게 펼쳐질 수 있음을 살펴보았다. 중소기업의 경우 틈새전략을 펼치면서 대기업이 못하는 위치를 점유할 수 있다. 그리고 경쟁력의 원천은 시장지향성, 규모와 범위, 속도, 네트워크, 지식에서 올 수 있음을 제시하였다. 규모가 작더라도 시장지향성, 속도, 네트워크에서 이점을 누릴 수 있다. 제품, 서비스, 인적자원, 유통, 이미지 분야에서의 차별화는 계속 강조하고자 한다.

■ 참고문헌

마이클 포터 지음, 김경묵·김연성 옮김 (2005), 《마이클 포터의 경쟁론》, 세종연구원.

헤르만 지몬 지음, 이미옥 옮김 (2008), 《히든 챔피언 글로벌 원정대》, 흐름출판.

Hamel, Gary, and C. K. Prahalad (1994), 《Competing for the Future》, Harvard Business School Press.

Levitt, Theodore Levitt (1960), 〈Markeing Myopia〉, Harvard Business Review, July/August, p3-13.

Porter, Michael E. (1980), 《Competitive Strategy: Techniques for Analyzing Industries and Competitors》, New York: The Free Press. (1985), 《Competitive Advantage》, The Free Press. (1990), 《The Competitive Advantage of Nations》, The MacMillan Press, London and Bassingstoke.

Prahalad, C.K. and Venkat Ramaswamy (2004), 《The Future of Competition: Co-Creating Unique Value with Customers》, Harvard Business Press.

memo

Marketing

7

시장세분화와
포지셔닝

Marketing

'한국의 자존심을 지킨다. 한국지형에 강하다.'

이 카피는 삼성전자의 브랜드 애니콜 광고의 포지셔닝이었다. 삼성전자는 휴대전화 사업을 1989년에 처음 시작했다. 그 당시 국내시장을 점유한 브랜드는 모토로라와 노키아였다. 모토로라의 국내 시장점유율은 70퍼센트 정도였고, 삼성전자의 시장점유율은 10퍼센트 내외였다. 1993년 11월 삼성전자는 SH-700을 출시하고 한국 휴대전화의 세계화가 시작되는 해를 선포하면서 시장점유율을 15퍼센트까지 끌어올렸다. 1994년 8월 '애니콜'이라는 브랜드를 출범, 광고비를 전년도 8억 원에서 56억 원으로 대폭 올리면서 브랜드를 알렸다. 이때 '한국지형에 강하다'는 유명한 광고를 통해 지역을 강조한 포지셔닝을 시작하였다. 1년 뒤 삼성전자는 국내시장에서 모토로라의 아성을 무너뜨린다.

[그림 7-1] 한국지형에 포지셔닝한 애니콜

국내시장에 침투한 외국 제품과 차별성을 제시하기 위해 산이 많은 한국지형에서 통화가 잘 터진다는 것을 강조하면서 차별화를 시도하였다. 그리고 소비자의 시각에서 쉬지 않고 제품 개선을 시도했다.

휴대폰 시장의 절반이 여성이므로 여성을 위한 제품이 필요하다는 이건희 회장의 조언을 받아들여 2000년 11월 SPH-A 4000, 일명 '드라마 폰'을 출시하였다. 이 제품은 자연주기법으로 배란일을 체크할 수 있는 기능과 칼로리를 계산하는 기능이 특화됐다. 이 제품 출시 후 거울폰 등 여성 전용 휴대폰이 연이어 나왔다.

2000년 1월부터 10월까지 미국 내 휴대폰 시장점유율을 조사한 결과 삼성 애니콜이 노키아, 모토로라 등을 제치고 금액기준으로 판매실적 1위를 차지했다. 2001년 2월부터 미국 최고 권위의 소비자정보잡지인 〈컨슈머리포트〉에서 세계 휴대폰 선발업체인 노키아, 모토로라를 제치고 최우수 제품으로 선정되었다.

1절. 사례연구

마케팅 사례에서 시장세분화에 관해서 가장 잘 알려진 포드(Ford)와 지엠(GM) 사례를 살펴보자. 1900년대 초 포드는 시장을 균질적 집단으로 바라보고 대량생산과 대량마케팅(mass marketing)을 수행한 것으로 유명하다. 그러나 GM은 시장세분화 개념으로 포드를 공격하였다. 두 기업의 경쟁을 보다 자세히 살펴보자.

1903년 핸리 포드(Henry Ford)가 창립한 포드자동차는 사치품으로 여겼던 자동차를 대량생산방식을 통해 대중 필수품으로 바꾸어 놓았다. 포드의 대량생산방식은 표준화, 단순화, 전문화(Standardization, Simplification, Specialization: 3S)를 기반으로 컨베이어 벨트 조립방법이라는 공정혁신을 이루며 가능해졌다. 이 방식으로 검은색의 저렴하고 견고한 통일된 대중 승용차 모델 T를 개발하여 1920년대 초반까지 미 대륙 전체 시장의 50퍼센트 이상을 점유하였다. 모델 T의 슬로건은 '모델 T는 여러분이 원하는 곳으로 데려다주고 다시 데려와줍니다'였다. 그는 고객이 원하는 것은 안정적인 이동수단이라고 믿었고 추가적인 기능과 혜택은 강조하지 않았다. 그러나 시장은 변해가고 있었다.

206

GM은 1908년 뛰어난 금융자본가 윌리엄 듀란트(William Durant)에 의해 설립되어 여러 자동차회사와 수직적 계열화를 목표로 다양한 부품회사를 인수하였다. 이 인수과정에서 알프레드 슬로언(Alfred Sloan)이 GM에 합류하게 되었고, 최고경영자가 되었다. 1925년 이후 슬로언은 시장변화 속에서 성숙시장에 보다 적합한 전략을 제시하였다. GM은 소비자가 마음대로 모델변경을 할 수 있도록 중고차 교환을 정책화하고, 가격계층을 체계화시켜 각 계층에 알맞은 차종을 두는 다양화 정책을 취하기 시작하였다.

포드의 T형 자동차보다 품질이 조금 고급화된 쉐보레(Chevrolet)의 생산에 주력하여 포드 T형을 사용한 소비자가 신제품 대체로 쉐보레를 선택하도록 유도하였다. 이러한 소비자의 기호변화에 맞춘 GM 전략이 성공하면서 1927년 모델 T는 쉐보레에게 역전당하고 말았다. GM은 전체 매출액에서 1931년에는 포드사를 제치고 1위를 차지하였고, 1933년부터 1985년까지 50년 이상 40퍼센트 이상의 시장점유율을 유지하였다.

그 뒤 GM은 소득기준으로 시장을 세분화하여 각 세분시장에 적절한 자동차 브랜드를 개발하는 제품차별화 전략을 썼다. 구체적으로 다섯 개 브랜드 제품을 시장에 내놓았다. 쉐보레(Chevrolet)는 가격에 호소해 첫 구매자를 끌어들였으며, 소비자의 생활이 풍요로워지면, 폰티악(Pontiac), 올드스모빌(Oldsmobile), 뷰익(Buick), 마지막으로 캐딜락(Cadillac)으로 옮길 수 있도록 하였다. 이 계획이 수십 년 동안 맞아들어 GM은 세계 최대의 자동차 회사로 성장했다. 그러나 이는 영원하지 않았다.

1970년대 석유 위기 등 경제상황은 자동차의 기본적인 이동수단을 중요시하게 되었다. 도요타, 혼다, 닛산 등 연료절약적인 일본자동차가 시장에 침투하고, 벤츠, 포크스바겐 등 유럽자동차들이 시장으로 파고들면서 경쟁이 치열해졌다. 1980년대 들어 기능을 강조한 포드의 이익이 처음으로 GM을 앞질렀다. 1990년대에 들어서자 GM은 새로운 세분화 계획을 발표하여 몸체 형태, 크기, 이미지 등 고객의 선호에 기초를 두어 열아홉 개의 목표시장을 설정했다.

2014년 GM은 106년에 걸쳐 누적 생산 5억 대를 돌파하면서 세계 자동차산업 역사에 새로운 이정표를 세웠다. 2015년 말 자료에 의하면 이전에 세계 1위 판매를 자랑했던 포크스바겐이 배기가스 배출 조작 파문 때문에 판매 순위가 일본의 도요타에게 밀려 2위가 되고, GM은 3위, 4위는 르노닛산, 5위가 현대/기아가 되었다. 그러나 1위와 3위의 연간 판매대수의 차이는 30만 대 정도이고, GM은 소비자 중심의 비즈니스, 다양한 라인업에 걸친 신차 출시, 최신 기술 개발 등으로 매년 꾸준히 이익이 증가하고 있다. 한국 GM은 출범 이후 비약적인 판매실적 및 매출이 증가해 GM의 글로벌 성장에 중요한 역할을 하고 있다.

2절. 시장세분화

세분화를 통해서 표적시장을 개발해야 포지셔닝을 잡을 수 있게 된다. 포지셔닝을 통한 경쟁을 제대로 펼치기 위해서 시장세분화가 기반이 된다.

시장세분화(market segmentation)는 시장을 하나의 균질적인 집단으로 바라보고 접근하는 대중마케팅(mass marketing)과 대별되며, 시장을 특정 기준에 따라 다양한 집단으로 나누어 바라보는 사고이다. 시장세분화 기법은 컴퓨터의 발달로 시장을 보다 세밀하게 바라볼 수 있게 되어 일대일 마케팅(one to one marketing)으로 발전할 수 있는 근거를 찾게 되었다.

1. 시장세분화 과정

실무에서 시장세분화는 다음 세 가지 과정으로 이루어진다.

첫째는 조사 단계(survey stage)이다. 이는 소비자 조사를 통하여 욕구, 사용, 패턴, 인구통계 특성 등 분명한 특징 면에서 시장을 의미 있는 구매자 집단으로 식별하는 단계이다. 조사자는 소비자들의 동기, 태도, 행동에 대한 통찰을 얻기 위해 탐험적 인터뷰나 초점 집단(focus group)조사를 수행한다. 조사자는 질문지를 준비하고 자료를 수집한다.

둘째 단계는 분석 단계(analysis stage)이다. 요인 분석, 군집 분석 등의 통계 분석을 이용하여 특정 세분시장을 선정한다. 수많은 전략적, 경쟁적 고려사항을 검토하여 특정 세분시장을 표적시장으로 선정한다.

셋째 단계는 프로파일 단계(profiling stage)이다. 각 군집에는 태도, 행동, 인구통계, 행동 분석, 매체이용패턴의 관점에서 프로파일이 이루어진다.

이 과정에서 첫째 단계가 가장 중요하다. 고객들을 분류하고 그들이 서로 어떻게 다른가 자세히 이해하기 위해 마케팅 조사를 제대로 수행해야 한다. 이를 기반으로 다음 단계를 정확하게 진행할 수 있다. 시장세분화 탐색이 성공하면 다른 집단과 다르게 행동하는 하나의 고객집단을 찾게 되고, 그 집단에 표적을 두고 효율적인 마케팅믹스를 투입할 수 있다.

2. 시장세분화 수준

1) 세분시장 마케팅

시장세분화의 기본적 이점은 시장을 바라보는 구조화된 수단을 제공하는 것이다. 시장이 세분화되지 않으면 소비자는 모두 결합되어 단 하나의 시장으로 나타난다. 이 상태를 비차별적 시장이라고 한다. 이 상태에서는 시장에 차이가 있으면 시장을 기술하기가 어려워진다. 시장을 극단적으로 차별화한다고 생각하면, 각 소비자는 개별적으로 보인다. 이러한 극단이 아니라 어느 기준점으로 소비자들의 군집을 찾으면, 군집 내에 있는 소비자들이 필요로 하지만 아직 충족되지 않은 이른바 필요의 진공을 발견하여 신제품을 개발할 수 있다.

2) 틈새시장 마케팅

모든 시장에는 틈새가 존재한다. 틈새는 영어로 니치(niche)로 '남이 모르는 좋은 낚시터'라는 은유적인 뜻을 가지고 있다. 경쟁자들이 모르는 틈새를 찾아 이 틈새시장(niche market)에 맞는 제품을 시장에 지속적으로 내놓고 대기업을 피해 성장하는 전략이다. 시장점유율이 작은 중소기업들이 전문화(specialization)를 통하여 대기업이 관심 없는 자그마한 시장을 개척하여 대기업으로 성장하기도 한다. 미국의 사우스웨스트항공(Southwest Airline)이 대표적인 사례이다. 다른 비행사들이 보지 못했던 시장, 고속버스나 철도가 장악하고 있던 단거리 노선을 틈새로 보고 접근했다. 요금을 낮추기 위해 필요하지 않는 서비스를 없애고, 친절한 서비스로 승부해 성공하였다. 대한민국의 많은 기업이 제주도와 같은 특정지역을 표적으로 비즈니스를 전문화하거나 고급 양로원을 짓거나 틈새시장을 노리고 있다.

3) 지역시장 마케팅

전국시장으로 접근하는가, 지역시장으로 접근하는가는 매우 다른 접근이다. 그 기업이 지역 소비자들과 네트워크가 강하여 그들의 니즈와 욕구에 적합한 제품과 서비스를 의미 있게 제공할 수 있다고 판단되는 경우에 행하는 세분화 방법이다. 이는 토착마케팅(grassroot marketing)을 강조할 때 나타난다. 지역시장을 강조하게 되면 각 지역마다 다르게 접근해야 하기 때문에 생산과 마케팅 비용이 상승하게 되어 규모의 경제 논리를 강조하는 전략에는 맞지 않게 된다.

3) 고객맞춤화

기업의 입장에서 시장을 하나의 집합으로 마케팅하지 않고, 시장을 개별화된 것으로 보는 방향으로 발전한다. 정보통신기술의 발달로 고객에 대한 데이터베이스 확보가 더욱더 고도화되고 있다. 고객에 대한 자료를 기반으로 데이터베이스 마케팅이나 고객관계관리(Customer Relationship Management)를 지향하는 접근이 발전하고 있다.

4) 군집 분석

두 가지 주요한 특성을 X축과 Y축으로 소비자조사를 하여 위치를 파악하면 [그림 7-2]와 같은 군집화가 나타날 수 있다. 이 분석에서 집단 A가 마케팅 공략대상이 된다는 것을 예시하고 있다.

시장세분화를 위해서 필요한 통계 분석으로 군집 분석(cluster analysis)이 필요한 이유이다. 위 도표에서 X축과 Y축의 변수를 여러 가지로 잡아서 분석해 군집을 찾을 수 있다면 그 변수들의 결합에 따라 선호하는 소비자를 세분화시킬 수 있다.

3. 시장세분화 변수

시장조사자는 고객을 분류하기 위해 수백 가지 방법을 선택할 수 있다. 그러나 대체로 지리적 변수, 인구통계적 변수, 심리분석적 변수, 행동분석적 변수, 이 네 가지 변수로 크게 유형화할 수 있다.

예를 들어, 현옥이라 불리는 한 소비자는 20대 후반 미혼 여성으로 미국에서 대학원을 졸업하고 한국에서 가장 인구가 밀집된 서울에서 월 소득 4백만 원을 받으면서 생명공학 관련 다국적 기업 연구소의

[그림 7-2] 군집 분석

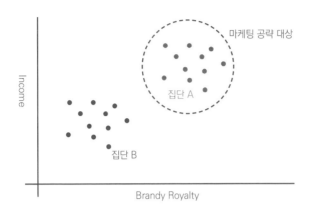

연구원으로 종사하고 있다. 가족은 부모와 동생과 함께 살고, 기독교를 믿으며, 삼성, LG와 같은 어떤 특정 회사의 제품에 대한 브랜드 충성도를 가지고 있다고 기술할 수 있다.

이러한 기술은 한 소비자에 대한 일반적인 '그림'을 그리는 기술이다. 수많은 소비자가 군집을 이루는 시장에서는 수많은 소비자의 그림이 그려지는데, 그림의 공통된 부분을 찾을 수 있다면 그들에 맞추어 기업 활동을 전개할 수 있다.

1) 지리적 세분화

지리적 세분화(geogrpahic segmentation)는 시장을 지역, 인구분포, 인구밀도, 도시 규모, 기후 등에 따라 세분화하는 방법이다.

① 지역별로는 남부지방, 중부지방 혹은 해안, 내륙, 산간지방 등으

로 구분할 수 있다.

② 인구분포는 국가, 지역, 대도시, 소도시, 지방으로 나눌 수 있고, 인구밀도는 농촌지역, 교외지역, 도시 등으로 분류할 수 있다.

③ 도시 규모별로 세분하는 경우에는 서울, 부산, 대구, 대전, 광주, 인천 등 대도시와 기타 중소도시 등으로 세분할 수 있다.

④ 기후별로는 계절에 따른 기온 차이가 큰 지역과 작은 지역으로 구분할 수 있다. 이러한 지리적 변수에 극히 민감한 제품들이 있다. 예를 들어, 스케이트나 스키 제품은 날씨가 따뜻한 남부지방이나 제주도에서는 수요가 적을 것으로 예상된다.

기업은 소수 지역에서 소비자 욕구를 전문적으로 충족시킬지, 아니면 전국적으로 마케팅을 하면서 지역적 선호 차이에 주의를 기울일지 결정해야 한다. 최근에는 지역화(regionalization)를 시도하여 성공하는 기업이 증가하고 있다. 지역화를 추구하는 기업들은 특정지역, 특정 도시, 심지어 특정 인근지역에 이르기까지 각 지역의 독특한 욕구와 취향에 가장 알맞은 마케팅믹스를 투입하고 있다.

《표7-1》 시장세분화 변수

세분화 기준	변 수
지리적 변수	지역, 인구밀도, 도시의 규모, 기후
인구통계적 변수	나이, 성별, 가족규모, 가족수명주기, 소득, 직업, 교육, 종교
심리분석적 변수	사회계층, 생활스타일, 개성
행동분석적 변수	추구하는 편익, 구매준비 단계, 사용량, 상표애호도, 중요시하는 마케팅 변수, 외제선호도, 가격민감도

컴퓨터와 통신 등이 발달하고 정보수집이 이전보다 용이하고 마케팅조사 기법이 고도화되면서 지역화 가능성이 커졌다. 그러나 서로 다른 많은 지역적 제품과 프로그램을 갖자면 많은 제조비용과 마케팅비용이 필요하며, 지역별로 품질이 달라 계획과 통제가 어려우며 지원이 부족할 경우 실행에 어려움이 따른다.

2) 인구통계적 세분화

인구통계적 세분화(demographic segmentation)에서 시장을 연령 등의 인구통계 변수로 세분화하는 방법이다. 인구통계 변수는 인구통계조사 시 나타나는 변수인 연령, 성별, 가족 규모, 가족수명주기, 소득, 직업, 교육수준, 종교 등 특성을 나타내는 변수가 사용된다. 이들 변수는 소비자의 욕구 및 구매 행동과 밀접하게 관련되는 경우가 많으며, 측정이 비교적 쉽기 때문에 세분화 변수로서 널리 사용되는 가장 기본적인 중요 변수들이다.

① 연령(age): 소비자행동은 연령에 따라 변화한다. 치약회사는 어린이, 성인, 노인 소비자로 나누어 신제품을 만든다. 나이에 따라 소비패턴이 다르기 때문이다. 특히 고령화 사회로 변함에 따라 실버산업에 대한 관심이 높아지고 있다.

② 성별(gender): 의류, 화장품, 잡지, 비누 등은 남녀에 따라 세분화가 쉽다.

③ 소득(income): 자동차, 의류, 화장품, 여행 등의 시장은 소득에 의해 주로 세분화되는 품목들이다. 고품질, 고가품을 원하는 고소득 계

층을 겨냥하여 성공한 기업뿐만 아니라 '이랜드' 같이 중저가시장에 집중해 성공한 기업도 있다. 승용차시장은 소득에 의한 세분화를 많이 사용한다. 그러나 저소득층만이 값싸고 경제적인 자동차를 사는 것은 아니다. 스스로 자신의 지위에 비해서 소득수준이 낮다고 생각하거나, 값비싼 차를 사면 일정수준의 주택이나 가구를 살 수 없게 된다고 생각하는 사람들도 값싸고 경제적인 자동차를 구매한다.

④ 세대(generation): 각 세대에 따라 소비자들이 성장하는 시기의 음악, 영화, 정치, 사건의 영향을 받게 된다. 인구통계학자들은 동일한 세대집단을 동류집단(cohorts)이라 부른다. 이들은 동일한 경험을 공유하고, 유사한 사고방식과 가치를 가지기 때문에 동류집단의 경험을 나타내는 우상이나 이미지들을 이용하여 마케팅할 수 있다.

⑤ 가족수명주기 단계(family life cycle stage): 이 단계에 따라 소비자들이 구매하는 제품의 종류와 질이 달라진다.

⑥ 종교(religion): 기독교, 가톨릭, 불교, 유교 등 종교가 소비에 강한 영향을 끼칠 수 있다.

이러한 인구통계적 기준은 소비자 집단을 세분화하기 위해 사용하는 가장 보편적인 기준이 되고 있다. 이 기준은 측정하기 쉽고, 다른 사회적·심리적 기준들과 밀접하게 관련이 있다.

3) 심리분석적 세분화

심리분석적 세분화(psychographic segmentation)는 사회 계층, 생활 스타일, 개성 등으로 나눌 수 있으나, 이들 중 가장 대표적인 것은 생활스타일에 의한 세분화이다.

① 생활스타일 세분화

이는 주로 어떠한 활동에 중요성을 부여하는가 보는 활동(Activity), 어떠한 일에 중요성을 부여하는가를 보는 관심(Interest), 자기 자신과 외부에 대한 견해인 의견(Opinion) 등의 기준으로 몇 개 집단으로 나눌 수 있는데, 줄여서 AIO 분석이라 하며, 여기에서 [표 7-2]와 같은 구체적인 변수들을 조사할 수 있다.

지리적인 변수나 인구통계적 변수는 비교적 개념이 분명하여 세분화의 경계가 선명하지만 심리분석적 변수는 상대적으로 모호한 특성을 나타내는 개념을 많이 다루어 측정이 어렵다. 반면 유용성은 높아진다.

《표7-2》 AIO 분석에 사용되는 변수들

활동(Activity)	관심(Interest)	의견(Opinion)
일	가족	자기자신
취미	가정	사회적 쟁점
사회활동	직업	정치
휴가	지역사회	사회
오락	여가활동	경제
클럽회원 활동	유행	교육
지역사회 활동	음식	제품
쇼핑	대중매체	미래
스포츠	업적	문화

4) 행동분석적 세분화

행동분석적 세분화(behavioral segmentation)는 구매자들의 제품에 대한
지식, 태도, 사용행동, 반응 등에 기초하여 시장을 세분화한다.

① 구매자가 구매하는 제품으로부터 얻고자 하는 혜택을 강조하여
혜택 세분화(benefit segmentation)할 수 있다. 소비자들에게 특정 제품이
어떠한 잠재적 혜택을 주는지 질문하여, 동일한 혜택에 비슷한 중요
성을 부여한 고객을 군집화시켜 세분시장을 찾는 방법이다. 혜택 세
분화를 창안한 헤일리(Haley, 1968)는 치약시장을 감각적 시장, 사교적
시장, 근심 시장, 독립적 시장으로 구분하여 색깔 있는 포장은 감각적
시장에, 흰색 포장은 하얀 치아에 관심이 높은 사교적 시장에, 묽은
포장은 근심하는 시장에 적합하다고 밝힌 바 있다.

② 시장에서 소비자의 실제 사용행동을 기반으로 소비자를 분류
할 수 있다. 구매 또는 사용상황(purchase or usage occasions)을 넓혀 성공
한 사례 중 하나는 게토레이이다. 게토레이는 여름철 운동이 끝난 뒤
주로 마시는 음료였으나 겨울에 마셔도 좋다고 광고하여 사용상황을
넓힌 바 있다. 사용경험(user status)으로 분류하고자 할 때, 제품에 대한
사용경험이 없는 자, 경험이 있지만 현재는 사용하지 않는 자와 규칙
적인 사용자로 분류할 수 있다. 사용률(usage rate)에 따라 소량, 중량,
다량 사용자로 나누어 접근할 수 있다.

③ 브랜드 충성도(brand loyalty)에 의해 시장을 세분화할 수 있다. 소
비자는 브랜드, 점포, 기업에 대하여 지속적인 애착을 가지는 경향이
있다. 브랜드 충성도에 대해서는 다음 장인 제8장 브랜드 관리에서

218

보다 자세히 다루고자 한다.

④ 소비자들의 제품에 대한 태도(attitude)를 조사하여 태도 차이에 따라 세분화할 수 있다. 소비자를 특정 제품에 대하여 열정적 집단(enthusiastic group), 긍정적 집단(positive group), 무관심한 집단(indifferent group), 부정적 집단(negative group), 적대적 집단(hostile group)으로 나누어 접근할 수 있다. 그리고 긍정적 집단은 태도 강화, 무관심한 집단은 태도 변화를 유도하기 위해 시간과 돈을 투자할 수 있다.

3절. 표적화

기업이 가진 자원은 한정되어 있어 효율적
으로 자원을 투입하고자 한다. 세분시장 중에서 어떠한 시장을 표적
시장으로 선정하여 자원을 투입할 것인가가 표적화(targeting)이다. 규
모가 충분하고 높은 성장률이 있으며, 경쟁자가 없거나 경쟁할 만한
경쟁자가 있고, 기업의 목표와 자원할당에 맞는 시장인가를 검토한
후 표적시장을 선정한다. 이와 같이 예상되는 세분시장의 크기, 경쟁
구조, 기업의 자원 등을 고려하여 접근할 수 있는 표적시장 선정에는
다섯 가지 방법이 있다.

1. 단일 세분시장 집중화(single-segment concentration)

기업자금이 제한되어 있거나 세분시장에 경쟁자가 없을 경우 기업
은 마케팅믹스를 하나로 만들어 여러 세분시장 중에서 하나의 세분
시장에 집중할 수 있다. 이러한 전략을 사용할 경우 시장의 선호가 갑
자기 변하고 강한 경쟁자가 새롭게 진입하게 되면 기업의 자원이 제
약되어 있을 경우 환경변화에 빠르게 대처하지 못하는 위험이 있다.

2. 선택적 전문화(selective specialization)

복수 세분시장을 선택하여 한 세분시장에서 성공을 노리는 것이 아니라, 여러 세분시장에 다른 접근을 시도한다. 이 경우 기업은 여러 종류의 마케팅믹스를 각각 다른 세분시장에 투입할 수 있다.

3. 제품 전문화(product specialization)

한 가지 제품만을 생산하여 다양한 세분시장으로 나아갈 수 있다. 현미경과 같은 과학기구를 만드는 회사는 현미경이라는 제품을 전문화해 대학연구소, 민간연구소, 정부연구소 등 다양한 세분시장에 같은 제품을 그들의 욕구에 맞추어 다르게 제조해 판매할 수 있다. 제품 전문화는 와해성기술(distruptive technology)을 가진 첨단기술 제품이 나타나면 제품 대체가 나타나 위협을 받을 수 있다.

4. 시장 전문화(market specialization)

특정 고객집단을 찾아 그 집단의 다양한 욕구를 충족시키는 전략을 사용할 수 있다. 이것은 테마파크 등에서 볼 수 있다.

덴마크 레고사는 20세기 최고의 장난감, 레고(LEGO)는 어린이의 장난감이라는 개념에 집중하여 전 세계시장에 신장시킨 것으로 유명하다. 덴마크로 가족여행을 떠나면 꼭 레고의 고향 빌운트(Billund)에 개장한 레고랜드(Legoland)를 방문한다. 이곳은 3세에서 12세 어린이와 그 가족을 위한 놀이와 교육을 겸한 시설이다.

5. 전체시장 접근(full market coverage)

세분시장 사이에 나타나는 차이를 무시하고 접근하는 것을 비차별적 마케팅(undifferentiated marketing)이라 한다. 이 경우 전체시장을 대상으로 고객집단이 필요로 하는 모든 제품을 공급한다. 이 경우는 제품라인을 좁게 가지고 마케팅 비용을 줄이고, 가격을 낮출 수 있기 때문에 가격에 민감한 소비자를 대상으로 한다. 이는 규모의 경제(economy of scale)에 의해 정당화된다.

[그림 7-3]에서 볼 수 있듯이 비차별적 마케팅은 마케팅믹스를 전체시장에 투입하는 것을 말하지만, 차별적 마케팅과 집중화 마케팅은 다른 접근이라는 것을 알 수 있다.

차별적 마케팅(differentiated marketing)은 여러 개의 표적시장을 선정하

──────── [그림 7-3] 비차별적·차별적·집중화 마케팅 ────────

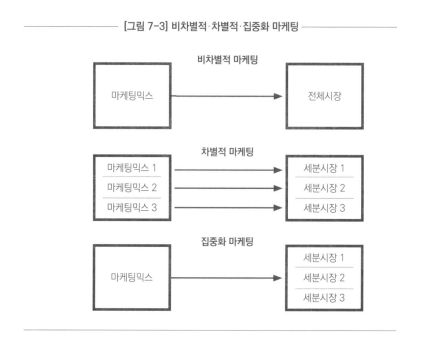

222

고 각각의 표적시장에 적합한 마케팅전략을 개발하고자 한다. 아모레퍼시픽은 '한방화장품'이라는 영역 자체가 생소한 시기에 기술 개발하여 1997년 설화수 브랜드로 차별화를 시도해 성공하였다. 그리고 헤라, 라네즈, 아이오페 등 다른 브랜드를 개발하여 또 다른 세분시장을 공략하고 있다.

집중화 마케팅(concentrated marketing)은 기업의 자원이 한정되어 있을 때 특정 세분시장에 집중하는 전략이다. 20대 80법칙을 적용하기 위해서 매출액을 많이 발생시키는 상위 20퍼센트 고객들에게 집중적으로 마케팅하는 방법도 여기에 해당한다.

대량 마케팅은 죽지 않았다. 코카콜라, 맥도날드 등 많은 대중 브랜드들이 그 증거이다. 그러나 많은 기업이 모방 제품을 생산하고, 경쟁이 치열해지면 가격이 떨어지게 된다. 기업들이 보다 세분화된 시장을 표적으로 삼으려는 이유는 지나친 경쟁을 피하기 위해서이다.

4절. 포지셔닝

시장세분화와 표적화를 하고난 뒤 기업은 포지셔닝을 수행한다. 포지셔닝을 통해 기업은 표적시장에 그들이 무엇을 제공하는지 전달한다. 포지셔닝의 핵심은 경쟁사와 자사를 차별화시키는 것이다.

포지셔닝(positioning)을 정의하면, 잠재소비자의 마음속에(in the mind of the prospect) 자사제품을 경쟁사의 제품과 비교해 차별화로 지각되게 하는 방법을 말한다. 이는 1970년대 라이즈(Ries)와 트라우트(Trout)가 처음 제시한 이후 현대 마케팅전략을 마케팅믹스와 연결하는 핵심개념이 되고 있다. 이 포지셔닝은 지속적인 촉진을 통해 가능해진다. 포지셔닝 사례로 많이 등장하는 것이 볼보(Volvo)이다. 볼보는 안전한 자동차를 공급하는 기업이 없다는 것을 발견하고 '가장 안전한 차'로 포지셔닝했다. 그리고 실제로 가장 안전한 자동차를 제조해야 했다. 가장 안전해 보이고 안전하게 느껴지도록 자동차를 디자인했다. 광고와 홍보를 통해 '볼보는 안전합니다'라는 메시지를 지속적으로 전달했다. [그림 7-4]는 볼보의 소형차 V40에 자동차가 보행자와의 충돌을 감지하면 프론트윈도우 쪽으로 에어백이 터져 보행자를 감싸 부

224

상을 줄이도록 설계되어 안전성을 강조하고 있다.

[그림 7-4] 세계 최초 보행자 에어백 장착 볼보 V40

1. 포지셔닝 전략의 수립

이러한 위상정립을 위해서는 경쟁자 식별부터 사후관리에 이르기까지 여섯 단계가 필요하다.

첫째 단계는 경쟁자를 식별하는 것이다. 표적시장에서 어떠한 경쟁자가 있는가 식별하고 그들과 다른 차별화를 준비하는 단계이다.

둘째 단계는 소비자에게 경쟁자의 제품이 어떻게 지각되고 평가되는가 파악한다.

이 단계에서는 비교할 수 있는 적절한 제품 속성을 선택하는 것이다. 중복 없는 속성의 목록을 만듦으로써 경쟁제품의 어떠한 속성에 고객이 의미를 두고 있는지 파악할 수 있다.

셋째 단계는 경쟁자 위상을 파악하는 것이다. 이 단계에서 가장 많이 사용되는 통계분석은 다차원척도법(multidimensional scaling)을 통한 포지셔닝 맵(positioning map)이다. 이는 여러 개의 경쟁제품군을 동일 공간에 위치시켜 경쟁상 강점과 약점 파악의 매우 유용한 정보를 제공

[그림 7-5] 포지셔닝 맵 예시

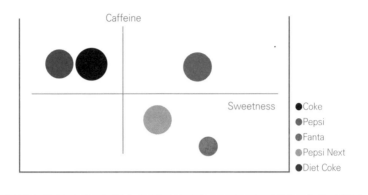

해주는 전략적 도구로 활용될 수 있다. 수리적으로 다차원척도법의 논리는 여러 점이 있을 때 각 점들 간의 거리를 알아내고 그 점들의 좌표를 추정하는 과정으로 유사성 자료를 이용하여 지각도(perceptual map)를 그리는 것이다. 이러한 다차원척도법을 이용하여 소비자가 중요하게 생각하는 제품의 특성을 파악할 수 있으며, 소비자가 좋아하는 신제품의 개발과 자사제품과 경쟁사 제품의 위치파악을 통하여 기회와 위험을 포착할 수 있다. [그림 7-5]는 두 개의 차원, 즉 카페인과 단맛에 대한 설문을 통해 여러 소프트드링크 분석을 보여주고 있다.

넷째 단계는 고객의 이상점이 어디에 있는지 자료수집과 분석을 통하여 밝힌다. 위의 지각도에서 이상점은 선호자료를 수집하여 프리맵(PREMAP)과 같은 프로그램을 이용, 도출한 현재의 지각상태와 선호상태를 비교하는 데 사용될 수 있다.

다섯째 단계는 경쟁자 위상과 고객이 선호하는 위상과의 관계에서 자사가 정립하고자 하는 위상을 선정한다.

여섯째 단계는 이렇게 선정된 위상을 기초로 광고에서 마케팅믹스 전략을 펼쳐 차별화를 시도하고 자사제품과 상표가 얼마나 정확하게 소비자에게 차별화되어 있는지 살펴보면서 위상의 사후관리를 행한다.

2. 포지셔닝과 리포지셔닝 방법

포지셔닝과 함께 쌍둥이처럼 따라다니는 것이 리포지셔닝이다. 2010년 잭 트라우트는 리포지셔닝(repositioning)을 제시하면서 리포지셔닝이 조명되어야할 상황으로 경쟁, 변화, 위기(competition, change, crisis) 세 가지를 제시한 바 있다. 경쟁에 대비하여, 변화에 부응하여, 위기에 대응하여 포지셔닝을 다시 짜는 것을 리포지셔닝이라고 한다. 그러나 포지셔닝 자체가 경쟁자와 차별되게 소비자의 마음속에 제품을 위치시킨다는 점에서 경쟁자는 포지셔닝의 준거점이 된다. 포지셔닝 사례와 리포지셔닝 사례를 살펴보자.

1) 포지셔닝 사례

① 제품 특성이나 고객혜택을 이용한 포지셔닝이 가장 많이 사용된다. 제품의 물리적 특성은 가장 객관적인 것으로 온도, 색채 강도, 농도, 거리, 무게 등으로 측정될 수 있다. 혜택은 제품이 소비자에게 주는 이점이다. 동종업계 1위 포카리스웨트에 밀려 고전하던 게토레이는 '갈증해소'라는 개념을 포지셔닝했다. 제품 용기의 번개심볼은 음료가 얼마나 빨리 몸에 흡수되는지 상징적으로 보여주어 인지도를 높였다.

② 명품은 가격을 높게 책정하고 광고하여 고급 브랜드로 포지셔닝을 한다. 이는 가격-품질 연상관계를 만드는 경우이다. 이 연상관계 수준을 어느 정도로 결정하느냐 하는 쟁점은 모든 포지셔닝 결정에서 매우 중요하다. 제품이 팔리지 않는다고 가격을 내리면 명품범주에서 이탈하기 때문에 명품은 재고를 처리한다고 가격을 내리지 않고 팔릴 수 있는 한정판을 만들어 판매하는 경향이 있다.

③ 사용이나 응용을 포지셔닝에 적용한다. 농심의 '짜파게티'는 일요일 점심을 기점으로 일요일은 '짜파게티 먹는 날'이라는 광고 카피로 포지셔닝했다. 여름철 음료로 포지셔닝한 게토레이는 겨울철 음료로 감기에 걸렸을 때 게토레이를 마시면서 충분히 수분을 섭취하는 것이 좋다는 광고를 한 바 있다. 게토레이는 1991년부터 마이클 조던을 모델로 내세워 '마이클처럼 되라(Be Like Mike)'라는 광고캠페인을 벌였고, 1997년 NBA 파이널에서 고열을 동반한 감기, 몸살로 최악의 컨디션 상태에서 게토레이를 마신 뒤 조던이 우승을 한 실제 모습을 광고에 담아 효과를 보았다.

④ 문화적 상징을 포지셔닝하는 경우가 있다. 말보로담배는 말보로 맨(The Marlboro Man)을 등장시켜 미국 문화에 뿌리박힌 아메리칸 카우보이를 포지셔닝했다. 미국 서부의 광활한 협곡과 산, 사막, 초원과 같은 배경을 두고 '담배의 진정한 맛의 고향, 말보로 컨트리로 오라'는 문구와 함께 이 공간을 무한한 자유와 극적인 분위기로 연출했다. 말보로 광고에 등장하는 모든 남성은 실제 카우보이였다. 이 캠페인이 본격적으로 개시된 1955년 50억 달러였던 말보로담배 매출이 2년 후에 200억 달러에 육박하며 대성공을 거두었다.

2) 리포지셔닝

① 청량음료 세븐업(7-up)은 소비자조사 후 소비자들이 혼합음료로 여기는 것으로 밝혀졌다. '콜라'에 대한 대체안이며 더 나은 맛을 지닌 청량음료로 위상을 정립하고자 '콜라 아닌(un-cola) 부문에서 세계 1위'라는 캠페인을 벌여 성공하였다.

② 미국의 '존슨앤존슨'은 유아용 자사 샴푸를 광고할 때 머리를 자주 감기 때문에 부드러운 샴푸가 좋고, 베이비 존슨 크림이 어른의 피부 보호에도 좋다고 광고하여 리포지셔닝에 성공한 바 있다. 우리나라에서도 젊은 층을 대상으로 사용하는 제품을 장년층이나 중년층으로 재정립하여 성공하는 사례가 증가하고 있다.

③ 포지셔닝 전략에서 명시적이거나 묵시적인 준거체계는 경쟁자이다. 경우에 따라서는 소비자들이 특정회사를 아는 것보다 특정 경쟁자보다 낫거나 동등하다고 믿어주는 것이 더 중요하다. 유명한 예로 미국 최대의 승용차 대행업체인 헤르츠(Hertz)에 대항하여 에이비스(Avis)가 '우리는 2인자이며, 더 열심히 일한다'는 캠페인을 벌여 1위와 달리 2위는 1위가 되기 위해 열심히 일하고 있다고 소비자를 설득했다. 이러한 포지셔닝 전략은 비교광고(comparative advertising)에서 확연히 나타난다.

④ 현대자동차는 미국 시장에 경제위기가 나타났을 때, 위기를 포지셔닝에 사용하였다. 고객이 자동차를 구매한 뒤, 1년 내에 실직할 경우 해당 자동차를 다시 사주겠다는 약속을 하는 프로모션을 진행했다. 현대자동차는 위기 상황에서 가격이 아니라 '가치'를 제시했다.

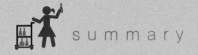
        본 장에서 대한민국 마케팅의 대표적인 포
지셔닝 사례로 1990년 삼성전자 애니콜이 펼친 모토로라에 대한 도
전적인 포지셔닝 전략을 살펴보았다. 모토로라가 지배하는 국내시장
에서 '대한민국 지형에 강하다'라는 메시지로 70퍼센트가 산지인 대
한민국 지형에 맞는 휴대폰임을 소비자에게 호소하였고, 이 전략이
성공하여 시장점유율 1위로 올라갈 수 있었다.

   마케팅 연구에서 시장세분화를 통해 시장점유율을 뒤바뀌게 한 사
례로 포드 T형 자동차에 대한 GM 쉐보레의 제품대체 전략을 소개하
였다. 시장세분화 방법과 1970년대 마케팅 연구에 들어온 포지셔닝
개념과 전략을 설명하였다.

   볼보의 안전에 대한 포지셔닝은 유명하다. 오늘날 경쟁, 변화, 위기
의 시대에서 모든 제품은 포지셔닝에 머물지 않고 리포지셔닝을 시
도할 수 있어야 한다. 포지셔닝과 리포지셔닝 방법에 대해 보다 자세
히 소개하였다.

   본 장에서 다룬 시장세분화와 포지셔닝 전략이 마케팅믹스에 앞서
전략적으로 제시된다는 것을 학습하였다. 특히 포지셔닝 전략은 앞
장에서 다룬 차별화 전략과 관련되며, 앞으로 다룰 브랜드 관리와 촉
진 분야와 깊이 관련된다.

■ 참고문헌

잭 트라우트 지음, 이유재 옮김 (2010), 《리포지셔닝》, 케이북스.
필립 코틀러 지음, 정준희 옮김 (2005), 《필립코틀러 마케팅을 말하다》, 비즈니스북스.

Batra, Rajeev, John G. Myers, and David A. Aaker (1996), 《Advertising Management》, 5th ed. Prentice-Hall, p190~213.
Ries, A. and J. Trout (2000), 《Positioning: The Battle for Your Mind》, 2nd edition, McGraw-Hill.
Tedlow, Richard S. (2008), 〈Leaders in Denial〉, Harvard Business Review, (July).
Trout, J. (1996), 《The New Positioning》, McGraw-Hill.

8

Marketing

브랜드
관리

Marketing

대한민국 기업의 브랜드 순위는 어느 정도인가? 세계적인 브랜드 평가기관인 인터브랜드의 'Best Korea Brands 2015' 발표를 보자.

———————— [그림 8-1] Best Korea Brands 2015 ————————

2014년 업계에서 화두가 되었던 빅데이터 분석이 산업계 전반에

적극적으로 활용되고 브랜드 전략에도 크게 이용되면서 고객접점 최전선에 있는 기업의 브랜드 가치가 상승하였다. 브랜드 순위는 삼성전자(50조 9,715억 원), 현대자동차 (11조 6,705억 원), 기아자동차(6조 500억 원), SKT(4조 5,357억 원), 삼성생명보험(3조 1,274억 원) 순이었다.

1위 삼성전자는 '풀 HD 커브드 TV', '갤럭시 엣지' 등 경험 제공형 제품을 지속적으로 출시하면서 다양한 상품전략 및 제품혁신을 통해 고객에게 새로운 경험을 제공하고 참신한 아이디어가 돋보이는 커뮤니케이션 전략을 수행하였다. 2위 현대자동차는 고객의 추억이 담긴 자동차를 예술작품으로 만들어주는 '브릴리언트 메모리즈' 캠페인이 대표적 사례로 글로벌 캠페인 '라이브 브릴리언트(Live Brilliant)'를 지속적으로 이어가며 감성적이고 창의적인 커뮤니케이션을 통해 고객들의 공감을 크게 얻은 것으로 평가됐다.

──────── [그림 8-2] 현대자동차의 Live Brilliant 캠페인 ────────

3위 기아자동차는 '디자인드 바이 케이(Designed by K) 캠페인'을 통해 자동차뿐만 아니라 문화까지 디자인하는 기아자동차의 새로운 생

각을 알렸다. 기아 브랜드를 고객들이 경험할 수 있게 하며 브랜드 가치를 강화한 것으로 평가됐다.

삼성 관련 브랜드는 일곱 개, 현대 관련 브랜드는 여덟 개가 50위 안에 들어갔다. 삼성 관련 브랜드는 삼성전자(1위), 삼성생명보험(5위), 삼성화재해상보험(14위), 삼성카드(19위), 삼성물산(22위), 삼성증권(32위), 호텔신라(35위)였고, 현대 관련 브랜드는 현대자동차(2위), 기아자동차(3위), 현대모비스(17위), 현대카드(20위), 현대건설(23위), 현대백화점(29위), 현대홈쇼핑(48위), 현대캐피탈(49위)이었다.

ICT 업계의 브랜드 가치가 돋보였다. 1위 삼성전자는 2014년 소치 동계 올림픽 및 장애인 올림픽의 공식 후원사로 '스마트 올림픽' 구현을 목표로 다양한 올림픽마케팅 활동을 전개한 점과 프리미엄 주방 가전 브랜드 '셰프 컬렉션(CHEF COLLECTION)' 캠페인 등이 좋은 평가를 받았다. 삼성전자의 브랜드 가치는 일본 ICT 브랜드의 총액을 합한 것보다 약 14조 가량 더 많은 브랜드 가치를 지닌 것으로 조사되었다.

이외 일본에서 인기 있는 라인 등 활발한 글로벌 브랜드 전략을 진행하고 있는 네이버가 6위, 다음과 카카오의 합병, 카카오페이 등 다양한 사업 전략을 내놓으며 업계 지각 변동을 예고하고 있는 다음카카오가 37위로 ICT 브랜드 리더로 떠올랐다.

금융권은 50개 브랜드 중 총 13개 브랜드가 50대 순위 내 이름을 올렸다. 삼성생명보험(5위), 신한은행(11위), 삼성카드(19), 신한카드(9위),

————— [그림 8-3] 유네스코 세계문화유산 등재 백제역사유적지구 —————

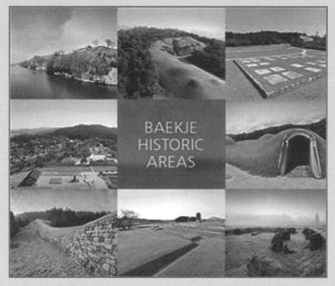

참고: 인터브랜드 홈페이지, www. interbrand.com

하나은행(13위), 삼성화재해상보험(14위), 현대카드(20위), 교보생명보험(21위), 한화생명보험(41위) 등이다.

유통업계는 인터넷쇼핑, 홈쇼핑, 모바일쇼핑을 결합한 멀티채널로 확대하며 빅데이터를 활용해 고객접점을 대폭 확대시키고 있는 아모레퍼시픽(16위), 롯데쇼핑(18위), CJ제일제당(27위), CJ오쇼핑(33위)이 순위에 올라왔다. 특히 중국, 아세안 등 동남아시아, 미주, 프랑스 등에 진출을 활발히 하며 글로벌기업으로 급속 성장한 아모레퍼시픽의 경우 가장 높은 성장률을 기록한 브랜드(Top Riser)로 선정되었다. 이외 CJ제일제당, 롯데쇼핑, 농심 등이 성장세를 이어갔다.

브랜드 평가기관에 따라 브랜드 평가는 다르게 나타날 수밖에 없다. 한국소비자브랜드위원회 주최 '2016 대한민국 퍼스트브랜드 대상'에 백제역사유적지구가 특별상 브랜드로 선정됐다. 백제역사유적지구는 2015년 7월 유네스코 세계문화유산에 등재되면서 브랜드 가치가 높아졌다. 백제역사유적지구는 [그림 8-3]에서 볼 수 있듯이 공주 공산성과 송산리 고분군, 부여관북리 유적 및 부소산성, 능산리 고분군, 정림사지, 나성, 익산 왕궁리 유적, 미륵사지 등 여덟 개 지구로 구성되어 있다. '브랜드 백제'가 제2의 전성기를 맞이하고 있다.

1절. 브랜드 개념관리

마케팅 활동은 근본적으로 창의성을 발휘해 신제품을 개발하고 제품화시키는 과정에 브랜드를 붙여 소비자에게 전달하는 것이다. 연구개발에 엄청난 투자를 해 좋은 제품 개발을 위해 연속적인 혁신을 유도하는 것도 중요하지만, 이 과정은 제품이 가지고 있는 유형의 속성을 창출하는 활동이다. 창출된 제품이 무형의 속성을 지니고 소비자들의 마음속에 브랜드 파워가 형성되도록 하는 과정으로서 생산과 다르게 마케팅이 지니고 있는 고유한 소프트기술이 필요하다.

1. 브랜드의 정의

브랜드는 자사제품을 경쟁제품과 차별화시키는 얼굴이다. 브랜드는 '판매자나 판매자들 집단의 재화나 서비스를 식별하거나 경쟁자들과 차별화하기 위하여 제시된 이름, 조건, 표시, 상징 혹은 디자인이나 이들의 결합(a name, term, sign, symbol, or design, or a combination of them, intended to identify the goods or services of one seller or group of sellers and to differentiate them from those of competitiors)'으로 정의된다(Kotler and Keller,

2006, p276). 브랜드는 상징마크, 등록상표 등 시각적 부분과 청각적으로 듣는 언어 부분의 결합으로 구성된다. 공장에서 만든 것은 제품이지만, 그 제품의 질은 브랜드에 반영되어 나타나 그 제품에 대한 이미지와 인지 또는 브랜드에 반영된다.

2. 브랜드 개념관리

기업이 잠재적 소비자의 마음속에 심고 싶은 의미를 개발해야 하는데, 이를 제품개념(product concept)이라고 한다. 소비자는 브랜드를 구매하면서 자신이 추구하는 욕구를 충족하기를 원하므로 기업은 각기 다른 소비자 욕구를 겨냥하여 브랜드 개념(brand concept)을 개발해나간다. 소비자 욕구는 기능성, 상징성, 경험성으로 나타난다.

기능성에 답하기 위해 기능적 브랜드 개념(functional brand concept)을 개발한다. 자동차의 경우는 이동성, 안전성, 경제성이 구매 시 소비자가 기능적으로 원하는 것이다. 상징성에 답하기 위해서는 상징적 브랜드 개념(symbolic brand concept)을 개발한다. 이는 소비자가 긍지나 자아이미지를 높이고자 하는 욕구를 반영한다. 경험성에 답하기 위해서는 경험적 브랜드 개념(experiential brand concept)을 개발한다. 이는 구매하고 난 뒤 사용하는 동안 감각적 즐거움을 경험하고 싶은 욕구를 강조한다. 브랜드 개념관리는 도입기, 정교화기, 강화기로 나누어 볼 수 있다. 도입기에는 기능 문제 해결, 감각적, 인지적 자극을 강조하지만, 정교화기로 넘어가면 특정 문제에서 일반 문제 해결로 범위를 확대하고 강화기로 넘어가면 브랜드 확장을 시도하고 브랜드 이미지를 강화시킨다(Park, Jaworski, and MacInnis, 1986).

1) 개념도입기(concept introduction)

시장에 처음으로 브랜드를 진입시켜 브랜드 이미지를 설정하는 단계이다. 기업이 추구하는 브랜드 개념을 소비자가 이해하여 받아들일 수 있게 한다. 기능적 브랜드 개념을 개발하기 위해 기능성을 강조한다. 애니콜 브랜드는 모토로라가 한국시장을 지배하고 있을 때, '산이 많은 대한민국의 지형에 강하다'는 기능성을 강조한 바 있다. 상징적 브랜드 개념을 개발하기 위해 자아개념을 강화했다. 경험적 브랜드 개념을 개발하기 위해 인지적이고 감각적 자료를 강조한다.

2) 개념정교화기(concept elaboration)

이 시기는 소비자의 마음속에 자사의 브랜드와 연관되는 개념들을 더욱 정교하게 다듬는 시기이다. 이 시기에는 경쟁기업의 브랜드와 비교하여 우월하다는 것을 구체적으로 인식시켜 브랜드 가치를 높이는 접근을 택한다. 기능적 개념에서는 특정 문제에서 일반 문제로 해결범위를 확대하고, 상징적 개념에서 이미지 유지를 위해 표적고객 시장을 보호한다. 그리고 경험적 개념에서는 핵심제품을 이용 액세서리, 연결제품을 제시하기도 한다.

3) 개념강화기(concept fortification)

강화기에 기업은 여러 종류의 제품계열을 두고 있기 때문에 각 제품이 서로 연관되어 전체적인 개념을 강화시키도록 한다.

기능이 유사한 제품으로 확장하거나 관련 제품군으로 확장하는 브랜드 확장을 시도한다.

2절. 브랜드 정체성 관리

포지셔닝에서 설명한 것처럼, 마케팅 관리자의 주요 과제 중 하나는 브랜드를 소비자 마음속에 어떻게 심는가에 있다. 우리 기업의 브랜드는 소비자의 마음속에 경쟁사와 어떻게 다르게 자리해야 하는가? 기업은 브랜드 정체성을 잡고, 그에 따라 소비자는 기업 이미지를 가지게 된다.

브랜드 정체성, 또는 브랜드 아이덴티티(brand identity)는 '기업이 표적고객의 마음에 심기를 원하는 바람직한 연상'을 말한다. 소비자에게 바람직한 브랜드 정체성을 구축하기 위해 모든 브랜드 접촉점을 관리하는 것이 브랜드 정체성 관리이다.

아커(Aaker, 1996) 교수는 전략적으로 브랜드를 분석하려면 고객, 경쟁사, 자사를 분석하고 브랜드 정체성을 계획하고 실행하는 시스템을 짜야한다고 보았다. [그림 8-4]에서 볼 수 있듯이 브랜드 정체성, 가치제안, 신뢰성이 브랜드-고객관계를 형성한다. 이 그림을 맥도날드의 예를 들어 설명하여보자.

그림에서 보듯이 브랜드 정체성은 핵심 정체성과 확장 정체성으로 구분한다. 핵심 정체성(core identity)은 편리성과 음식의 질이 될 수 있다. 전자는 가장 편리하고 신속한 서비스를 제공하는 음식점이라는 것이고, 후자는 세계의 어느 곳에나 있고, 항상 뜨겁고 맛좋은 음식을 제공하는 것이다. 확장 정체성(extended identity)은 브랜드 개성, 제품 종류, 사용자, 로고, 관계 등으로 나타난다. 브랜드 개성은 가족적이고 미국적이며 진실하고 활기차며 재미있는 것으로 나타난다. 제품 종류는 패스트푸드, 햄버거, 아이들이 좋아하는 종류이며, 아이들을 주고객으로, 로고는 금빛 아치이다. 관계는 가족과 재미를 강조하고 맥도날드에 있는 시간을 좋은 시간으로 연상시키도록 하고 있다.

이러한 브랜드 정체성은 고객들에게 가치제안(value proposition)으로

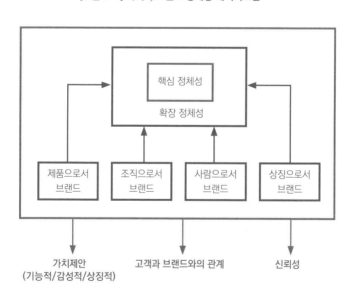

[그림 8-4] 아커의 브랜드 정체성 계획시스템

제시되는데, 이는 기능적 가치와 정서적 가치를 가지게 된다. 기능적 가치는 맛 좋은 햄버거, 감자튀김과 음료를 가격대비 높은 가치로 제공하는 것이며, 정서적 가치는 아이들 생일파티, 재미, 특별한 가족시간이었다는 느낌을 준다.

3절. 브랜드 자산 구축

영국 텔레비전 공장에서 TV를 생산하여 일부는 영국 브랜드를 붙이고, 일부는 일본 브랜드를 붙여서 판매한 결과 1년 뒤 매출액은 후자가 두 배 더 많았다는 사례가 있다. 이와 같이 한 제품에 특정 브랜드를 붙여 추가되는 가치가 있는데, 이를 브랜드 자산(brand equity)이라 한다. 말보로담배회사의 경영악화가 발생했을 때, 기업을 20억 달러, 브랜드를 20억 달러로 내놓은 적이 있다고 한다.

1. 브랜드 자산의 구성

삼성전자가 세계 8위의 브랜드 자산을 형성한 것은 쉬지 않는 신제품 개발과 통합커뮤니케이션 관리의 투자 결과로 볼 수 있다. 브랜드 자산은 무형자산(invisible asset)으로서 강한 브랜드가 구축되어 있으면 쉽게 시장에 진출할 수 있다.

아커(David Aaker) 교수는 브랜드 자산(brand equity)은 제품이 가지고 있는 유형의 속성을 초월한 브랜드와 관련된 부가적인 가치로 정의하고, 브랜드 자산을 지각된 품질, 브랜드 인지도, 브랜드 충성도, 브랜

[그림 8-5] 브랜드 자산의 구성요소

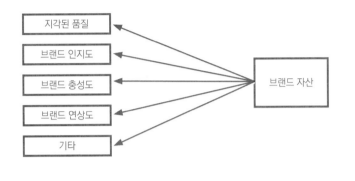

드 연상도, 기타(등록상표, 특허, 유통채널) 등 다섯 가지로 구성된다고 제시했다.

① 지각된 품질(perceived quality): 제품이나 서비스가 원래 의도하는 바에 따라 고객이 갖게 된 전반적인 품질이나 우수성에 대한 지각이다.

② 브랜드 인지(brand awareness): 이는 잠재소비자가 어떤 제품 부류에 속한 특정 브랜드를 재인(recognition)하거나 회상(recall)할 수 있는 능력을 말한다. 브랜드 자산에서 브랜드 인지도의 역할은 크게 네 가지로 나눈다. 이는 제품 이미지를 연결해주는 연상 매체로의 역할, 제품에 대한 친근감과 호감을 제공하는 역할, 제품과 회사에 대한 신뢰감을 부여하는 역할, 구매 고려 대상 브랜드군에 포함시키는 역할 등이다.

브랜드 인지는 브랜드 연상을 담아두는 그릇의 역할을 하게 된다. 브랜드 인지도를 과일그릇으로, 브랜드 연상을 과일로 비유한다면, 큰 과일그릇에 다양한 종류의 탐스러운 과일을 듬뿍 담아놓을 수 있듯이, 브랜드 인지도가 높은 브랜드가 한층 더 강력하고 호의적이며 독특한 브랜드 연상을 더 많이 가질 수 있다.

③ 브랜드 연상(brand association): 이는 브랜드가 상기시키는 모든 생각과 느낌과 영상 이미지를 총칭하는 말이다. 한편 브랜드 이미지는 소비자가 가지는 전체적인 인상을 말하는데, 이는 브랜드와 관련된 여러 연상이 결합되어 형성된다. 그러면 브랜드 자산의 원천이 되는 브랜드 연상의 종류는 어떠한 것이 있을까? 브랜드 연상의 종류를 파악하는 데 있어서 가장 단순하면서도 강력한 방법 중 하나는 자유 연상법이다.

④ 브랜드 충성도(brand loyalty): 기업이 경쟁에서 이기고 성장하기 위해서는 많은 소비자들에게 자사 브랜드만을 선호하게 만드는 브랜드 충성도를 높이는 일이 중요하다. 다른 회사 브랜드를 선호하는 소비자들로 하여금 자사의 것을 선호하여 선택할 수 있게 브랜드 전환(brand switching)을 유도한다. 그리고 소비자를 증가시켜 시장점유율을 확대시킬 수 있다.

⑤ 독점적 자산: 기타 특허나 등록 상표 여부, 유통관계에서 파생되는 독점적 자산(other proprietary brand assets)을 말한다.

이와 같이 소비자들이 특정 브랜드를 보고 그 브랜드를 가진 제품의 품질수준이 높다고 지각하면 할수록 브랜드 자산은 높아진다. 또한 특정 브랜드에 대한 인지도, 연상도, 충성도가 높으면 높을수록 브랜드 자산은 높아진다.

2. 고객과 브랜드와의 관계

브랜드와 고객 사이의 관계가 제대로 잡혀야 브랜드 자산이 구축된다. 이러한 관계를 바라본 학자는 켈러(Kevin Keller)였다. 그는 고객기반 브랜드 자산(Customer-Based Brand Equity: CBBE) 개념을 제시하였고, 후에 브랜드 공명모형(brand resonance model)이라고 명했다. 공명은 물리학 개념이다. 같은 진동수를 갖는 두 개의 소리굽쇠를 책상 위에 올려놓고 그 하나를 울리면 소리굽쇠는 고유의 진동수로 진동하기 시작하고, 이 진동은 공기를 통해 전파하면서 다른 소리굽쇠를 진동시켜 소리를 낸다. 이때, 강제진동의 진동수와 물체 고유의 진동수가 같아지면 진폭이 커지는 현상을 공명(resonance)이라고 한다. 마케팅에서는 브랜드와 고객 관계에서 공명이 나타나면 브랜드 애착과 충성이 나타난다고 보는 개념이다.

브랜드 공명모형(brand resonance model)은 아래에서 위로 상승하는 연속적인 단계로 이루어진다. '나'를 고객으로 보고, '당신'을 브랜드로 보고 다음 질문을 해보자.

● 첫째, 브랜드, 당신은 누구인가?

특정 브랜드의 정체성을 잡아 고객에게 전달하면서 넓고 깊은 인지도를 형성하는 단계이다.

● 둘째, 브랜드, 당신은 무엇을 하고 있는가?

특정 브랜드의 의미를 기능과 이미지를 중심으로 전달하면서 브랜드에 대해 강하고 호의적인 연상을 형성하는 단계이다.

● 셋째, 브랜드, 당신은 어떠한 반응을 일으키는가?

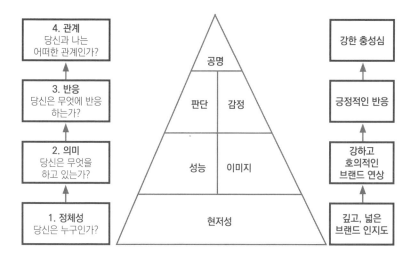

[그림 8-6] 소비자와 브랜드 공명 피라미드

4. 관계
당신과 나는
어떠한 관계인가?

3. 반응
당신은 무엇에 반응
하는가?

2. 의미
당신은 무엇을
하고 있는가?

1. 정체성
당신은 누구인가?

공명

판단 / 감정

성능 / 이미지

현저성

강한 충성심

긍정적인 반응

강하고
호의적인
브랜드 연상

깊고, 넓은
브랜드 인지도

자료: Kotler & Keller (2006), 《Marketing Management》, p263: Keller (2003), 《Strategic Brand Management》, p76.

브랜드에 대해 고객에게 긍정적인 반응을 창출하는 단계이다.

● 넷째, 브랜드, 당신과 나는 어떠한 관계인가?

브랜드와 고객이 공명을 통해 강하고 적극적인 충성도를 형성하는 단계이다.

여기서 공명은 브랜드와 고객 관계에서 강하고 적극적인 충성 관계가 형성되어 있는 단계에서 나타난다는 것을 강조하고자 한다. 즉, 기업은 초기에 브랜드의 정체성을 전달하면서 브랜드에 대한 넓고 깊은 인지도를 형성하는 단계, 성능과 이미지에 근거하여 특정 브랜드의 의미를 전달하면서 브랜드에 대해 강하고 호의적인 연상을 형성하는 단계, 판단과 감정을 통해 브랜드에 긍정적 반응을 창출하는 단계, 그리고 브랜드와 소비자는 공감을 통하여 강하고 적극적인 충성 관계를 형성하는 단계로 발전한다. 이 단계를 지닌 소비자들은 브랜드 공동체를 형성하고 발전시키는 단계로 나아가게 된다. 브랜드 공명이 나타나는 소비자가 증가하면 브랜드 자산이 높아질 것으로 기대된다.

브랜드 자산의 차원에서 지각된 품질(perceived quality), 인지도, 연상도, 충성도를 넘어서서 공감을 가지는 단계에서 공명은 충성도에 의해서 유발되는 활동 수준뿐만 아니라 고객이 브랜드에 대해 가지는 심리적 응결력의 강도와 깊이에 의해 특징된다. 우리는 애플 브랜드에서 이것을 볼 수 있다. 기업은 이러한 공명을 가진 브랜드에 애착을 가진 집단의 증가에 관심을 가질 필요가 있다.

4절. 브랜드 자산의 활용 및 강화

 1 브랜드 확장

높은 브랜드 자산을 가지고 있는 기업은 아직 인지도가 낮은 신제품을 창출하였을 때 이전의 다른 제품군에 붙여진 브랜드를 새 제품군으로 확장 사용하는 브랜드 확장(brand extension)전략을 가능하게 한다. 브랜드 확장을 하여 기존 브랜드와 확장 브랜드 사이의 적합성(fit)이 성공하면, 연상과 인지도를 강화시켜 지속적인 경쟁우위를 보장하게 된다. 즉, 브랜드 확장전략은 신제품을 개발하였을 때 새로운 브랜드를 개발하지 않고, 이미 자산을 확보하고 있는 기존 브랜드를 부착해 비용절감을 하려는 전략이다. 이 전략은 강한 브랜드를 가지고 있는 글로벌 기업이 많이 사용하고 있다.

기존 브랜드와 확장된 브랜드 사이의 적합성을 상실할 때는 실패할 수 있다. 그러나 매우 강력한 브랜드는 확장의 실패에 영향을 거의 받지 않는다. 브랜드 관리에 관한 수많은 새로운 쟁점이 제기되어 왔지만, 소비자들의 태도가 중심적인 역할을 한다.

고급 시계회사인 롤렉스(Rolex)회사가 스톱위치 시장에 진출할 때 롤렉스 브랜드를 그대로 붙인다면 고급 시계라는 태도를 형성한 소비자들에게 개념 일관성이 어떻게 될까? 스톱워치 이미지는 높아질 수 있으나 기존의 롤렉스 제품에 대한 태도를 형성한 소비자가 가진 이미지는 값싼 것으로 변할 수 있기 때문에 기업은 절대 스톱워치 제품으로 브랜드 확장을 하지 않을 것으로 예상된다.

대한민국의 브랜드 전략은 이제 체계적이어야 한다. 체계적 브랜드 확장을 통해 오래 지속하는 브랜드를 만들어가는 데 투자할 수 있어야 한다. 이건희 회장이 반도체 개발 이상으로 브랜드 자산을 높이는 것을 강조하고 성공한 사례를 주시해야할 이유이다.

2. 브랜드 자산의 강화와 재활성화

1) 브랜드 자산의 일관성 유지

브랜드 자산을 강화하려면 일관성을 유지하는 것이 중요하다. 브랜드 자산 세계 1위인 코카콜라의 일관성은 유명하다.

코카콜라는 1886년 약국을 운영하던 존 펨블튼(John Pemberton) 박사가 소다에 갖가지 약재를 섞어 소화제 대신 판매한 것에서 유래한다. 어느 날 콜라의 잠재력을 예감한 아사 캔들러(Asa Candler)라는 사업가가 그 제조법을 사들이고 1893년 코카콜라(Coca-Cola)를 상표명으로 등록함으로써 콜라의 본격적인 역사가 시작된다. 코카콜라의 대문자 C가 여러 개 들어간, 필기체로 그려진 지금의 코카콜라 로고는 1886년 코카콜라를 처음 개발한 존 팸버튼 박사의 동업자 프랭크 로빈슨(Frank Robinson)이 처음 만들었다. 이 로고는 100년이 지난 지금까지도 거의 바뀌지 않고 있다.

2) 브랜드 재활성화

아디다스(Adidas)는 나이키(Nike)와 리복(Reebok)에게 공격당해 1992년 1억 달러의 적자를 내고 브랜드 재활성화의 필요성을 느꼈다. 유명광고대행사의 전 경영자를 새로운 최고경영자로 교체하고, 소비자 조사를 실시한 결과 10대들이 그들의 주체성을 확보하기 위해 부모나 다른 사람이 사용하는 브랜드를 거부하는 경향을 발견하고, 10대를 표적시장으로 설정, 재포지셔닝(repositioning)에 돌입했다. 그 결과 1990년부터 2000년 사이에 여섯 배의 매출신장을 올리고, 시장점유율도 '2퍼센트에서 14퍼센트로 올린 바 있다. 지금은 리복(Reebok)을 인수하고 나이키(Nike)와의 시장점유율 차이를 좁히고 있다.

5절. 브랜드 공동체

 특정 브랜드가 가지고 있는 속성과 가치 체계를 공유하고 동일한 브랜드를 가지고 있는 소비자들 사이에서 구성원 의식을 공유하는 현상이 있다. 이를 브랜드 공동체라고 한다. 브랜드 공동체는 공유된 의식, 의례와 전통, 도덕적 책임감(shared consciousness, rituals and traditions, and a sense of moral responsibility)을 강조한다(O'Guinn & Muniz, 2001). 이 공동체는 전문화되고 지리적 위치에 관계없이 특정 브랜드를 존중하는 사람들 사이에 연결된 사회관계의 조합으로 구성된다.

1 사례

HOG(Harley Owners Group)는 유명한 브랜드 공동체이다.

HOG는 1983년 회사의 주체로 할리 오토바이 소유자의 모임으로 결성된 공동체이다. 다양한 행사를 개최하여 CEO와 엔지니어들까지 참여하고, 제품 기능에 대한 토론과 제안을 하여 고객이 원하는 디자인을 만들어 매니아 마케팅을 전개하였다. 기업은 회사 홈페이지(www.harley-davidson.com)에 동호회 모임을 통합시키는 블로그 기능을

[그림 8-7] HOG

제공하면서 기업은 광고보다는 동호회 지원에 비중을 더 두고 동호회 회원들의 구전마케팅을 통해 매출 성과로 연결시켰다. 열성적인 사용자들로부터 품질 개선 의견을 받아 기업의 제품 전략 수립에 비중 있게 반영하였다.

2. 브랜드 공동체의 종류

소비자들이 맺는 브랜드 공동체는 적어도 네 가지로 구분된다.

첫째, 같은 브랜드를 가진 소비자들이 소집단으로 모이는 공동체이다. 이들은 세 명 이상의 사람들로 구성되어 강한 연결을 가지고 사회 정체감을 공유한다. 이들은 긴 기간에 걸쳐 상호 선의와 애정을 지닌 친구들로 서로 도와주고 지원하려는 의지를 가지고 있다.

둘째, 온라인에서 만나는 온라인 공동체이다. 특정 브랜드와 연결되어 있다는 기능적 이유로 모르는 사람과 만나기도 하고, 아는 사람들은 오프라인에서 주기적인 만남을 갖기도 한다.

셋째, 할리데이비슨 오토바이 소유자들은 오토바이 소유자들이 모이는 여러 대규모집회에 참여하기도 한다. 이는 특정 브랜드를 넘어서서 그 브랜드가 가지고 있는 제품 소비 집단과 공유하는 공동체로 확장되어 활동하는 영역이다.

넷째, 고객과 기업의 공동체로 발전한다. 이제까지 마케팅이 고객과 기업을 분리하여 서로 교환이나 관계를 논해왔지만, 더 이상 고객은 기업과 분리된 실체가 아니라, 서로 공동체로 응결되어 있는 실체로 보아야 한다.

3. 브랜드 공동체의 형성과 발전

브랜드로 연결된 소비자의 공동체가 형성되고 발전되어가는 것은 여성과 남성이 만나 결혼을 하여 가족을 꾸리고 혈연으로 응결되어 삶을 구성하는 것과 유사하다. 소비자가 특정 브랜드와 관계하여 소비하는 가운데, 브랜드를 중심으로 기업과 소비자들 사이에 네트워크 관계가 형성되고 공동체로 발전하면서 깊은 유대 관계를 형성하게 되면 정체감이 형성되고 발전한다. 소비자들은 브랜드 공동체에서 인지적, 감정적, 평가적 차원을 다르게 개입하고 사회비교를 하면서 살아간다.

개별 소비자들은 특정 브랜드에 대한 신뢰, 자긍심, 열정이 발전되어 브랜드 애착을 가지게 된다. 기업은 소비자들이 자발적으로 브랜드 공동체를 형성하여 소비생활을 구성하도록 지원하는 것이 중요하다. 이 경우 기업은 소비자들이 브랜드를 중심으로 사회성을 촉진하고 사회적 영향력을 증가시키는 활동에 관심을 기울일 필요가 있다. 소비자들이 커피점, 자동차, 오토바이, 컴퓨터, 카메라 등 기능적이고 전문적인 기술영역뿐만 아니라 소비의 상징과 문화영역 속에 소비자의 삶을 구성하는 보다 넓은 영역까지 바라볼 필요가 있다.

이는 기업의 마케팅 활동에서 기업과 소비자 사이의 분리를 통하여 교환과 관계를 설명한 기존의 이론과 다르게 기업과 소비자를 공동체로 묶는 새로운 개념이 형성된다고 볼 수 있다.

브랜드 공동체에서는 기업이 고객을 지원할 뿐만 아니라 고객이 기업을 지원하게 된다. 고객이 자발적으로 시장정보를 기업에 제공하고, 잠재고객을 확장시켜준다. 기업은 고객들과 가치를 공동으로 창출할 수 있게 된다.

브랜드 공동체가 형성되기 이전과 이후에 촉진 전략이 달라질 수 있다. 브랜드 공동체가 형성되기 이전 단계는 차별 요소를 강조하는 포지셔닝 전략을 수행하지만, 브랜드 공동체가 형성된 단계에서는 공동체의식을 강화시키는 전략을 수행한다.

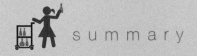
고객, 경쟁사, 자사 분석을 통해 브랜드 정체성(brand identity)을 잡아야 고객이 기업에 대한 좋은 이미지를 형성한다. 기업이 브랜드 관리를 하는 목적은 브랜드 자산을 높이기 위함이다. 브랜드 자산은 지각된 품질, 브랜드 인지도, 브랜드 연상, 브랜드 충성도, 독점적 브랜드 자산으로 구성된다는 것을 보았다. 브랜드를 인격적으로 바라보고 고객과 브랜드 사이의 관계에서 공명을 바라보면 브랜드 관계를 구축하기 위해서 인지도, 연상도를 높일 때 충성 관계로 발전하는 것을 분석할 수 있다. 이 단계는 고객이 브랜드 애착을 형성하고 밀착되어 생활하는 단계로서 브랜드 강화기에 있는 단계이다. 강화기에 있는 브랜드와 강한 브랜드 자산을 형성한 브랜드를 가지고 있을 경우, 다른 계열의 신제품을 개발할 때, 그 브랜드를 사용해 브랜드 확장 전략을 펼칠 수 있다.

100년 이상의 일관성을 가지고 있는 코카콜라처럼, 브랜드 관리에서 일관성을 유지하는 것은 중요하다. 그리고 앞 장에서 설명한 리포지셔닝 전략을 통해 브랜드 재활성화가 가능하다. 브랜드 충성도와 애착을 가지고 있는 소비자들은 브랜드를 중심으로 공동체를 형성한다. 기업과 고객 사이의 공동체 관계는 서로 상생의 관계로 발전하면서 기업의 신제품 개발 등에 영향을 미칠 수 있는 중요한 현상이다.

■ 참고문헌

이규현 (2007), 〈브랜드 공동체〉, 마케팅.

Aaker, David A. (1991), 《Managing Brand Equity》, The Free Press.

Keller, Kevin Lane (2003), 《Strategic Brand Management: Building, Measuring, and Managing Brand Equity》, 2nd ed. Prentice-Hall.

Park C.W., D.J.Macinnis, J.Priester, A.B.Eisingerich, and D. Iacobucci (2010), 〈Brand Attachment and Brand Attitude Strength: Conceptual and Empirical Differentiation of Two Critical Brand Equity Drivers〉, Journal of Marketing, November, 74(6),1~17.

Prahalad, C.K. and Venkat Ramaswamy (2004), 《The Future of Competition: Co-Creating Unique Value with Customers》, Harvard Business Press.

www. interbrand.com

www.amorepacific.com

Marketing

제품
관리

Marketing

　　　　　　반도체시장 진출은 대한민국 산업을 하이
테크 산업으로 변화시키는 계기를 마련해 주었다. 1983년 2월 이병
철 회장이 삼성그룹의 주력업종을 반도체 산업으로 하겠다는 새로운
구상을 발표하기 전에는 한국에 반도체 산업이 존재하지 않았다. 이
러한 발표는 삼성그룹이 1938년 삼성상회로 시작한 이래 45년 뒤의
일이다. 이 이전에는 값싼 노동력을 이용한 저가 제품을 대량 수출하
는 전략을 택해왔다. 그러나 1970년대 말까지 진행된 석유위기는 대
한민국 산업구조에 고부가가치형 하이테크 산업의 진출을 필요로 했
다. 이웃나라 일본도 제철, 조선 등 기간 산업 위주에서 반도체, 컴퓨
터, 신소재 등 하이테크 산업으로 변신하여 세계경제대국으로 도약
한 시대였다.

이병철 회장은 제품의 소형화, 자동화, 다기능화를 가능하게 하는 반도체 산업에 대한 비전을 가졌는데, 이는 강한 기업가정신의 표출이었다.

이병철 회장은 대한민국이 지니고 있는 인적자원의 힘을 믿었다. 1983년 7월 미국 실리콘밸리에 집적회로(VLSI) 사업을 위한 현지법인을 만들고 두 달 뒤 9월, 기흥에 반도체 공장을 세웠다. 현지법인에서 채용한 고급인력으로 신기술과 제품을 자체 개발하여 국내공장을 통해 양산했다. 국내인력을 현지법인에 보내어 연수를 시킴으로써 선진기술을 습득하게 하는 구조를 택하였다.

그 뒤 64KD램 개발, 256KD램 개발을 성공시키면서 미국, 일본에 이어 반도체 강국으로 떠올랐다. 계속적인 신제품 개발 성공과 세계적 확산을 통해 세계 1위의 반도체 기업이 되었다. 2015년에 삼성그룹에서 가장 많은 성장을 보인 분야 역시 반도체였다. 그러나 세계적인 경쟁에 직면한 이 글로벌 산업은 현재 중국이 빠른 속도로 위협하고 있다.

2015년 현재 삼성의 브랜드는 평가기관에 따라 다르지만, 가장 잘 알려진 영국 브랜드 평가 기관 인터브랜드가 발표한 '글로벌 100대 브랜드' 조사를 보면, 브랜드 순위는 애플, 구글, 코카콜라, 마이크로소프트, IBM, 도요타 다음으로 삼성이 세계 7위이다. 앞의 다섯 개 미국기업과 한 개의 일본기업과 경쟁하고 있는 것을 볼 수 있다.

5천여만 명의 좁은 시장에서 글로벌화는 필연적 전략일 수밖에 없다. 전 세계에 연구·개발 거점을 확보하고 제품 사양의 70퍼센트는 공통적으로 적용해 일관성을 확보하면서 나머지 30퍼센트는 현지 시장 조건에 맞추어 제품을 재개발해 출시한다. 삼성의 성공적인 전략인 리버스 엔지니어링(reverse engineering)을 살펴보자. 이는 경쟁사 제품을 분석하고 소비자 요구와 비교해 필요한 기능을 덧붙이고 필요없는 기능은 없앤다. 이 과정에서 전혀 다른 새제품을 개발해낸다.

세계 전자업계를 지배했던 일본 전자업체 아홉 곳이 1년 동안 벌어들인 영업 이익을 모두 합쳐도 삼성전자에 미치지 못할 정도로 삼성전자는 성장했다.

하이테크 분야는 경쟁이 치열하고, 기술과 시장의 불확실성이 크게 나타난다. 크리스텐센(Clayton Christensen) 교수가 주장한 와해성기술(disruptive innovation)이 출현하여 시장의 판도를 바꿀 수 있다. 디지털카메라 기술이 나오자 100년 기업 코닥이 하루아침에 퇴물이 되어버리고 플래시메모리가 나오자 컴팩트디스크(CD)나 자기(마그네틱) 저장 장치는 시장에서 퇴출되었다. 스마트폰은 애플의 아이폰과 치열한 경쟁을 벌이고 있다. 삼성전자는 애플의 스티브잡스 전 회장이 남겨준 창의성, 콘텐츠, 기업가정신과 경쟁하고 있다.

1절. 제품의 수준

　　　　　　　　제품(product)은 고객이 필요로 하는 것을 만족시키기 위해서 기업이 제공하는 제공물을 말한다. 제품은 눈에 보이는 것만 아닌 무형적인 것도 포함한다. 일반적으로 고객의 입장에서 제품 수준은 다섯 가지로 나눈다. 이 수준은 고객가치의 위계(customer value hierarchy)를 형성한다.

　① 핵심혜택(core benefit): 이는 고객이 실제로 구매하고자 하는 근본적인 서비스나 혜택이다. 예를 들어 호텔은 '휴식과 수면(rest and sleep)'이 핵심혜택이 된다.

　② 기본제품(basic product): 이는 고객의 눈에 보이는 유형제품(tangible product)이다. 예를 들어 호텔의 경우 침대, 욕실, 타월 등이 기본제품이 된다.

　③ 기대제품(expected product): 이는 고객이 기대하는 제품이다. 예를 들어 고객은 호텔에서 깨끗한 침대, 새로운 타월을 기대한다. 이러한 기대를 충족시키지 못하면 재방문은 이루어지지 않는다.

　④ 확장제품(augmented product): 이는 제품 확장(product augmentation)을

위해서 고려하는 제품이다. 품질보증, 배송, 포장, 서비스, 광고, 조언, 금융 등이 여기에 속한다. 자동차를 구매하려는 고객의 입장에서 자동차의 엔진과 오토미션을 3년간 품질보증 하는 일본 자동차보다 10년간 품질보증을 하는 현대자동차가 더 나은 확장제품을 제공하고 있다고 본다. 이러한 확장된 제품을 제공할 경우에는 비용을 수반하기 때문에 고급화로 나가서 차별화할 것인지, 아니면 저비용 저가정책으로 나갈 것인지 결정해야 한다.

⑤ 잠재제품(potential product): 이는 미래에 겪게 될 가능한 모든 확장이나 변형을 포함한다. 고객을 만족시키고 자신의 제공물을 경쟁기업과 차별화할 수 있는 새로운 방식을 찾으려 한다. 아이폰은 기존에 애플이 가지고 있는 아이팟, 아이튠즈와 같은 기존의 자산을 확장하면서 잠재 제품의 영역을 찾아 만든 스마트폰이라고 볼 수 있다.

2절. 신제품 개발 과정

 신제품의 종류와 신제품 개발 조직을 살펴
보고, 신제품이 개발되는 과정을 이해하도록 하자.

1 신제품의 종류

신제품의 새로움 정도는 기업과 시장에서 차이가 있을 수 있다

- 세계 초유의 신제품(new-to-the world products): 기업과 시장에서 새
  로움의 정도가 매우 높은 제품으로 소비자들에게 처음으로 제시
  되면서 새로운 시장과 산업을 창출하는 분야이다. 자동차, 항공
  기, 개인용 컴퓨터, 레이저 프린트, 팩스 등이 초기 나타날 때의
  제품 영역이다.
- 신제품 군에 진입 (entry to the new product group): 세계 초유는 아니지
  만 신제품 군에 진입하는 제품들이다.
- 새로운 제품계열(new product lines): 이미 설정한 시장에서 새로운
  계열을 만들어 나가면서 신제품을 만들어나간다. 아이맥(iMac) 컴
  퓨터를 만든 애플이 아이팟(iPod)을 추가하고, 다시 아이폰(iPhone)

을 추가하는 경우이다.

- 기존 제품계열 확장(additions to existing product lines): 기존 제품계열에 제품과 포장의 크기, 식품의 경우 맛 등을 첨가하면서 신제품을 만드는 경우이다.
- 기존 제품의 개선과 수정(improvements and revisions of existing products): 기존 제품의 질적 향상을 통해 나타나는 제품을 말하는데, 우리 주변에서 보는 대다수의 제품은 이 범주에 속한다.
- 재포지셔닝(repositions): 기존 제품을 새로운 용도 또는 소비자층을 재포지셔닝하면서 새롭게 시장을 형성하는 경우이다.

2. 신제품 개발 조직

고객지향적 기업이 기술에 의존한 기업보다 신제품 개발과 도입에 성공하는 사례가 더 많다. 마케팅철학을 가지고 체계적인 고객분석을 통하여 신제품을 개발하면 성공가능성이 높아진다. 시장의 기회를 찾을 수 있는 창조적인 조직에서 신제품이 탄생한다. 진취적이고 자율적인 분위기의 조직문화를 가진 기업이 성공할 기회가 많다. 실패할 수 있는 자유(free to fail)가 있어야 한다. 신제품을 잘 만드는 것보다 신제품을 지속적으로 만들 수 있는 조직구조를 창출하는 것이 더욱더 어렵다. 이는 신제품 개발 조직에 대해 깊이 이해해야 하는 이유가 된다. 어떠한 신제품 개발 부서들이 있을까?

1) 연구개발 부서

생명공학, 정보통신 관련 기술개발을 중심으로 나타나는 첨단기술

지향 벤처기업의 경우에는 이러한 연구개발 부서의 힘이 강하다. 그러나 연구개발 부서를 지나치게 강조하면 소비자지향 사고가 부족하여 시장과 소비자 욕구에 제대로 부응할 수 없다. 초기에는 이 부서를 강조하나 시간이 경과됨에 따라 시장을 강조하게 된다.

2) 마케팅 부서

마케팅 부서는 시장의 움직임을 적절히 다룰 수 있다. 그러나 단기적인 시각을 가지고 현재시장의 요구를 반영할 가능성이 많아 제품 개선은 가능하나, 장기적 성격을 요하는 기술혁신을 창출하기 어렵다.

3) 신제품 부서

신제품은 오랜 시간에 거쳐 개발되고 위험부담이 크기 때문에 많은 기업이 별도의 부서를 설치하여 운영하는 경우가 있다. 이러한 조직 구조는 혁신에 우선순위를 두고, 연구개발과 마케팅 부서 간의 균형을 유지하며, 기업 내의 다양한 인적자원을 활용하고, 단기적인 성과에 치우치지 않는 장점이 있다.

4) 전사적 구조

신제품 개발의 중요성을 부각시키기 위하여 상위 조직을 설치하여 신제품 위원회, 테스크포스, 최고경영자 직속 스탭 등으로 구성되는 것을 말한다.

5) 매트릭스 조직

이 조직은 혁신의 우선순위를 명확히 정의하고, 다양한 기술을 가진 인적자원을 실무수준에서 통합할 수 있는 장점이 있으나, 책임소재가 불분명하기 때문에 부서 간 갈등이 나타날 수 있다는 단점이 있다.

6) 제휴 조직

기업 내부에 신제품 개발을 위한 독자적 추진 능력이 부족할 때, 이를 보완하기 위하여 기업 외부에서 제휴를 통하여 자원을 공급받을 수 있다.

7) 비공식 조직구성원

신제품 개발이 성공하려면 여러 과업이 효율적으로 연결되면서 수행되어야 하는데, 조직구성원들이 공식조직 내에서 비공식적으로 역할을 맡게 된다.

① 주창자(champion): 조직 내에서 신제품 필요성을 역설하는 사람이다. 그는 신제품의 가치를 주창하고 이를 달성하기 위한 자원을 확보하기 위해 사내·외에서 비공식적인 접촉을 하면서 자신의 모든 정열을 바친다.

② 수호자(protector): 주창자가 주장하는 신제품의 가치를 이해하고 그들이 신제품을 적극적으로 추진할 수 있도록 보호하는 사람이다.

③ 감사·통제자(auditor/controller): 주창자가 신제품 아이디어를 추진하는 데 있어서 추상적인 아이디어에 휩쓸리지 않도록 현실적이고

정확한 판단을 할 수 있게 확인해주는 사람이다. 이들은 주창자를 억압하기 위해서가 아니라, 주창자가 자신의 재능을 올바른 방향에서 발휘할 수 있도록 도와준다.

④ 리더(leader): 신제품 개발은 팀 활동이기 때문에 리더(leader)가 필요하다. 리더는 팀 구성원을 모집하고, 이들을 훈련시켜 강력한 팀으로 만들고, 효과적인 계획을 수립해야 한다. 리더는 이외에도 기업 내 다른 부서와 커뮤니케이션을 강화하는 역할을 해야 한다.

3. 쓰리엠(3M)의 신제품 개발 지원제도

훌륭한 신제품 개발 조직을 가진 기업으로 쓰리엠이 있다. 쓰리엠은 한 해에 5백 개 이상의 신제품을 내놓는 회사로 유명하다. 실제로 지금까지 이런 식으로 모두 5만 가지가 넘는 쓰리엠 제품이 시장에 출시되었다. 대표적인 히트 제품 '스카치테이프', '포스트잇'을 비롯하여 재생 플라스틱을 이용해 만든 수세미, 분무형 풀, 마우스 패드, 첨단의료 및 통신용 소재 등 생활 주변과 각종 산업의 구석구석에서 쓰이는 쓰리엠 제품이 많다. 쓰리엠은 한마디로 신제품으로 먹고 사는 회사이다.

이 기업의 지원제도를 살펴보자.

● 대표적으로 '스폰서제도'가 있다. 아이디어를 신제품으로 연결하기 위해서는 예산이나 인력자원이 꼭 필요하다. 이를 위해 쓰리엠의 부장급 이상 관리자는 우수한 아이디어를 적극 지원하는 중요한 후견인역을 맡는다. 심지어 새로운 아이디어를 얼마나 지원

했는지가 간부의 인사고과에 반영된다.

- '15퍼센트 룰'은 쓰리엠의 조직문화를 설명해준다. 이는 근무시간 중 15퍼센트는 업무와 직접 관련 없이 개인적으로 관심을 가지고 있는 연구에 쓸 수 있도록 허용하는 제도이다. 연구직이나 기술직 직원은 이 룰을 이용해 상사의 눈치를 보지 않고, 자유롭게 자신이 원하는 연구에 도전할 수 있다.

- 근무시간이 끝난 후 회사의 설비를 이용해 연구를 계속할 수 있도록 허용하는 '비밀연구제도'가 있다. '비밀연구제도'는 회사에서 공식적으로 중단한 연구과제라도 연구자가 추진할 만하다고 생각하면 상사 몰래 연구를 계속하는 것을 말한다. 일반 회사에서는 감히 생각하기 어려운 일이지만, 쓰리엠에서는 이것이 회사의 묵인 아래 이루어지고 있다.

4. 신제품 개발절차
신제품 개발은 여덟 가지 단계를 거친다. 이 장의 필수 사항이다.

1) 아이디어 창출
아이디어 창출(idea generation) 단계는 신제품의 씨앗이라고 할 수 있는데, 씨앗이 좋을수록 보다 큰 수확을 얻을 수 있다. 신제품 개발에 관한 아이디어 원천은 크게 네 가지 원천이 있다.

- 사용자들이 제품을 이용하는 과정에서 느끼는 평가정보를 바탕으로 아이디어를 산출한다. 주로 소비자 패널, 유통경로기관, 마

[그림 9-1] 신제품 개발절차

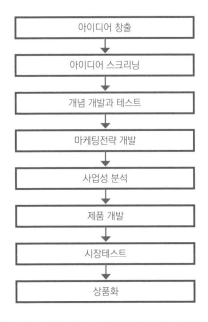

케팅 부서, 영업 부서, 판매 후 서비스 부서 등을 통하여 이루어 진다. 고객의 소리(voice of customer: VOC)를 듣고 그들의 불만을 개 선할 뿐만 아니라 개선을 통한 신제품을 개발하는 경우가 많다.

● 생산활동에 종사하는 구성원들이 제품기술상의 결함과 미비점을 발견하고 개선을 위한 제안을 함으로써 아이디어가 나타나는 경 우도 많다. 이들의 아이디어가 경쟁사의 제품과 비교될 경우 경 쟁력을 향상시키는 데 크게 도움을 받을 수 있다.

● 기업의 최고경영자로부터 오는 경우도 있다. 워크맨의 아이디어 는 소니의 창업자인 모리타 아키오와 이부카와 마사루의 대화에

서 나왔다.

- 정부출연연구소, 대학과 기업 실험실, 광고대행사, 마케팅 조사
기업 등에서 아이디어가 나올 수 있다. 우리는 이 책에서 CDMA
기술 개발이 정부, 기업, 정부출연연구소와의 협력을 통해 창출
되었음을 보았다.

2) 아이디어 스크리닝

아이디어 스크리닝(idea screening) 단계는 아이디어 창출 단계에서 나
타난 수많은 아이디어를 기업의 목적과 자원에 맞는 것이 무엇인지
검토하는 단계이다. 이러한 스크리닝 과정은 마케팅 부서, 연구개발
부서, 생산 부서의 관계자들이 함께 모이는 신제품 아이디어 평가위
원회를 개최하여 이루어지는 경우가 많다. 기술, 생산, 시장의 요구를
반영하면서 연구개발, 생산, 마케팅이 가능한 아이디어인가 평가하
여 전체적으로 바라볼 수 있기 때문이다.

3) 개념 개발과 테스트

개념 개발(concept development) 단계에서 나타난 하나의 제품 아이디
어는 여러 가지 개념으로 전향될 수 있다. 누가 이 제품을 사용할 것
인가, 이 제품의 일차적 혜택은 무엇인가, 언제 소비할 것인가, 이러
한 질문에 기초하여 여러 개념을 개발할 수 있다.

4) 마케팅전략 개발

마케팅전략 개발(marketing strategy development) 단계는 앞으로 개발하

여 시판할 신제품에 대한 마케팅전략을 예비적으로 개발하는 단계이다. 이는 시장창출이 가능할 때 제품을 본격적으로 개발하겠다는 것이며, 시장창출에 따라 제품 개발 범위를 결정하여 실패율을 줄이고 성공률을 높이고자 함이다.

5) 사업성 분석

사업성 분석(business analysis) 단계는 경영층이 제품 개념과 마케팅전략을 개발한 후에 제안서의 사업 매력성을 평가하는 단계이다. 경영층은 만족스러운 이익을 내기 위해 어느 정도의 판매가 이루어져야 하는가 예측해야 한다.

6) 제품 개발

제품 개발(product development) 단계는 사업성이 있다고 판명되면, 물리적인 제품 개발을 위해 연구 개발이나 제조 단계로 진입하게 되는 단계이다. 이러한 물리적인 제품 개발은 알앤디 부서, 생산 부서, 마케팅 부서의 협력이 중요하다. 알앤디 부서에서 원형제품을 설계하고, 생산 부서에서 원형제품을 공정화할 수 있는가 테스트하고, 마케팅 부서에서 소비자 원형제품테스트를 거쳐 최종제품 개발로 넘어간다.

7) 시장테스트

경영층이 기능적이고 심리적인 성과에 만족하게 되면 제품에 브랜드를 붙이고 포장을 하여 시장테스트 준비에 진입하게 된다. 이 시장

테스트(market test) 단계는 대규모 시장 진출의 전 단계로서 소비자의 반응을 보려고 하는 것이다.

시장진입 초기에 잠재적으로 나타날 수 있는 많은 문제점에 대해 큰 비용을 들이지 않고 사전에 해결하는 데 테스트의 목적이 있다. 여기에는 시장세분화, 목표시장 설정, 포지셔닝, 가격정책, 제품정책, 경로정책, 광고정책 등과 같은 전반적인 마케팅프로그램에 대한 테스트가 포함된다. 신제품 개발에 많은 투자비용이 소요되고 제품의 성공 여부가 불확실하며, 경쟁사가 동종의 제품을 개발하는 데 상당한 기간이 소요될 것으로 판단될 경우에 실시하는 것이 바람직하다. 시험 마케팅을 거치지 않고 출시되어 실패할 경우 막대한 손실이 나타날 수 있기 때문이다.

8) 상품화

신제품을 시장에 처음으로 내보내는 시장도입 단계로, 출시(launching) 단계라고도 한다. 이는 상품화(commercialization)가 이루어져 최종적으로 브랜드, 포장 및 서비스 결정을 포함하는 마케팅전략이 확정되는 단계이다. 이 단계에서는 언제, 어디서, 누구에게, 어떻게 출시할지 결정해야 한다.

① 언제(타이밍): 신제품의 시장 진출 타이밍을 결정하는 것은 기존 제품의 재고처리와 같은 기업 문제뿐만 아니라, 경쟁 관계에 있어서 시장 반응을 호의적으로 얻는 가장 중요한 결정 중 하나이다. 여기에서는 초기 진입인가, 경쟁기업과 동시 진입인가, 후기 진입인가를 선

택한다.

② 어디서(지리적 전략): 단일 지역에 제품을 출시할 것인지, 몇몇 지역에 다발적으로 진출할 것인지, 전국시장 혹은 국제시장에서 동시에 출시할 것인지를 결정해야 한다. 자본력이 있는 대기업은 몇 개의 지역이나 전국시장으로 신제품을 동시에 출시할 수 있으나, 대부분의 중소기업은 성공할 가능성이 높은 특정지역에 먼저 진출한 다음 점차 시장의 범위를 확대시키고자 한다.

③ 누구에게(표적화): 가장 유망한 표적시장에 초기 유통과 촉진을 수행해야 한다. 혁신자와 조기수용층(innovator and early adoptor)의 특성을 조사하여 그들에게 맞는 유통과 촉진을 수행해야 한다. 최초 예상 소비자의 마음을 사로잡으면, 그들에 의한 구전커뮤니케이션을 통하여 신제품 확산이 이루어질 수 있다.

④ 어떻게(초기시장전략): 신제품 시장 도입을 위한 마케팅 실행계획을 개발해야 한다. 마케팅 예산을 마케팅믹스 요소에 배분하고, 실행순서를 정해야 한다. 전기자동차를 개발하여 출시하는 경우를 예로 들면, 신제품이 출시되기 전부터 궁금증이 생기게끔 명확한 내용을 알리지 않는 유형의 광고, 티저(teaser)홍보 캠페인을 전개하여 소비자의 관심을 불러일으킬 수 있다.

3절. 제품수명주기 관리

제품이 출시되고 난 뒤에는 제품수명주기
(product life cycle) 단계를 거친다.

1. 도입기 전략

신제품이 시장에 처음 진입한 단계의 전략이다. 이 단계에서는 소비자의 인지가 부족하기 때문에 소비자의 초기반응을 빠르게 파악하고 가격, 촉진, 유통 전략을 선정한다. 선발주자인 경우에는 스키밍가격 전략을, 후발주자인 경우에는 침투가격 전략을 택하고 강력한 판매촉진을 수행한다. 유통 전략은 일정지역에 하나의 중간상을 지명하는 전속적 유통이나 몇 사람의 중간상을 지명하는 선택적 유통을 할 수 있다.

2. 성장기 전략

판매량이 급증하고 유통망이 확보된 상태에서 이익이 증대하고 경쟁기업이 등장한다. 도입기에서 확보한 고객들을 중심으로 구전효과를 이용하고 브랜드 인지도를 확대하는 전략을 택한다. 경쟁자가 많

278

아지면 침투가격과 제품확대 전략을 선택한다. 유통은 누구에게나 제품을 공급하는 개방적 유통 전략으로 전환하며, 중간상에게 인센티브를 제공하면서 유통망을 확장하고자 한다.

3. 성숙기 전략

성숙기는 매출성장률이 정점에 도달하여 판매량이 더 이상 늘지도 줄지도 않는 시기로 다수의 경쟁기업이 침투하여 경쟁이 치열해져 가격경쟁으로 이익 폭이 감소되는 단계이다. 가격을 낮추고, 브랜드 이미지를 부각시키는 차별화 전략을 선택한다. 브랜드 충성도를 높이고 다른 브랜드를 자사 브랜드로 전환하는 정책을 사용한다. 유통 전략은 개방적 유통만이 가능하다. 이동전화기 시장이나 맥주시장에서 볼 수 있는 전략이다.

4. 쇠퇴기 전략

판매량 감소로 이익이 발생하지 않고 손실이 나타나는 단계이다. 제품을 철수할 것인지, 개선하여 쇠퇴기를 막고 계속 성장세를 유도할 것인지 결정해야 한다.

4절. 소비자 수용과 확산

 1. 소비자 수용

신제품을 개발, 출시한 후 성공과 실패는 소비자 수용 여부에 달려 있다. 로저스(Everett M. Rogers, 1995)는 혁신확산을 설명하는데 이론적으로 특정 신제품을 수용하는 100퍼센트의 소비자 중 신제품을 수용한다고 보고 이들을 다섯 가지로 나누었다.

신제품 수용성향이 가장 높은 사람은 매우 제한적이다. 이러한 사람들을 혁신수용자(innovators)라 하며, 이들은 일반적으로 전체 소비자 중 2.5퍼센트 정도이다. 수용성향에 따라 나머지 소비자들을 분류하면 선각수용자(early adopters: 13.5퍼센트), 전기다수수용자(early majorities: 34퍼센트), 후기다수수용자(late majorities: 34퍼센트) 및 지각수용자(laggards: 16퍼센트)이다.

로저스는 이 다섯 가지 수용자 범주를 이론화시킬 때 종모양의 정규분포를 가정하였다.

이 곡선상의 각 구분점은 표준편차가 나뉘는 곳과 대충 일치한다. 전기다수수용자와 후기다수수용자는 평균과 제1표준편차의 범위로 구분되고 선각수용자와 지각수용자는 제2표준편차 범위로 구분된다.

[그림 9-2] 수용자 범주

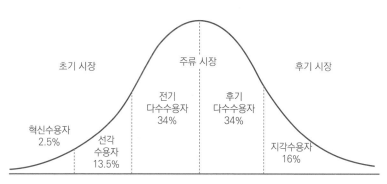

초기 시장   주류 시장   후기 시장

전기
다수수용자
34%

후기
다수수용자
34%

혁신수용자
2.5%

선각
수용자
13.5%

지각수용자
16%

그리고 거기에서 떨어져 약 제3표준편차에 해당하는 것이 혁신수용자이다. 이 집단들은 심리·인구·통계학적 특징에서 차이가 나타난다.

이러한 로저스의 수용자 범주개념을 발전시켜 무어(Jeffery Moore 1991)는 하이테크 분야에서 캐즘(chasm)이 나타난다고 밝힌 바 있다.

[그림 9-3]에서 볼 수 있듯이 선각수용자와 전기다수수용자를 갈라놓는, 즉 초기시장과 주류시장의 경계에 있는 폭이 넓고 깊은 대단절, 이른바 캐즘(chasm)이 나타난다.

선각수용자들은 진보적 성향으로 변화를 수용한다. 그러나 전기다수수용자는 실용주의자로서 현재 업무에서 실용적이고 생산성 향상에 도움이 되는 제품을 구매하려 한다. 그리고 후기다수수용자는 회의적인 보수주의자로서 실용주의자인 전기다수수용자가 수용한 뒤에 수용하려고 한다.

수용자들의 성격차이로 인하여 캐즘은 불가피하며, 기업은 이를 극복하는 전략을 마련해야 한다. 이를 극복하기 위해서는 완전완비제

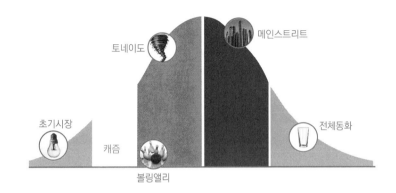

[그림 9-3] 캐즘(chasm)

토네이도

메인스트리트

초기시장

캐즘

전체동화

볼링앨리

품(whole product)을 개발하여 볼링에서 하나의 핀을 쓰러뜨리면 연달아 쓰러지듯이 표적시장을 공략하여 빠르게 점유하는 볼링앨리 전략과 이벤트와 구전마케팅을 통하여 토네이도 전략을 구사하면서 전체시장에 붐을 일으켜 산업표준으로 발전시켜야 대기업으로 성장할 수 있다고 주장했다.

그러나 이렇게 주류시장을 확보하여 고릴라로 변한 대기업도 무너질 수가 있다. 크리스텐슨(Christensen, 1997)교수는 존속성 기술(sustaining technology)과 와해성 기술(disruptive technology)의 비교를 통해 이를 설명하고 있다. 존속성 기술은 일정 속도로 주시장에서 요구되는 성능을 개량해나가면서 성능수준을 높일 수 있다. 이는 고객이 이미 소중히 여기는 특성을 증폭시키거나 개량하는 방향이다. 그러나 와해성 기술은 기존의 것과 판이하게 다른 성능 특성을 도입하여 나타난다. 처음 등장했을 때는 성능이 떨어지지만 시장에 자리를 굳히게 되면 이 기술을 지탱하기 위한 개량을 통해 기술 성능은 급격한 발전 궤도를

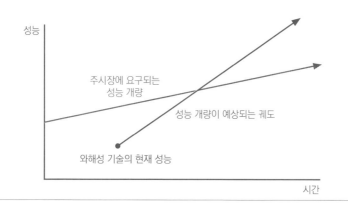

성능

주시장에 요구되는
성능 개량

성능 개량이 예상되는 궤도

와해성 기술의 현재 성능

시간

타게 된다. 플로피디스크 기술이 지배하는 시장에 와해성 기술로서 USB 기술이 나타난다. USB는 우월한 저장 능력, 단위당 저렴한 가격, 사용하기에 더 편한 크기와 형태를 지니고 있다. 처음 나타났을 때와 달리 시간이 지나 시장을 잠식해버렸다.

이러한 와해성 기술에 대한 이해는 현재고객이 아니라 미래고객의 욕구를 발견하고 이를 선도하려고 노력하는 기업이 살아남는다는 것을 보여준 중요한 연구이다.

2. 시장 확산

소비자 개인이 특정 신제품을 집합적으로 수용하면서 확산이 이루어진다. 빠른 확산은 마치 전염병이 퍼져가는 현상과 같이 이루어진다. 확산을 이론적으로 가장 잘 설명하는 모형은 배스(Frank M. Bass)가 개발한 모형이다. 이 모형은 과학성이 입증된 마케팅의 대표적 모형이다. 이 모형은 대중매체 커뮤니케이션의 영향을 받는 혁신수용자

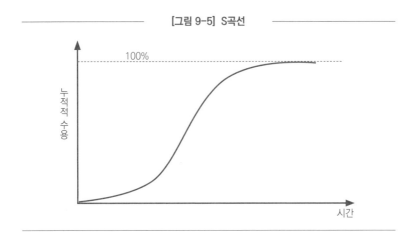

[그림 9-5] S곡선

들(innovators)에 의해서 혁신의 초기수용이 많이 이루어지면 점차적으로 구전커뮤니케이션의 영향에 기인하는 모방자들(imitators)에게 수용이 이루어지면서 빠르게 확산되는 모형이다.

그러나 실제 하이테크시장 확산을 관찰해보면 특정 신제품이 나타나 시장확산이 S곡선으로 나타난 후 사라지고, 보다 개선된 신제품이 다시 나타나 S곡선을 거치는 것으로 모형화할 수 있다. 컴퓨터, 통신 등 첨단기술 제품의 확산과 대체 등이 끊임없이 나타나고 있다.

5절. 서비스관리

서비스는 '사용자에게 성과에 대한 어느 정도의 만족을 제공하지만, 소유되거나 저장·수송될 수 없는 무형의 활동(intangible activity)'으로 정의된다. 제품을 완전히 유형적인 것부터 완전히 무형적인 것까지 연속선상에서 볼 수 있다. 이를 유형성 스펙트럼이라고 하며, 다음 다섯 가지 유형이 있을 수 있다.

① 순수 유형재
② 서비스를 수반하는 유형재
③ 재화와 동등 수준의 서비스
④ 소수의 재화와 서비스를 수반하는 주요 서비스
⑤ 순수 서비스

유형성 스펙트럼에서 제품과 서비스를 보면 서비스는 제품보다 무형적이며, 제품은 서비스보다 유형적일 따름이다. 패스트푸드산업은 서비스업으로 분류되지만, 음식, 포장 등과 같은 많은 유형적 요소를 가지고 있다. 반면, 제조업으로 분류되는 자동차산업은 애프터서비스와 같은 많은 무형 요소를 제공하고 있다. 넓은 서비스 개념에는 위의 순수 유형재나 순수 서비스는 거의 없으며, 유형성이 지배하느냐 무형성이 지배하느냐가 중요하다. 소금, 청량음료, 세제, 자동차, 화장품은 유형성이 지배하고, 광고대행사, 항공사, 투자증권, 컨설팅, 교육 분야는 무형성이 지배한다.

1. 서비스의 특성

서비스를 유형 제품과 비교하면 무형적이고, 표준화가 어려우며, 소멸, 생산 및 소비가 동시에 이루어지는 특성을 갖는다.

1) 무형성

병원의 의료서비스는 환자가 서비스의 일부인 장비, 입원실과 같은 유형적 요소를 보거나 만질 수 있지만 실제 서비스인 수술, 진단, 검사, 치료 등의 행위와 그 성과는 만질 수 없다. 따라서 이는 무형적이다. 서비스 구매를 보여줄 구체적 대상이 없으므로 서비스를 보다 유형적으로 보이게 하여 무형성을 극복하고자 한다. 예를 들어, 마케팅 강의는 무형적인 형태지만, 책과 프레젠테이션과 같은 유형적 자료를 첨가하면 보다 유형화시킬 수 있다.

2) 비표준화

서비스는 사람에 의해 제공되기 때문에 표준화된 서비스가 제공되기 어렵다. 그러므로 보다 신뢰성 있는 서비스를 제공하기 위해, 서비스 표준화가 중요해진다. 표준화는 너무 기계화되지 않고 인간의 따뜻한 마음과 지혜가 담겨 창의적인 서비스를 제공할 가능성을 높여야 한다. 고객과의 접점에서 인간이 소유한 따뜻하고 진실한 마음이 전달되어야 한다.

3) 소멸성

서비스는 소멸된다. 수요가 지속적이고 안정적이면 서비스의 소멸성은 크게 문제되지 않는다. 그러나 수요의 변동이 심하면, 어려움에 직면할 수 있다. 그러므로 안정적인 서비스 수요의 확보가 필요한데, 여러 방법이 사용되고 있다. 즉, 서비스 가격을 차별화하는 데, 극장이나 비행기는 수요가 별로 없는 시간에 낮은 요금을 적용해 피크타임의 초과수요를 비피크타임으로 이전시키고자 한다. 그렇게 성수기 수요를 개발한다. 많은 은행들이 보통예금이나 저축예금과 같은 기본적인 서비스를 보완하기 위해 다양한 투자상품을 제공하고 있다. 항공사, 철도, 호텔, 식당 등에서 예약판매를 이용한다.

4) 생산과 소비의 동시성

서비스에서는 생산과 소비가 동시에 이루어진다. 서비스의 유통에서 중요한 것은 서비스 제공자가 고객 앞에서 직접 제공하는 서비스 품질이며, 이는 고객의 반복구매에 큰 영향을 미친다. 서비스품질과 고객만족은 종업원·고객 간의 상호작용을 포함한 '실시간(real time)'에 크게 의존한다.

2. 마케팅믹스의 첨가적 요소 3P

서비스 관리자가 경쟁우위를 확보할 수 있는 마케팅전략을 수립하는 과정은 유형제품과 큰 차이가 없다. 즉, 마케팅 관리자는 표적세분시장을 선정하고 표적고객의 욕구를 경쟁사보다 잘 충족시킬 수 있는 곳에 서비스를 포지셔닝하고, 이를 달성할 수 있도록 구체적인 마케팅믹스를 개발하는 과정을 거친다.

전통적인 마케팅믹스(Product, Price, Promotion, Place) 외에 서비스기업은 첨가적 요소, 즉 사람, 물적 증거, 프로세스(People, Physical evidence, Process)를 고려한다. 즉, 대부분의 서비스가 사람(people)에 의해서 수행되므로 종업원의 선정, 훈련, 동기유발이 고객만족에 큰 차이를 준다. 기업은 물적 증거와 프레젠테이션(Physical evidence & presentation)을 통하여 서비스품질을 높이려고 한다. 물적 증거란 서비스가 제공되고 기업과 고객의 상호작용이 일어나는 환경을 말한다. 즉, 서비스의 제공 또는 전달을 촉진시키는 유형재를 말한다. 월트 디즈니사의 경

──────────── [그림 9-6] 그론루스의 서비스마케팅 ────────────

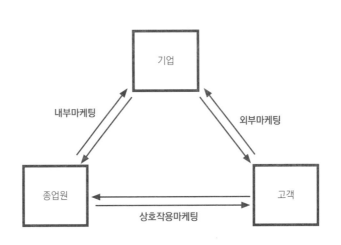

우, 밝은색의 디스플레이, 음악, 환상적인 놀이시설, 캐릭터의 복장 등이 중요하게 작용한다. 이러한 물적 증거를 서비스 스케이프(service scape)라고 부른다. 병원서비스의 경우, 서비스 스케이프는 건물외관, 주차, 방향안내 표시, 대기장소, 외래진료소, 환자입원실, 의료장비, 회복실 등이 되며, 기타 물적 증거는 유니폼, 보고서, 사무용품, 청구서 등으로 구성되고 있다.

3. 외부, 내부, 상호작용마케팅

서비스마케팅이 외부마케팅, 내부마케팅, 상호작용마케팅을 필요로 한다고 주장한 학자는 그론루스(Christian Gronroos)였다. 이는 서비스마케팅전략에서 가장 사려 깊은 연구로 평가받고 있다.

외부마케팅(external marketing)은 기업이 외부고객에게 서비스를 준비하고, 가격을 정하며, 분배하고 촉진하는 일반적으로 말하는 마케팅 활동을 말한다. 여기서 도입한 내부마케팅(internal marketing)은 기업이 종업원을 내부고객으로 바라보고, 고객인 종업원과 관계하는 것을 말한다. 종업원이 외부고객에게 훌륭한 서비스를 수행할 수 있도록 내부고객인 종업원을 훈련시키고 동기유발시키려고 한다. 종업원의 입장에서는 외부고객과의 관계가 생기는데 이는 상호작용마케팅(interactive marketing)이라 한다. 종업원과 고객이 얼마나 상호작용을 잘하여 성과를 창출하는가 하는 과제를 다룬다.

4. 서비스 차별화

서비스산업이 가격경쟁에 직면하게 될 때 차별화를 시도하게 된다.

차별화는 제공물, 서비스 전달, 그리고 이미지 분야에서 나타난다. 첫째, 제공물에서 차별화를 시도할 수 있다. 혁신적인 특징을 포함하는 제공물을 제시할 수 있다. 비행기산업은 일차적인 서비스패키지에 영화, 기대제품 판매 등 이차적 서비스 특징을 포함시키고 있다. 호텔은 첨단기기를 필요로 하는 여행자들을 위해 컴퓨터, 팩스, 이메일 등을 지원하고 있다.

둘째, 서비스 전달을 차별화할 수 있다. 서비스는 무형적이고 소멸성이 높기 때문에, 대체로 대부분의 서비스는 제공자로부터 소비자에게 직접 전달된다. 기업은 서비스를 잘 전달할 수 있도록 사람을 고용하고 훈련한다. 때에 따라 서비스 제공자는 중간상을 이용하기도 한다. 예를 들어, 호텔이나 항공사는 여행사를 중간상으로 이용하여 고객에게 서비스를 판매한다.

서비스 마케터는 유형제품에 비해 창고, 수송, 재고관리 등의 물류 기능에 대한 관심은 상대적으로 낮으나 서비스 제공의 스케줄에는 보다 많은 관심을 기울인다.

셋째, 이미지를 차별화한다. 서비스기업은 브랜드를 통하여 이미지를 차별화하고자 한다. 눈으로 보거나 손으로 만져볼 수 없는 서비스 제품의 경우, 추상적 이미지를 창출하는 촉진노력은 적절하지 않으므로 서비스 마케터는 광고활동을 통해 구체적 이미지와 증거를 제시함으로써 서비스가 보다 유형적으로 보이게 해야 한다.

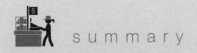

s u m m a r y

　　　　　삼성전자의 반도체시장 진출은 하이테크
산업에 진출하는 계기를 주었다. 제품을 고객의 관점에서 바라보면
경쟁력을 확보할 수 있는 전략이 다양해진다. 현대자동차가 미국에
서 엔진과 오토미션에 10년 동안 품질보증을 한 것은 제품개념을 넓
게 바라보고 전개한 전략이었다.

　훌륭한 신제품을 개발하기 위해서는 좋은 조직구조를 가지고 있어
야 한다. 제품수명주기에 따라 경쟁이 변하고 기업이 택할 수 있는 마
케팅믹스 전략도 변한다. 그리고 출시단계로 넘어가면 수용자 범주
에 따라 다르게 수용한다. 수용자 범주에서 초기시장과 주류시장 사
이에 성격이 달라, 대단절을 의미하는 캐즘이 나타난다. 캐즘을 극복
한 뒤 주류시장을 잡고 고릴라기업이 된다고 해도 와해성혁신을 가
지고 시장에 나타나는 기업의 공격을 받게 되기 때문에 지속적인 혁
신만이 공격을 피할 수 있다.

　서비스관리에서 서비스를 수행하는 것은 사람이다. 종업원을 내부
고객으로 보고 고객만족 이전에 종업원을 만족시키는 기업이 사람을
먼저 생각하는 기업이다. 대한민국은 유교전통을 지니고 있고, 인의
(仁義)를 중요시 여기는 국가이다. 인간적인 따뜻함을 지니고 인간을
사랑하는 마음으로 종업원을 대하고 고객을 대하는 것 자체가 경쟁
력이 될 수 있다.

■ 참고문헌

윤석철 (1991), 《프린시피아 메니지멘타》, 경문사.

캐빈 & 재키 프라이버그 지음, 이종인 옮김 (2008), 《너츠!》, 동아일보사.

톰 캘리, 조너던 리트맨 지음, 이종인 옮김 (2002), 《유쾌한 이노베이션》, 세종서적.

제프리 무어 지음, 유승삼·김기원 옮김 (2002), 《캐즘마케팅》, 세종서적.

Christensen, Clayton M. (1997), 《The Innovator's Dilemma: When New Technologies Cause Great Firms to Fail》, Harvard Business School Press.

Gronroos, Christian (1984), 〈A Service Quality Model and Its Marketing Implications〉, European Journal of Marketing, 18, No.4, p36~44.

Kelly, Tom (2005), 《The Ten Faces of Innovation》, Doubleday.

Rogers, Everett M. (1995), 《Diffusion of Innovations》, 4th ed. The Free Press.

memo

10

Marketing

가격
관리

Marketing

마케팅에서 가격은 어떠한 의미를 지니는가? 기업의 입장과 소비자의 입장에서 살펴볼 수 있다. 먼저 기업의 입장에서 가격문제를 살펴보자. 윤석철 교수는 1991년 《프린시피아 매네지멘타》라는 책에서 기업이 생존하기 위한 생존부등식이라는 개념을 처음 제시한 바 있다. 제품 가격을 중심으로 하여 생산성과 창조성의 개념을 연결시키고 있다. [그림 10-1]에서 볼 수 있듯이 기업이 생존하려면 가격보다 원가를 낮추어야 하며, 가격보다 가치를 높여야 한다. 가격보다 원가를 낮추어 생산성을 달성하고, 가격보다 가치를 높여 창조성을 달성하려고 한다.

공정혁신을 통해 투입보다 산출을 높이면서 생산성을 달성하고, 정보와 상상력을 결합하여 창조성을 달성하려고 한다. 이와 같이 비용

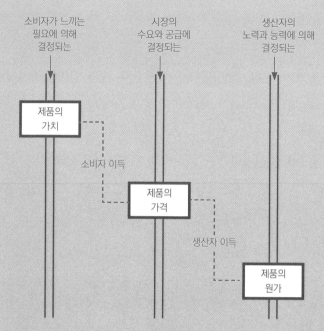

[그림 10-1] 생존부등식

소비자가 느끼는
필요에 의해
결정되는

시장의
수요와 공급에
결정되는

생산자의
노력과 능력에 의해
결정되는

제품의
가치

소비자 이득

제품의
가격

생산자 이득

제품의
원가

자료: 윤석철 (1991), 《프린시피아 메네지멘타》, 경문사, p21.

과 원가, 가격, 그리고 가치는 연결된 개념이다. 기업이 가격경쟁에 돌입하여 치킨게임으로 치닫게 되면, 가격이 비용을 감당하지 못하게 되어 기업을 어렵게 만든다.

2005년 김위찬과 르네 마보안 교수는 블루오션이라는 개념을 제시한다. 레드오션은 오늘날 존재하는 모든 산업을 뜻하고, 블루오션은 우리가 모르는 시장을 의미하고 알려지지 않은 다양한 산업분야를 창출하는 가치혁신의 개념을 제시한다. 예를 들어, 예전에 서커스단에서는 코끼리와 같은 동물을 사육하여 서커스를 하지 않을 때도

먹여야 하는 비용을 견디지 못했다. 그러나 캐나다 최대 문화산업 수출업체인 시르크 뒤 솔레이유 서커스(Cirque Du Soleil: 태양의 서커스) 회사는 동물을 없애고 사람을 중심으로 하여, 브로드웨이 쇼에 있는 연극과 발레의 아이디어를 빌려와 기존의 방식과 달리 시각적 볼거리와 조명, 무대 타이밍, 주제가, 배경음악 등을 도입하여 새로운 시장을 창출하였다. 사우스웨스트항공은 기내식을 없애고 오는 사람 순으로 원하는 좌석을 결정하는 등 기본서비스에 충실하여 저가를 유지하였다. 정시 출발과 도착을 실현시키고, 훌륭한 종업원 서비스를 통해 수준을 높였다. 소비자들이 자신이 지불한 가격보다 높은 서비스품질을 받는다고 지각하도록 했다.

이제 소비자의 삶의 관점에서 가격을 바라보자. 대한민국 소비자들은 제한된 소득으로 인해 가격에 민감한 반면, 유행에도 민감하다. 또한 비싼 명품 브랜드 소비를 위해 신분상승을 바라는 이들도 많아 '베블런 효과(veblen effect)'도 나타나고 있다. 이에 따라 소비생활도 상향평준화되는 것을 볼 수 있다. 다수의 타인에 의해 결정되는 유행을 따르기 위해 블로그 글을 정기구독하면서 기업의 광고보다 주변 사람들의 체험을 통한 추천에 민감하다. 이 과정에서 가격이 싸더라도 신제품이 곧 나올 것이라는 정보를 받아들이면 구매를 망설이고 지연하기도 한다. 이와 같이 가격은 소비자들의 구매 중심에 위치한다.

1절. 가치와 가격

가격은 가치를 담고 있다. 가치 있게 만들면 가격을 높일 수 있다. 드 비어스(De Beers: 지금은 DTC(Diamond Trading Company))는 1947년부터 '다이아몬드는 영원하다(A Diamond is Forever)'는 하나의 광고 카피만을 사용해왔다. 공급량을 조절하면서 다이아몬드를 5천여 가지의 등급으로 세분화하여 원석 상태로 판매했다. 광고를 통해 다이아몬드를 약혼반지 · 결혼반지의 대명사로 만들었다. 영원의 반지를 상징화하여 사랑과 동의어로 만들었다.

[그림 10-2] 다이아몬드는 영원하다

시장에서 가격은 사회가 어떻게 특정 제품과 서비스에 가치를 부가하는가에 대한 척도가 된다. 소비자가 기꺼이 시장가격을 지불하려고 하는 것은 그만한 가치가 있다고 느끼기 때문이다. 제품과 서비스에는 노동과 재료가 들어가는데, 이 또한 생산에 필요한 자원의 가치이다. 드 비어스가 파는 다이아몬드는 자원의 가치에다 광고를 통해 의미를 부여해 보다 높은 가격을 책정할 수 있었다. 이와 같이 기업이 창출한 제품과 서비스에 가격이 붙어 소비자들과 교환이 이루어진다. 가격결정은 이 교환에 직접적인 영향을 미친다.

소비자의 마음속에 가치를 지각하도록 하는 것이 마케팅 능력이다. 소비자의 관점에서는 가치와 가격의 격차가 클수록 선택이 쉬워진다. 영원한 사랑의 가치는 돈으로 따질 수 없을 정도로 가치 있는 것이다.

소비자가 선택을 쉽게 하기 위해서 기업은 제품에 가격 이상의 가치를 담아야 한다. 이것이 혁신과 창조성의 방향이다. 고부가가치 쪽으로 넘어가려는 이유이다. 소비자의 지각 속에 제품과 서비스에 대한 지각된 가치를 높이고, 원가절감을 통해 가격을 낮추는 가치혁신(value innovation)의 노력은 기업이 가야하는 길이다.

2절. 가격결정의 영향요인

가격결정에 영향을 미치는 요인은 어떠한 것이 있는가? 앞에서 고객의 수요, 원가에 대해서 강조하였다. 가치혁신의 개념에는 경쟁이 고려되고 있다. 기업은 경쟁이 적은 곳에서 사업을 하려고 한다. 그리고 정부의 물가정책이 기업의 가격결정에 영향을 미치며, 유통경로도 영향을 미친다. 3C로 표시되는 고객, 원가, 경쟁(Customer, Cost, Competition), 유통경로, 그리고 정부정책과 규정에 대해서 보다 자세히 살펴보도록 하자.

1. 고객

고객은 수요의 수준을 결정한다. 가격결정에서 비용은 가격의 하한선을 결정하는 반면에 수요는 가격의 상한선을 결정한다. 수요는 고객의 구매력과 기호, 습관 및 대체제품에 의한 영향을 받는다. 수요의 상태에 따라 시장을 세분화하고 목표시장을 찾아 그에 맞는 가격을 정할 수 있다.

2. 원가

시장에서는 생산비용, 마케팅비용 및 유통비용 등 제반비용이 가격결정에 큰 영향을 미친다. 추가적 비용을 감안하여 가격을 결정하는 코스트플러스 가격결정(cost plus pricing)이 중요시된다. 생산비용에 추가비용을 가산하여 가격을 결정하는 방법은 환경의 범위가 넓어지고 지역에 따라 추가비용이 발생한다.

3. 경쟁

기업의 가격결정에 경쟁강도, 즉, 경쟁사의 반응이 결정적으로 영향을 미친다. 제품수명 주기에서 성숙기에 접어들어 경쟁강도가 높아질수록 경쟁기업은 서로에 대해 민감하게 반응하면서 가격경쟁을 한다. 경쟁의 강도는 산업에 따라 다르다. 독점, 과점 상태에 있거나 완전경쟁에 가까운 상태에서 많은 경쟁자와 경쟁하는 경우도 있는데, 이 경우 자신의 살을 깎는 가격전쟁이 나타날 수 있다.

4. 유통경로

가격결정은 유통경로에 따라 영향을 받는다. 기업은 각 국가마다 유통경로가 다르기 때문에 소비자가격, 공장도가격의 영향을 받는다. 특히 대형 유통업체가 많을 경우, 이들 시장지배력으로 인하여 가격할인을 할 수밖에 없다. 기업이 타국으로 진출할 경우, 현지시장에 대한 경험이나 정보 부족으로 인해 현지 유통업체에 대한 의존도가 높아지면 기업의 의도대로 가격을 결정할 수 없게 된다.

5. 정부정책과 규정

정부정책과 규정의 영향을 받는다. 선진국의 경우 경쟁을 유도하는 정책을 택하여 공정거래법 등과 같은 가격과 관련된 법규를 강력하게 집행하려고 한다. 저개발국에서는 자국 기업을 보호하기 위하여 높은 세금을 책정해 국산품과 수입품 사이의 가격 차이를 유도하여 국산품을 보호하는 정책을 사용한다.

3절. 가격결정 단계

 가격결정 목표를 결정하면서 가격결정 단계를 진행한다. 목표가 결정되면 3C, 즉, 수요결정, 원가추정, 경쟁사 원가 분석을 하고, 가격결정 방법을 고려한 후, 최종가격을 결정한다.

1. 가격결정 목표

가격결정 목표는 일차적으로는 생존과 이익극대화에서 시작하여 시장지배력을 높이기 위한 시장점유율 최대화, 알앤디 비용 회수를 위한 스키밍 전략, 그리고 가격과 품질관계에서 선도적 지위 확보이다.

1) 생존

모든 생물계가 그러한 것처럼 생존에만 급급한 기업도 많다. 경쟁이 치열해지고 소비자의 욕구 변화가 빠른 시장에서 생존은 단기적으로 타당한 목표이다. 변동비와 고정비를 감당할 수 있는 가격이면 영업을 할 수 있게 된다. 단기적으로는 생존하여야 하지만, 장기적으로는 가치를 부가하는 쪽으로 나아가야 여유를 찾을 수 있다.

[그림 10-3] 가격결정 단계

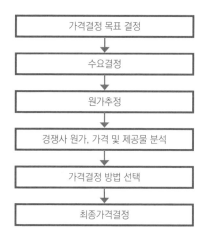

가격결정 목표 결정

수요결정

원가추정

경쟁사 원가, 가격 및 제공물 분석

가격결정 방법 선택

최종가격결정

2) 이익극대화

이익극대화(profit maximization)의 목표는 가능한 많은 이익을 내는 것
이며. 이는 빠른 투자수익을 달성하려는 바람에서 나타난다. 경영자
들이 단기적 관점에서 자신의 성과를 높이려고 목표를 강조하는 경향이
있으나, 장기적 관점에서 사회적인 책임을 달성하지 못할 수 있다.

3) 시장점유율 최대화

시장점유율을 최대화시키면 이익은 자동적으로 들어온다는 사고
이다. 신제품을 출시할 때 시장점유율을 따진다. 이 경우 후발 주자일
경우는 [그림 10-4]에서 볼 수 있듯이 초기에 하나의 낮은 가격으로
전체시장에 팔려고 한다. 침투가격을 낮게 설정하고 수량을 많이 책
정하는 것을 볼 수 있다.

[그림 10-4] 침투가격결정

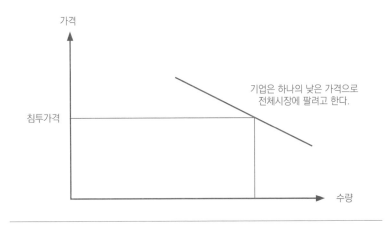

기업은 하나의 낮은 가격으로 전체시장에 팔려고 한다.

이러한 침투가격결정(penetration pricing)은 낮은 가격으로 제품을 시장에 진출시켜 짧은 시간 내 시장에서 교두보를 형성하려는 전략이다. 기업 규모가 어느 정도 커, 규모의 경제를 실현시킬 수 있다고 판단되거나, 단위당 이익이 낮더라도 대량판매를 통해 높은 이익을 얻을 수 있다고 판단할 때 사용한다. 또한 이러한 전략은 가격에 민감한 소비자가 많다고 판단되는 시장에서 경쟁사의 진입 방지에 적절하다. 시장에서 선발기업이 높은 가격을 책정할 때 후발기업이면서 자본력이 있을 경우 시장에 침투하여 시장점유율을 높이기 위해서 사용한다. 그러나 후발기업이 낮은 가격으로 나서면 선발기업도 급격하게 가격을 낮추어 경쟁에 대비하기 때문에 자금력 싸움이 될 수 있다. 이른바 치킨게임이 될 수도 있다.

[그림 10-5] 초기 스키밍가격 결정

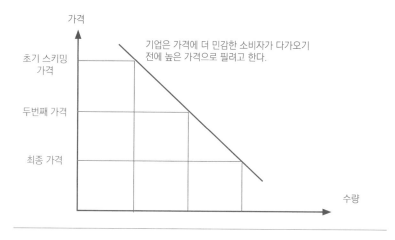

4) 시장 스키밍 최대화

알앤디에 많은 투자를 하여 초기시장을 창출하고자 하는 기업은 초기 고가 전략을 사용하여 알앤디 비용을 빠르게 회수하고자 한다. 이때 사용하는 전략이 스키밍가격(skimming pricing)이다.

혁신제품이기 때문에 초기시장을 창출하고 있는 동안 경쟁기업이 뛰어들 가능성이 적다고 판단되는 상황에서 초기에 고가 전략을 사용할 수 있다. [그림 10-5]에서 볼 수 있듯이 초기 스키밍가격을 정하여 기업이 가격에 더 민감한 소비자가 오기 전에 높은 가격으로 팔려고 하지만, 시간이 지남에 따라 경쟁자들이 뛰어든다. 그리고 소비자들이 가격에 민감해지기 시작할 때 가격을 두 번째로 낮추기 때문에 최종가격은 낮아지기 마련이다. 컴퓨터와 같은 하이테크 제품시장에서 자주 나타나는 가격결정 방식이다.

5) 가격-품질 관계에서 선도적 지위

제품의 품질을 높이면서 터무니없이 가격을 높이지 않고 유지하는 목표이다. 제품생산량을 조절하면서 높은 가격에 높은 품질을 유지하는 정책을 세우기도 한다. 그러나 진정으로 경쟁력 있는 기업들은 품질수준을 높이면서 적절한 가격을 매겨 소비자에게 호의적인 반응을 얻고자 한다. 스타벅스 커피 등이 사용하는 전략이다.

2. 수요결정

미시경제학에서 가격은 수요와 공급의 법칙에 의해서 결정된다. 이때 수요(demand)는 소비자가 제품을 구매하고자 하는 의도를 말하며, 수요량은 구매하고자 의도된 양을 말한다. 공급(supply)은 생산자인 기업이 제품을 판매하고자 하는 의도를 말하며, 공급량은 생산자가 판매하고자 의도된 양을 말한다. 소비자가 구매하고자 하는 양과 기업이 공급하고자 의도하는 양 사이에서 균형가격이 성립된다는 미시경제학 이론은 가격결정 원리에서 가장 기초적인 개념이 되고 있다.

1) 가격민감도

수요를 추정하는 첫 단계는 가격민감도를 결정하는 요인을 이해하는 것이다. 고객이 자주 구매하는 제품일수록 가격민감도가 높다. 기업은 가격을 점진적으로 올리기를 원하며, 가격에 덜 민감한 고객을 선호한다. 그러므로 가격민감도를 낮추는 것이 필요하다. 나젤과 홀덴(Nagel & Holden, 2001)은 가격민감도를 낮추는 요인을 다음과 같이 분석하고 있다.

- 제품이 독특한 경우
- 구매자가 대체품을 잘 모르는 경우
- 구매자가 쉽게 대체품의 품질을 비교할 수 없는 경우
- 지출이 구매자의 총수입에서 차지하는 비중이 낮은 경우
- 지출이 최종 제품의 총비용과 비교해서 작은 경우
- 비용의 일부를 제3자가 충당하는 경우
- 제품이 이미 구매한 자산과 결합하여 사용되는 경우
- 제품의 품질, 명성 또는 한정성이 높다고 판단되는 경우
- 구매자가 제품을 저장할 수 없는 경우

2) 수요곡선의 추정

수요곡선 추정에는 세 가지 방법이 있다. 첫째는 과거 가격, 판매량, 그리고 그들의 관계를 추정할 수 있는 다른 요인을 통계적으로 분석하면서 추정하는 방법이다. 두 번째는 가격실험을 하는 것이다. 비슷한 지역에 서로 다른 가격을 책정하여 매출이 어떻게 영향을 받는지 살펴보거나 온라인으로 가격검증을 할 수 있다. 세 번째는 서로 다르게 제시된 가격조건에 얼마나 많이 구매할 것인지 소비자들에게 설문지로 묻는 방법이다. 이러한 조사에서 경쟁자들의 반응과 같은 외생적 요인을 통제하여야 한다.

3) 수요의 가격탄력성

가격변화에 대해서 수요가 얼마나 민감하게 반응하는지, 즉 탄력적인지 알아야 한다. 가격을 약간 올렸을 때 수요가 거의 변하지 않으면

비탄력적(nonelastic)이라고 한다. 상당히 변하면 탄력적(elastic)이다. 수요가 탄력적이라면 기업은 총수익을 증가시키기 위해 가격을 낮추는 것을 고려한다.

다음과 같을 때 수요는 비탄력적이다.

- 대체재나 경쟁자가 거의 없을 때
- 구매자가 높은 가격을 쉽게 알지 못할 때
- 구매자가 구매 습관을 바꿔 낮은 가격을 탐색하는 것이 늦을 때
- 구매자가 높은 가격이 그만한 이유가 있다고 생각할 때

3. 원가추정

제품의 가치를 결정하는 수요는 가격의 상한선이 어디인가 가르쳐 주고, 원가는 하한선을 결정한다. 기업은 생산, 유통, 판매에 드는 비용을 계산하고 노력과 위험부담에 대한 대가를 포함하여 원가를 책정할 수 있다.

1) 비용의 유형

기업의 비용은 고정비와 변동비의 형태를 가진다. 고정비(fixed costs)는 생산량이나 판매 수입에 따라 변하지 않는 비용이다. 임대료, 광열비, 이자, 급여, 기타 산출과 무관하게 지출해야 하는 비용이 있다. 변동비(variable costs)는 생산 수량에 따라 변한다. 일정한 생산수준에서 고정비와 변동비를 합쳐서 총비용(total cost)을 계산하고 이 총비용의 수준을 낮추려고 노력한다. 생산량이 증가하면 규모의 경제가 성립

되어 총비용은 증가하지만 단위당 평균비용이 감소한다.

2) 누적생산

누적생산을 하게 되면 평균비용이 감소하게 된다. 이를 경험곡선 (experience curve) 또는 학습곡선(learning curve)이라고 한다.

경쟁우위 원천에 따른 가격전략은 규모의 경제, 범위의 경제와 관련되어 있다. 규모의 경제는 단위당 판매를 많이 하면 단위비용이 줄어든다는 논리이며, 범위의 경제는 기업의 제품 포트폴리오를 넓히는 것을 말한다.

많은 기업이 다수 제품들을 가지고 있는데 여러 제품이 공동의 비용조합(a common set of costs)을 가지는 것을 극대화할 수 있을 때 범위의 경제가 나타난다. 생산되는 제품의 종류가 증가하면서 공유비용이 많아질 때 제품의 단위당 생산이나 판매 코스트가 낮아지는 현상이다. 이는 제품의 다각화를 꾀하는 경제적 근거가 된다. 공동 투입을 함으로써 얼마만큼 다양한 제품을 생산하여 비용을 낮추느냐에 달려 있다.

경험효과는 지식이나 경험이 축적되면 단위비용이 감소되는 것을 말한다. 이는 노동 효율 향상, 작업 전문화 및 작업방법 개선, 새로운 생산공정, 설비생산성 증대, 경영자원믹스 변경, 제품 표준화와 규격화, 제품 재설계 등 요인에 의해서 발생된다.

세계적으로 유통망을 형성한 기업들은 유통분야에서 공급망관리를 잘해 재고와 수송비용 등을 절감해 경쟁력을 확보할 수 있다. 이러한 규모의 경제와 범위의 경제 실현 여부에 따라 가격결정 여부가 달라질 수 있다.

4. 경쟁자의 원가, 가격 및 제공물의 분석

가격결정전략에서 잘 알려진 나젤과 홀덴(Nagle & Holden, 1995)은 역사적으로 가장 일반적인 가격결정 절차인 원가가산 가격결정에 대해 다음과 같이 주장한다. 마케팅이 근본적으로 소비자와 경쟁자를 중심으로 이루어지는 것을 무시하고 있다고 하면서 원가뿐만 아니라 고객과 경쟁을 고려하여 가격결정전략을 펼쳐야 한다고 주장하고 있다

경쟁기업은 시장에 진입할 때 가격결정을 변화시키기 때문에 이에 대비하여야 한다. 선발기업은 초기에 높은 가격을 설정하지만, 후발기업이 경쟁에 뛰어들기 전 미리 가격을 낮추어 침투를 방해하는 전략을 사용한다.

5. 가격결정 방법의 선택

생존부등식은 천장가격과 바닥가격이 어떻게 나타나는가 추론한다. 가격결정은 3C (Customer, Cost, Competition)를 고려하여 결정한다. 즉, 수요, 원가, 경쟁 요인이 가격결정에 가장 중요한 요인이 된다. 가격의 상한선과 하한선을 정하고 그 사이에서 가격결정을 해야 한다. 하한선 가격은 원가를 따져서 원가보다 높게 결정한다. 일반적으로 원가보다 높게 나타나는 경쟁자 가격과 대체재 가격은 가격목표점이 어디로 가야하는지 가르쳐주는 지침이 되기도 한다. 그 뒤 자사제품가치에 대한 고객의 평가가 어느 정도인지 알면 상한선 가격을 알 수 있다. 가격목표점은 가격 하한선과 가격 상한선 사이에서

경쟁자와 대체재가격과 자사제품에 대한 고객평가를 저울질하면서 결정된다. 이러한 가격을 정하는 데는 다음과 같은 여러 가지 방법이 있다.

1) 원가가산 가격결정

원가가산 가격결정(cost plus pricing)은 제품의 생산원가에 부대비용과 기업이 원하는 마진을 더하여 가격을 결정하는 전략이다. 이는 가격 결정의 기본이기도 하지만 시장환경 또는 경쟁상황이 급격하게 변하는 상황에는 적합하지 않다. 경쟁자와 대체재가격이 변하여 이에 따라 소비자의 평가가 움직이기 때문이다.

———————————— [그림 10-6] 가격결정의 상한선과 하한선 ————————————

수요가 없는 고가격

상한선 가격
자사제품 가치에 대한 소비자 평가
가격 목표점
경쟁자와 대체재 가격의 원가 하한선 가격

이익이 없는 저가격

2) 목표수익율법

기업은 투자수익률을 설정하고 이를 달성하는 가격을 결정할 수 있다. 이는 투자한 액수에서 몇 퍼센트를 얻겠다는 사고여서 경쟁과 수요의 상태에 따라 달성되기 어려운 경우가 많다. 그러나 방향을 제시할 수는 있다.

3) 고객의 지각된 가치에 의한 가격결정

기업은 촉진 활동을 통하여 구매자 마음에 자사제품에 대한 지각된 가치를 높이면 높일수록 가격의 상한선이 높아진다. 차별화를 통해 경쟁자보다 더 높은 가치를 전달하고 있다는 것을 보여주는 경우이다. 이는 제품 가치에 대한 고객평가를 기초로 가격결정을 하는 방법에 해당한다. 이를 위해서 비슷한 제품의 가치 평가, 여러 가지 조사방법(초점집단, 설문조사, 실험, 과거자료 분석, 콘조인트 분석)을 동원하여 자사제품에 대한 가치를 평가하고 가격을 결정한다.

4) 가치 가격결정

가치 가격결정(value pricing)은 품질이 높은 제품에 상당히 낮은 가격을 결정하는 방법이다. 블루오션을 개발한 사우스웨스트항공의 가격결정 방식이 여기에 해당된다. 또한 이케아(IKEA), 월마트(Wal-mart), 이마트 등도 가치 가격결정을 수행한다. 이들 기업은 품질수준을 떨어뜨리지 않으면서 저원가를 달성하기 위한 경영혁신을 단행한다. 이케아와 월마트에 대해서 간단히 알아보자.

이케아는 가구를 소비자가 조립하여 가격을 낮추고, 스스로 만든 제품이어서 가치를 상승시키는 이케아효과(IKEA effect)를 창출하는 것으로 유명하다. 우리나라에는 2014년 12월 이케아 광명점이 오픈하였는데, 축구장 여덟 배에 달하는 역대 최대 규모 부지에 들어섰다. 대한민국 가정집을 분석하여 '스웨덴다움'을 유지하면서 품질을 높이고 가격을 낮추는 가치 가격결정을 지향하고 있다.

월마트는 상시저가를 의미하는 EDLP, EDLC(Every Day Low Price & Everyday Low Cost)로 표명한 가격정책을 일관성 있게 추진해왔다. 이를 실현시키기 위해서 도시 외곽에 물류센터를 먼저 세우고 인근에 매장을 개점하여 물류비용을 절감시켰다. 할인기간에 제한을 두지 않고 전제품을 저가로 판매하고, 한 고객이 구매할 수 있는 수량에 제한을 두지 않는다. 상품 개당 이익은 적었으나, 고객이 구입하는 총량이 많아 이윤이 실현되었다. 이러한 가격정책을 실현하기 위해서 상품의 고회전을 실현할 수 있어야 하는데 이를 위해서 인공위성을 이용한 고도의 정보화를 이용했다. 그리고 공급망관리 능력을 높여 구매관리를 철저히 하여 물량확보와 대량 구매능력, 공급자를 상대로 구매파워가 높아져 소비자에게 낮은 가격으로 상품을 제공할 수 있었다.

5) 경쟁자모방 가격결정

가격의 하한선 위에 경쟁자와 대체재의 가격을 참조한다. 이는 원가를 측정하기 어려울 때와 경쟁자의 반응을 측정하기가 어려울 때, 경쟁자의 가격을 기초로 경쟁자와 동일하게 하거나, 높게 혹은 낮게 책정한다. 경쟁자가 많은 산업에서는 동일한 가격을, 후발기업은 선도기업을 따라하는 경우가 많다.

6. 최종 가격결정

최종 가격결정 단계에서는 경쟁과 관련된 요인을 고려한다. 경쟁자의 품질과 광고 수준을 고려한다. 그리고 회사의 가격정책을 고려한다. 기타 이해관계자들이 가격에 어떠한 영향을 미치는지 종합적으로 보면서 최종 가격을 결정한다.

4절. 가격조정과 가격변화

 1. 가격조정

가격조정을 위해서 기업은 지리적 가격결정, 할인 및 공제, 촉진 가격결정, 차별화 가격결정 그리고 제품믹스 가격결정 등을 이용한다.

1) 지리적 가격결정

다국적기업의 기업 활동은 다른 국가와 지역에서 수행되기 때문에 운송비 등 원가를 높이는 요인이 다르게 작용하는 가운데 가격결정을 수행해야 한다. 후발기업인지 선발기업인지에 따라 그 지역에 침투전략을 사용해야 하는지, 스키밍전략을 유지해야 하는지 결정한다.

2) 가격할인과 공제

대량구매자나 비성수기에 제품을 구매하는 소비자를 유인하기 위해 가격을 조정하여 할인가격을 제시할 수 있다. 일반적으로 대량으로 구매하는 소비자에게 수량할인(quantity discount)을 해주고, 기존제품을 신형제품과 교환할 때 기존가격을 신제품 가격에서 공제(allowances)해줄 수도 있다.

3) 촉진 가격결정

기업은 제품의 시장확산을 빠르게 하기 위해서 다양한 촉진가격을 시행하고 있다. 잘 알려진 브랜드의 가격을 인하하여 그 제품을 판매하고 주변의 다른 브랜드의 매출을 올리려고 하는 미끼 가격결정(loss-leader pricing)이나, 설날이나 크리스마스 등 특별행사 가격결정(special event pricing)이 이루어지는 경우이다.

컴퓨터를 구매할 때 현금환불(cash rebates)을 해준다거나, 자동차를 구매할 때 장기 할부조건(longer payment terms)을 제시하는 것도 촉진 가격결정에 해당한다. 현대자동차가 미국에서 10년 동안 엔진과 자동변속기의 보증과 서비스를 약속하는 것과 같이 보증 및 서비스계약(warranties and service contracts)은 판매액을 높이는 데 기여했다. 소비자의 심리를 이용해 20만 원짜리 제품을 19만 9천원으로 책정함으로써 20만 원이 아닌 10만 원 대 가격을 강조하는 심리적 가격결정(psychological pricing)을 사용할 수 있다.

4) 차별적 가격결정

가격차별화(price discrimination)는 둘 이상의 가격으로 제품과 서비스를 판매하는 것으로 매우 중요한 전략에 해당한다. 이는 고객군, 제품의 형태, 이미지, 유통경로, 위치, 시간대 등에 차이를 두어 가격을 다르게 결정하는 것을 말한다.

5) 제품믹스 가격결정

기업은 전체 제품믹스를 고려하여 이익 최대화를 원하기 때문에 제품믹스를 다르게 하면 가격을 다르게 책정하게 된다.

자동차를 구입할 때, 자동차 기업들이 선택사양 가격결정(optional-feature pricing)을 하고 있다는 것을 이해해야 한다. 프린트기를 구입할 때 프린트기는 비싸지 않는데, 전용 부속품은 비싸게 책정되어 있다. 이를 전용 부속품 가격결정(captive-product pricing)이라고 한다. 선택사양, 서비스 등을 묶어서 하나의 가격으로 설정하는 것을 제품묶음 가격설정(product bundling pricing)이라 한다. 컴퓨터 본체, 모니터 소프트웨어, 주변 단말기, 부속품, 프린트기, 서비스 등 컴퓨터 관련 기종을 하나로 묶어서 파는 경우이다. 기업은 최적의 제품묶음을 선택하여 묶음가격을 저렴하게 제시함으로써 경쟁우위를 누릴 수 있다.

2. 가격변화

가격결정을 한 후, 기업은 고객의 인식을 주의 깊게 관찰하면서 가격인하나 가격인상을 주도하거나 경쟁자에 대응하면서 가격변화를 고려한다.

1) 가격인하의 주도

이익이 증가할 때 저원가를 기반으로 시장을 주도할 목적으로 전략적으로 가격인하를 수행하는 경우가 있다. 삼성전자는 반도체산업의 이익증가에 힘입어 전자제품의 가격을 인하시킨 적이 있고, LG 등 경쟁자들도 빠르게 가격인하를 단행한 적이 있다.

이러한 가격인하는 출혈적인 가격경쟁을 유발하여 일정기간 판매액은 오를 수 있을지 모르나 기업의 전체적 이윤이 줄어드는 위험이 있다.

2) 가격인상의 주도

원자재가격이 인상되고, 물가상승이 예상되면 가격인상이 나타난다. 자동차와 같은 고가 제품의 경우 엔진이나 오토미션 등에 상당한 알앤디 비용이 투자되면 가격을 올리는 경우가 많다. 이때 가격 상승 폭이 클 경우 소비자의 심리적 저항을 받을 위험이 있다. 이 경우 이전에 결합되어 나가던 일부를 빼고 시장에 나가는 언번들링(unbundling)을 수행할 수 있다.

3) 경쟁자 가격변화에 대한 대응

경쟁자의 가격변화를 예상하고 상황적 대응을 준비해야 한다. 여기서 제품이 동질적인가 이질적인가에 따라 대응 전략이 달라질 수 있다. 저가격으로 시장에 침투하는 후발기업의 도전을 받는 시장선도자의 대응 전략으로는 가격유지, 가격유지 및 가치 부가, 가격인하, 가격인상 및 품질 향상, 저가격 대응라인 출시 등이 나타날 수 있다.

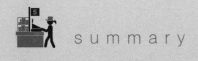

summary

기업에서 가격결정은 가장 어렵고 중요한 마케팅믹스 결정 중 하나이다. 원가와 가치 관계에서 가격을 이해하기 위해 제기한 생존부등식은 가격을 중심으로 하여 경영을 이해하는 좋은 틀을 제공하고 있다. 기업은 제품의 원가보다 높은 가격을 책정하는데, 원가를 줄일수록 생산자의 이득은 증가하므로 생산성 향상을 위해 노력하게 된다.

의식주에 해당하는 거의 모든 제품의 구매결정에 가격은 소비자들에게 가장 직접적으로 작용하는 변수이다. 그러므로 기업은 소비자가 제품에 지불하는 가격보다 구매하는 제품의 가치가 높다고 지각할 수 있도록 창조성을 발휘하여야 한다. 기업은 원가를 낮추면서 원가우위를 달성할 수 있고, 가치를 높이면서 차별화를 달성할 수 있다. 원가우위와 차별화를 동시에 모색하면 블루오션을 창출할 수 있다.

본 장에서는 3C $^{(Cost, Customer, Competition)}$의 관계를 강조하였다. 본 장에서는 경쟁력 있는 기업의 가치 가격결정에 대해서 강조하였다.

가격이 경쟁 전략에 따라 변할 수 있을 뿐만 아니라 촉진과 같은 다른 마케팅믹스 변수를 어떻게 수행하는가에 따라 가격은 변한다는 것을 이해하고 마케팅믹스 전체를 바라볼 필요가 있다.

■ 참고문헌

김위찬·르네 마보안 지음, 강혜구 옮김 (2005), 《블루오션전략》, 교보문고.

윤석철 (1991), 《프린시피아 매네지멘타》, 경문사.

차경천 (2014), 〈가격연구에 관한 종합적 고찰: 최근 15년(2000~2014)의 국내연구를 중심으로〉, 마케팅연구, Vol 29, No.06, p23-44.

Kotler, Philip and Levin Keller (2012), 《Marketing Management》, 14th edition, Prentice-Hall.

Mochon, Daniel, Michael I. Norton, and Dan Ariely (2012). 〈Bolstering and Restoring Feelings of Competence via the IKEA Effect〉, International Journal of Research in Marketing 29, no. 4, p363~369.

Nagle Thomas T. and Reed K. Holden (2001), 《The Strategy and Tactics of Pricing》, 3rd edition, Prentice Hall.

Perreault, Jr., William D., Joseph P. Cannon, and E. Jerome McCarthy (2014), 《Basic Marketing: A Marketing Strategy Planning Approach》, McGraw-Hill International Edition.

memo

11

Marketing

유통
관리

Marketing

유통은 제품이 생산자로부터 최종 소비자에게 사회적으로 전달되는 경로를 말한다. 이 경로에 중간상인이 중요한 역할을 한다. 조선후기에 중간상인이 어떠한 역할을 했는지 살펴보자. 조선후기에는 중간상인의 역할을 하는 객주(客主)가 존재했다. 객주는 금융, 유통, 창고보관 및 물류를 담당하면서 유통경제를 활성화시키고 외국 문물과의 접촉이 있던 조선후기 새로운 문화를 형성하는 역할을 하기도 했다.

시장에서 처음 만난 판매자나 구매자 사이에 거래량이 많아 직거래가 불안할 때, 객주는 위탁판매를 맡아 이러한 쌍방 간의 불확실성을 해소시키는 역할을 한다. 객주와 고객 사이에 신용이 전제되어 있어 가능한 일이었다. 객주는 거처할 곳을 제공하고 물건을 보관해주고,

매매를 성립시키는 일 등을 해준다. 창고 보관과 물품 운송 등 부수적인 업무도 했다.

취급하는 물건에 따라 객주를 분류할 때, 청과객주, 수산물객주, 곡물객주, 약재객주, 직물객주, 지물객주(紙物客主), 피물객주(皮物客主)로 분류한다. 하는 일에 따라 분류하면, 보행자에 대한 숙박만 본업으로 하는 보행객주(步行客主), 대출업무를 주업무로 하는 환전객주(換錢客主), 솥, 고무래, 절구 등 가정부인들이 필요로 하는 가정일용품을 다룬 무시객주(無時客主), 보부상을 상대로 하는 보상객주(褓商客主)가 있었다. 경주인(京主人)은 지방의 관리를 위해 중앙과 지방의 연락과 숙박을 제공하는 여각주인이었다. 여각은 많은 자본을 가진 객주로서 동대문에서 종로4가에 이르는 동창여각은 오늘날 동대문시장의 옛 이름이기도 했다.

김주영 작가는 그의 대하소설《객주》에서 조선후기 객주의 주인공

[그림 11-1] 조선후기 보부상

자료: 한국민족문화대백과사전

인 보부상의 파란만장한 삶을 그려냈고, 2015년 후반부터 2016년 초반까지 KBS 수목드라마로 일반인에게 알려졌다.

보부상은 보자기 보(褓)자와 짊어질 부(負)자가 합쳐진 단어이다. 짊어져야 하기 때문에 신체가 건강하고, 지름길을 많이 알고, 기억력이 좋아 셈이 밝으며, 어떤 물건이 수요가 많은지 정보수집이 능한 사람들이었다. 보부상 집단은 그 내부에 엄격한 상도덕과 규율을 지니면서 집단력을 지녔고, 정치와 연결하여 강력한 조직으로 성장하였다. 1866년 프랑스함대가 조선을 침략했을 때, 보부상은 대원군의 명에 따라 상병단을 조직하여 강화도에 군량을 운반하여 프랑스함대를 물리치는 데 기여하고, 17년 뒤인 1883년 고종 20년에는 보부청이 만들어져 보부상에 대한 관리와 보호를 하게 되었다.

우리는 오늘날 소상공인과 전통시장의 모습에서 객주와 보부상의 모습을 발견한다. 거대한 자본의 힘을 가진 유통기관들이 지역 상권을 잠식하는 과정에서 지역주민에게 파고드는 전문화와 차별화, 그리고 인간적인 모습으로 다가가는 그들의 모습을 볼 수 있다. 중소기업청과 소상공인시장진흥공단은 소상공인들과 전통시장을 육성하는 정책을 펴고 있다. '2015 희망리턴패키지사업'과 전통시장 상인조직 역량강화를 위한 노력에서 그것을 볼 수 있다.

희망리턴패키지사업은 소상공인들이 유망업종 또는 임금근로자로 전환하거나, 폐업한 소상공인의 안정적인 폐업과 취업을 지원하기 위한 프로그램으로 고용노동부와 협력하여 전개한다. 어려움에 처한 소상공인이 재기할 수 있도록 돕는 정부와 관련기관, 재기와 창업에 관련된 기관의 협력 모형이다.

1절. 유통경로 관리

　　　　　　　　　유통은 파이프라인(pipeline)에 비유된다. 원유를 생산지에서 수요지로 이동시키려면 파이프라인이 있어야 하는 것처럼, 제품을 생산자에서 소비자로 이동시키려면 유통경로(channel of distribution)가 필요하다.

　유통경로는 산업재와 소비재에 따라 다르게 나타난다. 전자는 [그림 11-2], 후자는 [그림 11-3]와 같은 경로 유형들이 존재한다.

　산업재 유통경로는 제조업자 총판이나 영업점, 그리고 산업재 유통업자가 제조업자와 고객 사이에 관계한다. 소비재의 유통경로는 도매상과 소매상이 제조업자와 소비자 사이에서 관계한다.

　유통경로에서 어떠한 경로를 택하는 것이 좋은가는 유통경로에 관련한 고객특성, 제품특성, 중간상인특성에 따라 달라질 수 있다. 고객특성(수, 분포, 소득, 습관, 반응 등)은 지역에 따라 다르며, 국가에 따라 다르다. 제품특성(표준화 정도, 부피, 서비스요구)에 따라 다를 수도 있는데, 컴퓨터와 같은 하이테크 제품은 잘 통제되고 훈련된 판매원이 필요하고, 철강이나 시멘트와 같이 부피와 무게가 나가는 산업재의 경우에는 운송과 보관 여부가 유통에 영향을 미친다. 좋은 중간상인들의 존재 여

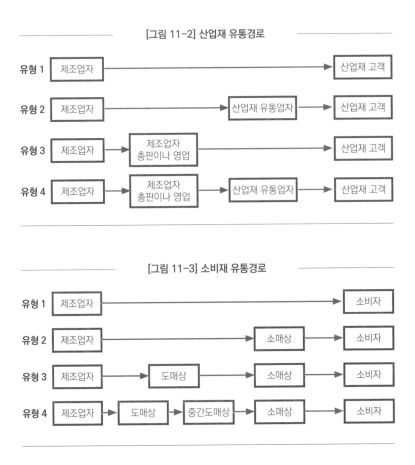

[그림 11-2] 산업재 유통경로

유형 1 | 제조업자 → 산업재 고객

유형 2 | 제조업자 → 산업재 유통업자 → 산업재 고객

유형 3 | 제조업자 → 제조업자 총판이나 영업 → 산업재 고객

유형 4 | 제조업자 → 제조업자 총판이나 영업 → 산업재 유통업자 → 산업재 고객

[그림 11-3] 소비재 유통경로

유형 1 | 제조업자 → 소비자

유형 2 | 제조업자 → 소매상 → 소비자

유형 3 | 제조업자 → 도매상 → 소매상 → 소비자

유형 4 | 제조업자 → 도매상 → 중간도매상 → 소매상 → 소비자

부에 따라 유통결정이 달라진다.

유통경로 관리를 잘 수행하려면 어떻게 해야 하는가?

우선 능력 있는 중간상인을 선정해야 한다. 중간상인을 선정하는데 그치는 것이 아니라 그들을 세심하게 훈련시키는 프로그램을 개발해야 한다. 맥도날드와 같은 유통기관은 중간상인을 교육시키는 대학을 만들기도 한다. 그리고 경로 구성원들에게 인센티브 등 동기유발 을 지원할 수 있어야 한다. 기업의 제품을 소비하는 궁극적인 고객은 최종 소비자이지만, 직접적인 고객은 중간상인이라는 점에서 이들에 대한 훈련과 동기유발은 성과와 직결된다. 마지막으로 중간상인의 성과를 주기적으로 평가할 수 있는 시스템도 개발해야 한다. 이는 판매할당 보유여부, 평균재고 수준, 고객배달시간, 파손된 제품처리, 촉진프로그램 등이다.

기업은 유통배열을 재조정할 필요가 있다. 기업이 오프라인에서 온라인으로 유통을 변화시키는 경우와 같다. 유통배열의 재조정은 여러 변화에 의해 나타날 수 있다. 계획한대로 유통경로가 작용하지 않을 때, 소비자 구매패턴에서 변화가 나타날 때, 시장이 팽창할 때, 새로운 경쟁이 나타날 때, 혁신적인 유통기관이 나타날 때 이러한 재조정이 이루어진다.

2절. 유통시스템의 변화

 유통경로는 멈춰 있지 않고 변한다. 전통적인 유통시스템은 대형화되고 시스템화된 모습으로 변화되어 왔다. 이러한 시스템화의 방향은 수직적, 수평적, 다채널의 모습으로 나타났다. 이 유통시스템은 마케팅시스템으로 표현되어 다음 세 가지로 나타나고 있다.

1. 수직적 마케팅시스템

전통적 유통경로에서는 경로에 참여하는 구성원이 공통의 목표를 거의 가지지 않거나 약하게 가지고 있으면서, 서로 느슨하게 연결되어 있다. 그러나 현대에 와서 수직적 유통시스템 또는 수직적 마케팅시스템은 체계적인 모습으로 등장한다.

수직적 마케팅시스템(vertical marketing system: VMS)은 규모의 경제를 달성하고자 본부의 설계에 의해 전문적으로 관리되는 시스템을 가지고 있다. 이는 소유권에 따라 기업형, 관리형, 계약형 세 가지로 나누어진다.

1) 기업형 VMS

기업형시스템(corporate VMS)은 소유권을 하나로 하여 생산과 유통의 연속적 단계를 통합한다. 이 시스템은 통합을 바라는 기업에게 선호된다. 경로구성원에 대한 통제력은 증가하지만, 많은 투자를 해야 하기 때문에 유연성이 약해진다.

2) 관리형 VMS

관리형시스템(administered VMS)은 한 구성원의 규모와 파워를 통해 생산과 유통의 연속적인 단계를 조정한다. 지배적 브랜드의 제조업자들은 재판매업자들로부터 강력한 거래 협력과 지원을 얻어낸다. 진열, 매대공간, 촉진, 가격 정책과 관련하여 협력을 이끌어낸다.

3) 계약형 VMS

계약형시스템(contractual VMS)은 구성원 각자가 수행해야 할 마케팅 기능을 계약에 의해 합의함으로써 공식적 관계를 형성한다. 도매상 후원 자발적 연쇄점(wholesaler-sponsored voluntary chain)은 도매상이 소매상과 협력하여 판매활동을 표준화하고 구매 경제성을 확보하여 집단화함으로써, 대형 연쇄점과 경쟁하고 있다. 소매상협동조합(retailer cooperative)은 소매상들이 주도하여 도매와 일부 생산까지 담당하는 새로운 사업체를 조직한다. 소매상협동조합은 공동구매, 공동광고 등을 수행한다. 프랜차이즈 시스템(franchise system)이 가장 일반적이다.

프랜차이즈 시스템은 가맹점이 본부의 인지도와 경영기법을 전수받아 일정 영역 내에서 독점영업권으로 단기간에 매출을 올릴 수 있다.

직장을 은퇴한 이들에게 재취업으로 권장되기도 한다. 다음 세 가지 유형이 있다.

① 제조업체 후원 소매 프랜차이즈: 이는 제조업체가 프랜차이즈 본부가 되어 소매상을 가맹점으로 참여시키는 형태이다. 의류제조업체와 계약을 맺은 의류대리점, 가전용품 제조업체와 계약을 맺은 가전대리점 등이 있다.

② 제조업체 후원 도매 프랜차이즈: 이는 제조업체가 프랜차이즈 본부가 되어 도매상을 가맹점에 들어오게 하는 형태이다. 코카콜라, 펩시콜라 등이 대표적이다. 제조업체는 음료수 원액을 생산하여 프랜차이즈 계약을 맺은 도매상에게 판매하며 도매업체는 원액에 물을 섞어서 병에 담은 후 완제품을 소매상에게 유통시킨다.

③ 서비스회사 후원 소매 프랜차이즈: 이는 프랜차이즈 산업의 대부분을 차지하고 있는 형태로 1980년대 후반 우리나라에서 급속히 발달해온 패스트푸드체인(fast food chain)이 이에 해당된다.

BBQ치킨, 미스터피자는 대한민국 프랜차이즈 성공신화이다. BBQ에 대해 살펴보도록 하자.

제너시스의 BBQ그룹(www.bbq.co.kr)은 1995년에 오픈하여 4년 만인 1999년 11월 1,000호점을 돌파하면서 대한민국 대표 치킨 브랜드로 자리매김하였다. 이 그룹은 가맹점 QCS(Quality, Cleanness, Service) 표준화를 자랑하고 있다. 또한 현재 전 세계 56개국에 진출해 글로벌 기업을 이끌고 있다. 창사 뒤 성장 속도는 맥도날드가 20년 만에 이

룬 성과를 10년 만에 일궜다고 평가된다. 가맹점 사장들로 구성된 마
케팅위원회를 구성하여 현장의 아이디어를 의사결정에 반영하는 등
훌륭한 성과를 창출하고 있다.

2. 수평적 마케팅시스템

수평적 마케팅시스템(horizontal marketing system)은 같은 경로에 있는
둘 이상의 기업이 새로운 마케팅기회를 이용하기 위해 함께 협력하
는 것을 말한다. 코카콜라와 네슬레(Nestle)는 세계시장에서 캔 커피
와 캔 홍차음료의 판매를 위해 제휴하고 있다. 코카콜라는 세계시장
에서 음료의 판매, 유통에 대한 경험을 제공하고 네슬레는 네스카페
(Nescafe)와 네스티(Nestea)라는 강력한 브랜드를 제공함으로써 회사 결
합에 의한 상승효과를 거두고 있다.

3. 다채널 마케팅시스템

오늘날 유통은 다채널 마케팅시스템(multichannel marketing system)으
로 발전하는 것이 대세이다. 다채널은 채널 번들링(channel bundling) 또
는 복합채널(hybrid channel)이라는 용어로 쓰인다. 가장 활발한 산업은
금융 산업이다. 전통적인 지점 네트워크, 인터넷 뱅킹, ATM, 전화 등
다채널 거래 경로를 제공하고 있다. 이러한 다채널이 가능한 것은 경
로를 통합하고 조정할 수 있는 ICT 기술이 획기적으로 발전하고 있
기 때문이다. 온라인과 오프라인 통합이 주된 방향이다. 온라인으로
진출한 일부 소매점은 소비자가 인터넷에서 구매를 결재하고 오프라
인 점포에서 제품 수령이 가능한 서비스도 제공하고 있다.

4. 유통기관의 갈등과 협력

유통경로에는 여러 구성원이 개입하기 때문에 갈등과 협력이 생긴다. 이 갈등은 수평적인 것과 수직적인 것으로 나누어진다. 수평적 갈등(horizontal conflict)은 유통경로상의 동일한 단계에 있는 중간상들 간의 갈등을 말하고, 수직적 갈등(vertical conflict)은 유통경로상의 서로 다른 단계에 있는 구성원들, 즉, 제조업체들과 대형 유통업체들 간 갈등을 말한다.

대형유통업체가 어떤 기업의 제품을 유통시킬 것인지 일방적으로 결정함에 따라 그들의 영향력이 확대되고 있다. 그들은 제품디자인, 가격, 포장디자인까지 요구하기도 한다. 대형 유통업체들은 자체 PB(private brand) 상품을 늘리고 있다. 제조업체들은 자사제품 판매가 이익 매출을 올려줄 수 있다는 것을 설득할 능력이 필요하다.

3절. 물적유통관리

제품을 생산지에서 사용자가 있는 곳으로 옮기기 위한 모든 활동을 물적유통(physical distribution)이라 한다. 물적유통의 영역은 조달·생산·판매 과정에서 물적 흐름을 관리하는 조달물류·생산물류·판매물류를 포함한다.

- 조달물류는 제조업체로부터 공급 요청을 받은 공급처가 원자재를 포장하여 제조업체의 자재창고까지 수송 및 배송을 하고, 제조업체가 입고된 원자재를 자재창고에 보관 및 재고관리하는 단계를 말한다.
- 생산물류는 자재창고의 출고부터 생산공정으로의 운반, 생산공정의 하역, 그리고 창고로의 입고 과정을 말한다. 운반 및 하역의 자동화와 창고의 자동화가 관리의 초점이 된다.
- 판매물류는 제품이 소비자에게 전달될 때까지의 수송 및 배송활동으로, 제품창고에서 제품의 출고, 배송센터까지의 수송, 배송센터로부터 각 대리점이나 고객에게 배송되는 작업 등이 포함된다.

최근 물류통합이 일어나고 있다. 즉, 기업 내의 물류활동인 조달물류, 생산물류, 판매물류를 연결하여 하나로 통합하는 시스템을 만들고 있다. 더 나아가 납품사, 고객, 물류 관련 제3자와의 전략적 제휴를 통해 물류의 효율성을 실현하는 단계로 발전하고 있다. 물류통합의 실현을 위해 기업은 정보기술을 이용하여 공급망관리(Supply Chain Management: SCM)를 수행하고 있다.

4절. 공급망관리

 1. 공급망관리(SCM)**의 개념과 구성요소**

유통의 문제가 공급망으로 통합되고 있다. 고객에게 제품과 서비스를 제공하는 데 필요한 모든 업무와 과정을 효과적이고 효율적으로 설계·구축·운영하기 위해서 공급망에 관련된 공급자, 생산자, 유통업자, 소매점, 고객과의 관계를 통합적으로 바라보고자 한다.

공급망관리(Supply Chain Management)는 1980년대 후반 미국 섬유산업 분야에서 추진된 'Quick Response System'에서 기원을 찾을 수 있다. QRS는 적절한 패션제품과 서비스를 소비자가 원하는 시간과 장소에 적정한 가격으로 공급하기 위해 의류 제조업체와 패션 소매상들이 공동으로 실시하는 물류정보시스템이다. QRS의 핵심은 공급업자와 고객기업 간의 커뮤니케이션을 활성화시켜 판매시점에 가장 가까운 지점에 수요를 예측하여 소비자의 욕구를 최대한 반영하는 것이다. 조달, 생산, 판매로 연결되는 공급연쇄 전체에 걸쳐서 이 시스템이 채택된다면, 재고량을 줄이고 배송시간을 단축하여 이점을 누릴 수 있다.

[그림 11-4] SCM의 개념

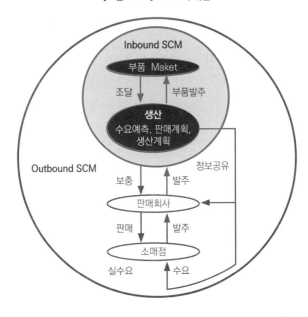

[그림 11-4]를 보면 인바운드 SCM은 제조업체가 제품을 생산하기 위해 부품 및 자재 등을 제공하는 공급자와의 관계를 말한다. 제조업체가 제품을 생산하여 제조분야를 떠나 고객에게 가면서 판매회사, 소매점과 관계하는 과정을 아웃바운드 SCM으로 묘사하고 있다. 결국, 공급망관리는 인바운드와 아웃바운드 전체를 합리적으로 연계시키는 것이다. 어떻게 연계할 것인가?

우선 기업내부에서는 제품을 언제, 어떻게, 누구를 위해 생산해서 배송할 것인지 계획을 짜는 부문이 있다. 이것은 고객과의 관계이다. 이를 위해서 부품을 구매, 조달하는 부문, 그리고 이것을 보충하여 제조하고 창고에 보관하며, 배달하는 부문, 물건을 팔기 위한 판촉 부문이 있다. 기업 외부에서는 원재료만을 공급하는 공급자, 제조기업이 만든 제품을 판매하는 도매상, 양판점, 소매상, 그리고 궁극적으로 제품을 구입하고 소비하는 최종소비자가 있다. 따라서 이러한 기업내부와 모든 외부적 요소를 최적화시키고자 하는 것이 SCM이다.

SCM의 목적은 채찍효과(bullwhip effects)를 제거하는 것이다. 채찍효과는 소를 몰 때 긴 채찍을 사용하면 손잡이 부분에 작은 힘을 가해도 끝부분에 큰 힘이 생기는 것에 붙여진 명칭으로, 황소채찍효과라고도 한다.

[그림 11-4]에서 공급망을 설명하는 하류는 고객정보이며, 상류는 부품 공급자이다. 하류의 고객정보가 상류인 부품공급자로 전달되면서 정보가 왜곡되고 확대되는 현상이 발생한다. 즉, 소비자가 가게에서 특정제품이나 브랜드를 열 개 주문하면 그 주문이 소매상과 도매상을 거쳐 생산자에게 도달했을 땐 주문량이 오십 개 또는 백 개로 증대되는 현상이 나타난다. 이것이 채찍효과이다.

수요의 작은 변동이 생산자에 전달될 때 확대되기 때문에 수요의 변동이 불확실하게 전달된다. 정보가 왜곡되면 수요자와 공급자의 반응 형태에 따라 기업의 프로세스가 영향을 받아 낭비가 발생한다. 재고가 쌓이고, 생산계획에 차질이 생기고, 필요 이상의 수송 기간이 소요되고, 고객서비스 수준도 낮아지게 된다.

이러한 채찍효과를 극복하는 방향이 공급망관리의 핵심이 된다. 크게 다음 네 가지로 요약할 수 있다.

첫째, 전체 길이를 단축시킨다. 재고를 줄이면서 공급망의 전체 길이를 짧게 만들어야 한다.

둘째, 공급망을 투명하게 만든다. 정보의 공유와 투명성 확보로 효율적인 관리를 수행한다.

셋째, 공급망 전체를 하나의 시스템으로 보고 체계적으로 관리한다. 각 단위들은 밀접하게 연결되어 있기 때문에 공급망의 한 부분에 어떤 의사결정을 내리면 그 결과로 인해 공급망의 다른 부분도 많은 영향을 받게 된다.

넷째, 정보시스템으로 모형화한다. 이는 대부분 SCM의 성능과 질을 좌우하는 결정적인 요소가 되고 있다.

2. 포스코(POSCO)의 SCM 사례

대한민국에서 공급망관리를 가장 잘 실현시킨 기업은 포스코이다. 이 사례는 스탠포드경영대학원 사례연구집에 있을 정도이다. 원료 조달에서부터 생산과 판매에 이르는 공급망 전 과정을 운송업체들과 제휴를 맺고 어떻게 효율적인 시스템을 만들었는지 살펴보자.

포스코(www.posco.com)는 1968년 (주)포항종합제철로 설립된 국내 유일의 고로(용광로)업체이다. 1973년에 첫 생산이 시작되어, 용광로 공급을 대체한 파이넥스공법과 공급망관리로 공급과 유통을 잘 통합한 기업으로 유명하다. 포스코는 중국철강업계가 가격과 기술 경쟁력을 가지고 도전하는 상황에서 새로운 도전을 요구받아, 2014년 'POSCO The Great'를 새로운 비전으로 삼고 철강 본원 경쟁력을 강화하면서 선택과 집중을 통한 미래성장 동력을 찾으려고 노력했다. '소리 없이 세상을 움직입니다'라는 광고가 이슈화되었으며, B2B 기업 브랜딩 우수 사례로 많이 언급이 되고 있다.

주원료는 철광석과 연료탄(coking coal)인데, 철광석은 호주, 브라질, 인도와 남아프리카공화국에서 수입하고, 연료탄은 호주, 캐나다, 중국에서 수입한다.

이 원료들은 포항과 광양제철소에서 공정을 거친다. 이 과정은 제선(고로에서 쇳물을 생산하는 기초공정), 제강(쇳물에서 불순물을 제거해 강철로 만드는 과정), 연주(액체 상태의 철이 고체가 되는 공정), 압연(철을 강판이나 선재로 만드는 과정) 공정으로 이루어진다. 그리고 열연코일, 냉연코일, 도금까지 거친다. 그 결과 열간압연, 냉간압연, 후판, 선재, 스테인레스 스틸 등 다양한 제품이 생산된다.

그리고 생산된 제품을 배송하기 위해 트럭, 선박, 철도를 이용한다. 트럭운송은 코일운송전용차량을 이용해 제철소에서 고객사에 운송되거나 운송사의 물류창고를 거쳐 고객사로 전달된다. 선박을 이용한 연안운송은 울산, 마산, 인천, 평택, 군산 등을 유통기지로 사용한다. 철도운송은 의왕과 오봉에 유통기지를 두고 있다.

포스코의 공급망관리는 SRM과 CRM 두 축으로 운영되고 있다. 공급사관계관리(SRM, Suppliers Relationship Management)는 공급사 성과분석, 우수 공급사와 협업체제 구축, 의사결정 지원을 위한 구매정보의 공유 등을 체계적으로 수행하기 위해 만들어졌다. 고객관계관리(CRM, Customers Relationship Management)는 고객사의 요구사항을 체계적으로 조사해 그들의 특성에 맞는 서비스를 강화하고, 만족도를 향상시키기 위해 만들어졌다. 고객사의 구매 요청 수량을 알아 매월 판매생산계획에 반영해 최적의 판매계획을 세울 수 있고, 고객사는 포스코의 판매와 생산계획을 미리 알 수 있어 재고를 줄일 수 있게 되었다.

이와 같이 포스코 공급망관리는 원료구매부터 생산, 판매에 이르기까지 전 과정으로 이루어진 가치사슬을 효율화해 고객에게 최상의 서비스를 제공하고자 한다.

포스코는 전체 업무를 온라인화하였다. 공급사와 고객사의 관계는 인터넷을 통한 B2B 전자상거래 시스템을 도입하여 투명하고 공정한 거래환경을 구축하였다. 고객정보통합 데이터베이스를 구축해 소재와 제품생산 등에 관한 정보, 서비스 만족도 추이를 나타내는 정보, 고객접촉 이력 정보 등의 상세 정보를 제공하고 있다.

이런 노력의 결과 우수 공급사 중심으로 공급망을 체계화하여 구매계획의 정확도를 높였고, 긴급구매 비율은 낮춰 공급사의 예측경영이 가능하도록 지원했다. 또한 고객사가 요청하는 납기를 맞추는 제품납기 준수율을 향상시켰다.

5절. 유통기관

 ## 1. 도매상

농산물 도매시장을 살펴보려면 농수산물 공판장으로 가면 된다. 우리나라의 중심 농수산물 공영도매시장은 서울 송파구 가락동에 있는 농수산물 공판장이다. 도매시장에는 도매업자들이 모여 판매를 한다. 여기서 도매업(wholesaling)은 재판매 또는 사업을 목적으로 구입하는 고객에게 제품이나 서비스를 판매하고 이와 관련된 활동을 수행하는 것을 말하며, 도매상은 그러한 활동을 하는 상인을 말한다. 왜 제조업자는 소매상이나 최종 소비자에게 직접 판매하지 않고 도매상을 통해 판매하는가? 코틀러와 켈러(Kotler & Keller, 2014)는 다음의 이유를 들고 있다.

- 도매상은 제조업자가 낮은 비용으로 많은 소규모 사업자 고객에 도달하도록 도와준다.
- 도매상은 품목을 선정하고 고객이 필요로 하는 구색을 갖추어 고객의 일을 덜어준다.
- 도매상은 대량으로 구매 후 작은 단위로 분할하여 고객의 비용을

줄여준다.

- 도매상은 재고를 보유하여 공급업자와 고객의 재고 비용 및 위험 부담을 줄여준다.
- 도매상은 구매자와 가까이 있어 더 빨리 배송할 수 있다.
- 도매상은 신용거래를 통해 고객에게 자금을 융통해주고, 공급업자에게도 조기 발주와 정시 대금지급을 통해 자금을 융통해준다.
- 도매상들은 소유권을 인수하고 도난, 손상, 부패 및 진부화 비용을 부담하여 위험의 일부를 흡수한다.
- 도매상은 공급업자와 고객에게 경쟁자 활동, 신제품, 가격동향 등의 정보를 제공한다.
- 도매상은 소매상의 직원 훈련, 점포 배치 및 진열 계획, 회계 및 재고통제 시스템 설치를 돕는다.

도매상에는 다양한 유형이 존재한다. 이들 유형을 살펴보자.

1) 제조업자 도매상

제조업자가 직접 소유·운영하는 판매지점이나 사무소를 말한다. 제조업자는 재고를 통제하거나 원활한 판매 및 촉진관리를 위해 자사 소유의 판매지점이나 사무소를 설치할 수 있다.

2) 상인 도매상

취급하는 제품의 소유권을 가지는 독립된 사업체로서 가장 전형적인 형태의 도매상이다. 유통업자(distributor)라고도 한다. 상인 도매상은 다양한 유형을 갖지만 거래고객에게 제공하는 서비스 정도에 따라 완전서비스 도매상과 한정서비스 도매상으로 구별된다.

① 완전서비스 도매상: 유통경로에서 나타나는 물적 소유, 촉진, 협상, 위험부담, 주문, 지불 등 유통활동 전체를 수행하면서 소매상 고객을 위해 재고유지, 판매원 지원, 신용제공, 배달, 경영지도와 같은 종합적 서비스를 제공한다.

② 한정서비스 도매상: 유통경로에서 수행되는 도매상 기능 중 일부만을 전문적으로 수행한다. 현금 배달 도매상, 트럭 도매상, 직송 도매상, 진열 도매상, 생산자 협동조합, 우편 주문 도매상 등이 존재한다.

③ 대리점과 중개인: 거래되는 제품에 대한 소유권을 보유하지 않으며 단지 거래를 촉진시키는 역할만 수행한다. 거래 성사의 대가로 판매가격의 일정비율을 수수료로 받는다.

대리점(agents)은 구매자나 판매자 한쪽을 대표하여, 이들과 장기적 관계를 갖는다. 중개인(broker)은 구매자와 판매자 간의 거래를 중개한다. 재고를 유지하지도 금융에 관여하지도 않으며 구매자와 판매자 사이의 거래를 촉진시키는 역할만 수행한다. 중개인은 고용한 측으로부터 일정액의 보수를 받는다. 흔히 볼 수 있는 중개인으로는 부동산중개인, 보험대리인 등이 있다.

2. 소매상

소매업(retailing)은 제품이나 서비스를 개인적이거나 비영리적인 목적으로 사용하려는 소비자에게 직접 판매하는 활동을 말하며, 이러한 활동을 수행하는 주체를 소매상(retailer)이라고 한다.

소매업의 출현과 성장을 설명하는 이론에는 '소매수명주기(retail life cycle) 가설'이 잘 알려져 있다. 이는 사람의 일생처럼 소매업을 도입기, 성장기, 성숙기, 쇠퇴기로 설명하는 것이다. 백화점은 도입기에서 성숙기까지 100년이 걸리지만, 최근 등장한 창고형 점포(warehouse store)는 성숙기까지 10년 밖에 걸리지 않는 것을 보면 새로 출현한 소매업의 수명주기가 짧아지고 있음을 알 수 있다.

이러한 소매업의 성장과 쇠퇴를 비용과 마진과의 관계에서 설명하는 이론으로 홀란더(Hollander, 1960)가 제기한 'wheel-of-retailing' 가설이 잘 알려져 있다. 즉, 새로운 유형의 소매상은 저마진, 저가격으로 시작하여 비용과 마진 증가로 비대해진 기존의 소매상에 도전한다. 시간이 지나 성공한 새로운 소매상은 시설과 서비스를 높이면서 비용이 다시 증가하게 되고 제품가격 상승으로 이어진다. 높아진 가격 때문에 서비스 질은 상대적으로 떨어지고 낮은 원가와 낮은 가격을 가진 또 다른 새로운 소매상의 공격을 받게 된다.

미국의 대표적인 소매상 월마트(Wal-Mart)가 성장하고, 우리나라의 이마트(E-mart)가 성장하고, 무점포 소매상이 나타나고 성장하는 배경에는 저원가 저가격 정책이 있다. 이마트는 이 정책 기반으로 국내 소비자행동을 이해하고 제대로 반응했다. 그 결과 월마트는 대한민국에서 철수했고 이마트는 경쟁력을 가질 수 있었다. 소매상들은 원가우위나 차별화의 방향 속에서 지속적인 경영혁신을 통해 성장을 하고 있다.

소매업에는 어떠한 종류가 있는지 살펴보자.

소매업은 점포가 있느냐 없느냐에 따라 점포 소매업과 무점포 소매업으로 나눌 수 있다. 인터넷 시대가 되면서 인터넷이나 홈쇼핑에서 상거래가 이루어지는 무점포 소매상이 증가하고 소비자 반응에서도 변화가 나타났다.

1) 점포 소매상
점포 소매상은 백화점, 할인점, 편의점, 슈퍼마켓, 전문점 등이다.

① 백화점(Department Store): 지역 인구가 어느 정도 되면 유통 발전을 위해 필히 들어서는 소매상이다. 다양한 제품구색, 편리한 입지, 쾌적한 쇼핑 공간을 제공하면서 문화 공간의 역할을 수행한다. 제품구색은 의류, 가정용품 등 각종 제품을 부문별로 구성하여 직영점과 대리점을 입점시키고 있다. 롯데백화점, 현대백화점, 갤러리아백화점 등이 경쟁하고 있다.

② 할인점(Discount Store): 제품구색의 폭이 넓은 종합할인점(general discount store)과 가전제품과 같은 특정 제품범주만을 취급하는 전문할인점(specially discount store)으로 나누어진다. 종합할인점은 이마트, 홈플러스, 롯데마트 등이 경쟁하고 있다.

③ 슈퍼마켓(Supermarket): 식품과 생활필수품을 중심으로 셀프서비스에 의한 쇼핑을 도입, 판매원을 줄임으로써 소비자에게 저가 제품을 공급하고 있다. 미국에서 1930년대 대공황 시 불황기에 저가를 실현하기 위해 출현한 업태로 아직도 성장기에 있다.

④ 편의점(Convenience Store: CVS): 주택밀집지역과 같은 소비자들의

접근이 용이한 지역에 위치하여 24시간 연중무휴 영업을 하며 재고회전이 빠른 편의용품, 식료품, 문방구 등을 취급하는 업태를 말한다. 장소적 효용과 시간상 편리성이라는 이점을 소비자에게 제공한다. 체인화를 통한 다점포 전략으로 여러 지역에서 같은 점포를 볼 수 있다. 세븐일레븐이 최초로 등장하였고, GS25, CU 등이 경쟁하고 있다.

⑤ 전문점(Specialty Store): 주로 가전, 오디오, 의류, 운동용품, 가구, 서적 등의 한정된 제품계열을 취급한다. 제품구색에서 전문성을 확보하고, 서비스 수준을 높이면서 경쟁력을 높이고 있다.

⑥ 양판점(General Merchandising Store: GMS): 백화점과 할인점의 중간형태로 규모와 제품구성은 백화점을 따르고, 가격관리 방식은 할인점 형태를 따르는 소매업태이다. 다수의 점포망을 가지고 다양한 구색을 갖춘 제품계열을 저렴하게 판매하는 체인업체를 말한다. 가전제품 부문에 하이마트와 전자랜드 등이 있다.

⑦ 하이퍼마켓(Hypermarket): 대형화된 슈퍼마켓에 할인점을 접목시켜 슈퍼마켓에 있는 식품뿐만 아니라 비식품 분야도 슈퍼마켓처럼 판매하는 업체로서 대표적으로 까르푸(Carrefour)가 있다. 우리나라에서 넓은 매장과 편리한 주차시설, 저가의 물품조달 등이 결합되어 성공을 거두다가 이마트 등의 도전을 받고, 소비자의 눈높이를 맞추지 못해 철수하고 말았다.

⑧ 아울렛(Outlets): 상설할인매장이라고 하는데, 제조업자 등이 소유·운영하는 염가매장으로 제조업자의 잉여제품, 단절제품, 기획재고제품을 주로 취급한다.

⑨ 전문할인점(Special Discount Store): '카테고리 킬러(Category Killer)'라고 한다. 카테고리 킬러에서 '카테고리'는 단 하나의 취급제품군에 집중하여 이 제품군에 속하는 모든 제품과 브랜드를 갖추고 있다는 의미이며, '킬러'는 경쟁을 통해 경쟁업체를 없애버린다는 의미를 지니고 있다. 우리나라에도 장난감 할인매장, 주방용품 및 사무용품 전문할인점들이 등장하고 있다.

2) 무점포 소매상(non-store retailing)

컴퓨터와 커뮤니케이션 기술의 발전이 가져다주는 변화 속에서 전화, 인터넷, 우편을 이용하여 주문을 받는 통신판매업의 성장속도가 빠르게 이루어지고 있다. TV 홈쇼핑, 통신판매, 인터넷 홈쇼핑(electronic home shopping), 방문판매, 자동판매기 등 다양한 형태로 전개되고 있다.

3. 고객쇼핑행동

소매상은 어떻게 고객을 사로잡으려 하는가? 차별화된 상품구색을 가지고, 자체브랜드(private brand)나 독점권을 갖는 제조업체 브랜드(national brand)와 같이 경쟁자가 취급하지 않는 상품을 취급하려고 한다. 고객이 쇼핑을 쉽게 할 수 있도록 배치를 바꾼다. 파코 언더힐(Paco Underhill)은 《쇼핑의 과학》에서 고객을 사로잡는 매장의 아홉 가지 성공법칙을 소개하고 있다.

● 고객은 손이 자유로울 때 더 많은 구매 욕구를 느끼므로 고객의

손을 자유롭게 하라.

- 동선에 맞게 배열된 상품만이 고객의 시선을 끈다.
- 고객은 시야 1미터 안의 광고에만 눈길을 준다.
- 고객의 본성에 섣불리 도전하지 말고 고객의 본성에 맞게 매장을 변화시켜라.
- 남성은 마음 편한 쇼핑을 원하므로 남성의 쇼핑 콤플렉스를 해소하는 매장은 반드시 성공한다.
- 여성은 고급스러운 쇼핑을 원하므로 그들의 감성, 넓은 공간, 여성성을 자극하여야 한다.
- 노인층의 신체 조건을 배려해서 실버마케팅을 하라.
- 아이들의 쇼핑은 상품과 노는 것이며, 상품과 즐겁게 노는 아이들을 보면 부모의 구매 욕구가 높아진다.
- 쇼핑은 체험이므로 오감의 퍼포먼스를 제공하는 매장이 인터넷 쇼핑을 이긴다.

6절. 유통정보화

 ## 1. 유통정보화

거대유통업체가 성장하는 배경에는 ICT(information and communication technology)의 도입이 있다. 정보화를 이루는 기술에 대해 살펴보자.

1)소비자 ID카드

유통기업은 소비자 ID카드를 만들어 소비자에게 구매포인트를 제공하면서 구매현황을 파악해내고, CRM을 가능하게 하고 있다. 소비자 ID카드에 쌓이는 정보는 어떤 속성을 가진 소비자가 언제, 어떠한 제품을 구입하는가 분석할 수 있다. 이 ID카드는 고객우대카드(customer loyalty cards)로 발전한다.

2) 바코드, 스캐너, POS시스템

거래되는 제품에 바코드(bar code)가 부착되어 있다. 이 표시에는 제품정보가 특정 형태의 조합으로 기호화되어 있어서 스캐너(scanner)가 이 정보를 정확하고 신속하게 읽을 수 있다.

이 바코드는 판매시점에 자료를 수집·처리하여 경영활동에 이용하는 POS(Point of Sale)시스템을 가능하게 해주었다. 판매원이 스캐너로 제품에 부착되어 있는 바코드를 읽고 통신기능을 갖춘 금전등록기의 키보드에 입력시키면, 제품명, 가격, 수량 등 거래 관련 정보가 입력되어 있는 스토어 콘트롤러라는 컴퓨터로 전송되어 자동으로 정보를 준다. 판매 후에는 판매파일, 재고파일, 구매파일 등을 자동으로 갱신하고 기록한다.

3) 전자식 정보교환시스템

EDI(Electronic Data Interchange)라고도 한다. 기업 간 일상적 거래과정에서 교환되는 거래서류를 양측의 컴퓨터와 통신망을 통해 컴퓨터가 이해할 수 있는 표준화된 형식과 코드체계를 이용하여 직접 전송하고 처리하는 전자식 정보교환 방식을 의미한다. 컴퓨터와 컴퓨터, 터미널과 컴퓨터로 연결된다.

4) RFID

RFID(Radio Frequency Identification)는 전파를 이용해 먼 거리에서 정보를 인식하는 기술이다. 이 기술을 이용하기 위해서는 RFID 태그와, RFID 판독기가 필요하다. 바코드는 빛을 이용해서 판독하지만 RFID는 전파를 이용해 판독하기 때문에 전파가 통하는 먼 거리까지 태그를 읽을 수 있다. 생산과 판매에 이르는 전 과정에 이르는 정보를 초소형 칩에 내장시켜 무선주파수로 추적해 재고관리, 절도방지, 물류 등에 광범위하게 이용할 수 있다. 이는 인공위성이나 이동통신망과 연계하여 유통혁신을 가져오고 있다. 교통카드, 우체국, 페덱스(Fedex)

와 같은 물류기업의 택배 움직임 추적에 쓰여 고객관계를 용이하게 만들고 있다.

2. 이마트 사례

1993년에 설립된 이마트는 대한민국 최초이자 최대 규모의 대형 유통점이다. 신세계백화점이 경쟁과 고인건비로 저성장인 백화점의 대체 소매업을 개발할 필요성을 느끼면서 설립한 소매점이다. 이 시기에 뉴코아백화점의 킴스클럽, 프라이스클럽, 까르푸, 마크로 등이 시장에 진출하였다. 이후 이마트는 산지와 소비자 간 유통단계 축소로 '가격파괴' 바람과 공산품과 신선식품을 반나절에 처리하는 거대한 물류 시스템을 바탕으로 급성장했다. 2015년 9월 3일 기준으로 이마트는 대한민국과 중국에서 총 177개의 매장을 운영하고 있다.

이마트는 'Every Day Low Price'라는 슬로건 아래 효율적 매장 운영(Low Cost Operation)을 통해 저렴한 가격 실현을 통한 경제적인 쇼핑 문화를 창출하였다. 1997년 IMF 이후, 가격에 민감해진 소비자 증가와 함께 이마트는 급속히 성장하였다. 동일 상권에서 이마트보다 싼 제품이 있다면 차액의 두 배를 환불해주는 제도, 1차 식품에 관한 신선도 만족 보장제, 지역단체 재원지원 프로그램 등의 정책이 소비자에게 큰 반향을 일으켰다. 이마트가 국내시장에서 확립한 경쟁력은 세계 1위와 2위의 경쟁력을 가진 월마트, 까르푸를 국내시장에서 철수하게 만드는 결과를 가져왔다. 이마트의 경쟁력은 다음과 같이 분석되고 있다.

첫째, 최대 점포망에서 나오는 강력한 구매력으로 원가 절감이 가능했다. 이마트는 대량으로 구매하고 지속적인 판매가 이루어지기 때문에, 가격결정권이나 제품구색선별 권한에 있어서 제조업체보다 많은 비중을 갖게 되었다.

둘째, 첨단 정보시스템 운영을 통한 유통정보화가 가능해졌다.

셋째, 첨단 물류센터 운영으로 전국 단일 물류망을 구축하였다.

넷째, 고객니즈를 반영하여 적극적으로 PB 상품을 개발하였다.

다섯째, 고객 중심의 매장운영과 일사불란한 조직력 등 경쟁 인프라를 구축하였다.

이러한 이마트의 경쟁력은 소비자행동 변화를 가져다주었다. 소비자들은 싼 가격에 질 좋은 제품을 구입하여 실질소득 증가효과를 보았다. 충동구매에서 벗어나 합리적이고 목표지향적으로 행동하고 제품관련 정보를 비교하면서 구매하는 경향이 강해졌다. 소비자가 고려하는 내용은 가격 대비, 시간 대비, 사용 대비에서 어떠한 혜택이 있는가 가치판단을 중요히 여기는 것이다. 특히 브랜드 충성도 이상으로 점포 충성도(store loyalty)를 중시하는 경향이 생겼다(참고자료: 한국경제신문, 《2015 유통업체연감》, 한국체인스토어협회).

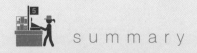

summary

　　　　　　유통경로는 제품을 생산자에서 소비자로 이동시키는 파이프라인(pipeline)에 비유된다. 이 경로가 길면 비용이 발생하고 가격상승으로 이어진다. 이를 효율적으로 관리하는 과제가 유통의 과제이다.

　유통은 대형화되고 시스템화되었다. 그 방향은 수직적, 수평적, 다채널로 발전하였다. 다채널 발전은 온라인과 오프라인의 통합에서 볼 수 있다.

　물류활동이 조달물류, 생산물류, 판매물류를 연결하여 하나로 통합되는 시스템이 되고 있다. 이러한 통합물류의 실현을 위해 공급망관리를 수행하고 있다. 공급망관리의 목적은 채찍효과를 적게 하여 하류의 흐름과 상류의 정보흐름이 왜곡되지 않게 하는 것이다. 재고를 줄이고 수요와 공급을 일치시키려고 한다. 길이를 단축하고, 투명성을 확보하고, 전체를 하나의 시스템으로 보고 정보시스템화시키려고 한다. 포스코는 공급사관계관리와 고객관계관리라는 두 축에서 공급망관리를 실현시키고 있다.

　대한민국 내에서 다양하게 경쟁하는 유통기관에 대한 이해를 넓혔다. 이 장에서는 전반적으로 오프라인 중심의 유통을 바라보았다. 이 책의 마지막 장에서 온라인마케팅을 이해하면서 온라인과 오프라인 통합에 대한 이해를 넓히는 것이 우리의 과제이다.

■ 참고문헌

이규현, 유광선 (2015), 〈소상공인 재기교육과 기업가정신-희망리턴 패키지 재기교육 사례〉, 경영연구, 한남대학교 경영연구소.

테렌스 쉼프 지음, 오창호, 이규현 외 6인 공역 (2008),《광고와 프로모션》, 7판, 한경사.

Hoch, Stephen J., Xavier Dreeze, and Mary E. Purk (1994), 〈EDLP, Hi-Lo, and Margin Arithmetic〉, Journal of Marketing (October), p1~15.

Lee, H. L., V. Padmanabhan, and Scungjin Whang (1997), 〈The Bullwhip Effect in Supply Chains〉, Sloan Management Review, Spring.

memo

12

Marketing

통합마케팅
커뮤니케이션

Marketing

개인과 조직이 가지고 있는 내용을 사회에
알리려면 커뮤니케이션 과정이 필요하다. 여기에는 힘 있는 콘텐츠가
필요하다. 힘 있는 콘텐츠에는 역사와 문화적 요소가 담겨야 한다. 문
화적 요소는 국가와 지역 마케팅에 자주 등장하는 요소이다. 1997년
유네스코 세계문화유산으로 지정된 수원화성과 정조대왕의 콘텐츠
에 대해 살펴보도록 하자.

수원화성은 정조의 얼이 살아 있는 곳이다. 정조는 1752년에 영조
의 둘째 아들 사도세자와 혜빈 홍씨 사이에 태어나, 1776년에 즉위
하였다. 이 해는 영국에서 아담스미스의 《국부론》이 출간되어 시장경
제의 시작을 알리고, 독립선언 후 미국이 건국되면서 민주주의 시작
을 알린 해이다. 이렇게 시작된 서구의 시장경제와 민주주의는 세계

사를 바꾸기 시작했다.

1776년 당쟁의 소용돌이 속에서 죽음의 위협에 시달리며 왕위에 오른 정조는 새로운 정치 구현을 위해 규장각을 설치한다. 정조는 세손 때에도 '개유'라는 도서실을 만들어 청나라 건륭문화에 열중한 적이 있었다. 규장각에서 인재를 모아 근위세력을 양성하여 외척과 환관들의 역모와 횡포를 누르고 새로운 혁신정치를 준비하였다. 초계문신은 규장각에 특별히 마련한 교육 및 연구과정을 밟은 문신들이었고, 정약용은 그중 한 사람이었다. 정조는 학문적으로 남인에 뿌리를 둔 실학파 정약용, 이가환 등과 노론의 젊은 자제들이 형성하고 있던 북학파의 장점을 수용하여 정국을 운영하면서, 정조의 이념에 찬성하는 시파 중심으로 정국을 운영하였다. 시파(시류에 영합한다) 중심의 정국 운영은 영조시대 벽파(시류는 무시하고 당론만 지우친다) 중심의 정국 운영과 완전히 달랐다.

정조는 아버지 사도세자의 위패를 모시려는 대의명분을 가지고 지금의 수원화성에 신도시 건설을 시작하였고, 주요한 역사적 메시지를 남겼다. 즉, 그의 효심과 조선왕조의 새로운 미래를 구축하겠다는 원대한 꿈이 담긴 메시지이다.

이 메시지는 수원화성문화제에서 재현되고 수원화성을 새롭게 정의하고 있다. 52회 수원화성문화제가 2015년 10월 8일부터 11일까지 4일간 개최되었다. 주제는 '정조대왕의 꿈을 펼치다'로 정조시대의 숨결을 국민과 소통하고자 했다.

문화제는 정조대왕 능행차, 대규모 야외무대공원, 혜경궁 홍씨 진찬연, 방화수류정 달빛음악회, 수원천 등불축제 등 다양한 볼거리와

[그림 12-1] 수원화성문화제

즐길거리가 가득한 프로그램이다.

2016년 수원시는 정조대왕의 수원화성 축성 220년을 기념하는 행사를 계획하였다. '살아있는 역사, 함께하는 문화 수원화성 2016' 슬로건으로 서울시와 공동으로 능행차를 실행하는데, 그 행차는 서울 창덕궁에서 한강 노들섬까지, 시행행궁에서 화성행궁까지 각각 말 120필, 행렬 930명 규모로 재현한다.

1795년 정조는 비운의 세자이자 아버지인 사도의 능에 참배하기 위해 어머니 혜경궁을 모시고 창덕궁을 떠나, 노량진에 이르러 배다리를 이용해 한강을 건너고, 그날 밤 시흥행궁에 묵었다. 그리고 이튿날 저녁 화성행궁에 도착했다. 화성행차 셋째 날 정조는 낙남헌에서 문·무과 별시를 시행한 후 다음날 어머니 혜경궁을 모시고 현륭원에 참배했다. 다섯째 날 어머니 혜경궁 회갑연을 봉수당에서 거행했다. 여섯째 날 오전 백성들에게 쌀을 나누어주고 낙남헌에서 나이든 일반 백성 384명을 초청해 양로연을 베풀었다. 이때 정조와 노인 밥상의 음식은 모두 같았다고 한다. 공식행사를 마치고 정조는 화성건축의 백미라 할 수 있는 방화수류정을 둘러본 후 행궁 득중정에서 활쏘기를 했다. 다음 날 한양으로 돌아가는 길에 정조는 아버지 묘소가 마지막으로 보이는 고갯길에서 뒤를 돌아보느라 머뭇거리며 걸음이 느려졌다. 수원시와 의왕시의 경계에 해당하는 이 고개 이름이 지금도 지지대다. 정조는 화성행차의 모든 내용을 《원행을묘정리의궤》라는 책자로 남겼다(참조: 대전일보, 2015년 11월13일).

조선후기 정조대왕과 그 전후의 역사는 여러 가지 중요한 콘텐츠 제공 잠재력을 가지고 있다. 우리나라 지자체가 살아 있는 역사로 재현시키고 있는 중요한 커뮤니케이션 사례이다.

본 장에서 우리는 다시 기업으로 돌아가 마케팅 커뮤니케이션이 어떻게 통합적으로 이루어지고 있는가 이해하고자 한다.

1절. 커뮤니케이션 과정

 기업은 소비자와 소통을 원한다. 기업은 신제품을 개발하고 그 제품 정보를 고객에게 효율적으로 전달하면서 고객을 끌려고 한다. 기업은 신제품 정보를 기호화하여 메시지를 만들고 매체를 통해 고객에게 정보를 전달한다. 고객은 이 정보를 해독하면서 정보처리를 한다.

이때 기업은 '어떻게 우리가 표적으로 생각하는 고객에게 정보를 잘 도달하게 할 수 있는가?'라는 질문과 함께 '어떻게 우리의 표적고객이 정보를 잘 해독하고 있는가?'를 물어야 한다. 이를 위해 시장으로 정보가 전달되는 거시 커뮤니케이션 과정(macro communication process)과 개별고객이 정보처리를 하는 미시 커뮤니케이션 과정(micro communication process) 양쪽에 대한 이해가 필요하다.

1. 거시 커뮤니케이션 과정

거시적인 관점에서 커뮤니케이션 과정 체계는 [그림 12-2]와 같이 이루어진다. 이 모형에서 볼 수 있듯이 고객인 수신인에게 발신인 메시지를 전달하기 위해서는 수신인의 소리를 듣는 탐색의 과정이 필요하고, 메시지와 채널을 선정하는 과정이 필요하다. 그리고 토픽을 선정하는 과정이 필요하다. 이 과정은 커뮤니케이션이기 때문에 잡음이 나타나기 마련이다.

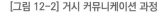

[그림 12-2] 거시 커뮤니케이션 과정

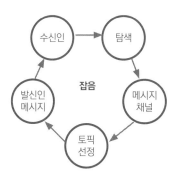

2. 미시 커뮤니케이션 과정

미시 커뮤니케이션 과정은 기업에서 수행하는 촉진 활동에 소비자가 반응하는 과정이다. 소비자는 인지적, 감정적, 행동적 단계를 거치면서 반응한다. 가장 기초적인 모형은 AIDA 모형인데, 이는 주의(Attention), 관심(Interest), 욕구(Desire), 그리고 행동(Action) 단계로 이루어진다. 신제품에 대한 광고를 보았을 때, 처음에 주의를 기울이는 단계이다. 주의는 광고 수용에 가장 중요한 첫 번째 관문이 되기 때문에 주의를 끌지 못하는 광고는 효과를 상실한다. 주의의 다음 단계는 관심을 보이는 단계이다.

이러한 AIDA 모형뿐만 아니라 여러 소비자 반응을 계층으로 보는

[그림 12-3] 소비자반응 계층모형

효과계층
모형

인지

지식

호감

선호

확신

구매

혁신수용
모형

인지

관심

평가

시용

수용

커뮤니케이션
모형

광고 노출

지각적 수용

인지적 반응

태도

의도

행동

모형이 나타났다. [그림 12-3]과 같이 AIDA 모형 외 효과계층 모형, 혁신수용 모형, 커뮤니케이션 모형이 그것이다. 이들은 인지, 감정, 행동으로 연결되는 과정에서는 같지만, 그 강조점이 다르게 펼쳐지는 것을 알 수 있다.

2절. 통합마케팅 커뮤니케이션

기업의 촉진 노력은 통합 마케팅 커뮤니케이션(Integrated Marketing Communication: IMC)으로 전개하고 있다. 고객의 행동에 변화를 주기 위해 고객과 브랜드가 만나는 모든 접점을 고려하고 이들 접점에 적합한 촉진 수단을 활용한다. 때로는 광고가, 때로는 홍보가 최적일 수 있으나, 다양한 촉진 수단은 하나의 목소리를 내야 한다.

이와 같이 IMC는 복수의 촉진 수단을 사용하면서 일관되고 통합된 메시지를 개발하면 개별적으로 각 촉진 수단을 사용할 때보다 더 높은 성과를 낼 수 있다고 보는 개념이다. TV광고와 인쇄광고를 동시에 사용하면 각 매체를 독립되게 사용하는 것보다 매출액이 높아질 수 있고, TV광고와 온라인광고를 함께 사용하면 개개 매체가 수행했던 것보다 더 긍정적이고 높은 신뢰도를 얻을 수 있다고 본다. [그림 12-2]에서 볼 수 있듯이 복수의 촉진 수단들이 통합 커뮤니케이션으로 전개되면 장기적으로 브랜드 자산을 높일 수 있다.

이와 같이 IMC는 장기간에 걸쳐 여러 형태의 촉진 도구를 개발하고 실행하는 과정이며, 다음 주요 특징들로 요약할 수 있다.

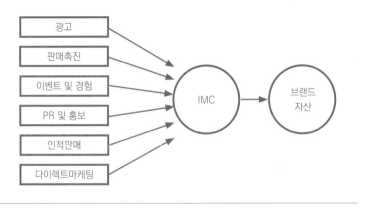

[그림 12-4] IMC와 브랜드 자산

① 고객이 모든 촉진 활동의 출발점이다. 고객욕구를 충족시켜 제품을 구매하게끔 동기유발하는 촉진 활동을 개발한다. 메시지나 매체는 고객이 호의적으로 받아들이도록 알리고, 설득하고, 유도할 수 있는 것이어야 한다.

② 브랜드 관리자는 브랜드 자산을 높이기 위해 다양한 촉진 수단을 사용할 준비를 갖추고 메시지 전달경로가 될 수 있는 모든 접촉점 혹은 접점을 사용할 준비를 갖추어야 한다. 여기서 접점이란 표적고객에 도달 가능한 인적, 비인적 접점이 될 수 있다.

③ 여러 메시지가 한 목소리(single voice)를 내야 한다. 광고, 판촉, 이벤트 등 모든 촉진 도구가 하나의 목소리를 낼 때 강력한 이미지가 구축될 수 있다. 이때 특정 브랜드가 잠재고객의 마음속에 자리 잡도록 모든 매체 경로를 통해 동일한 아이디어를 일관성 있게 전달하고 이

것을 정리한 포지셔닝 기술서(positioning statement)를 작성한다.

④ 고객과의 관계를 구축해야 한다.

브랜드와 고객 간에 관계구축이 잘 이루어지도록 정책을 펼쳐야 한다. 충성고객 우대제도, 경품당첨자에게 여행 등을 제공하거나, 여러 체험마케팅을 통해 관계를 강화시킬 수 있다.

⑤ 최종목표는 행동에 영향을 미치는 것이다. 브랜드 인지도에 영향을 주어 소비자 태도를 강화시키게 되면, 궁극적으로 제품구매와 같은 특정 행동을 이끌어낼 수 있다. 좋은 태도를 형성하고 그 태도가 행동으로 연결되도록 하는 것이 IMC의 목표가 될 수 있다. 금연에 관한 IMC는 담배를 끊도록 보다 강력한 IMC를 수행하여 금연행동에 강한 영향을 주고자 한다.

3절. 효과적인 커뮤니케이션 과정

고객에게 효과적인 커뮤니케이션을 수행하기 위해서 어떠한 과정을 수행할 것인가? 이는 표적고객 식별에서 시작하여 목표설정, 메시지 창출, 메시지 전달 경로 선정, 예산 결정 과정으로 전개한다.

1. 표적고객 식별

표적고객을 명확하게 해야 효과적인 커뮤니케이션을 전개할 수 있다. 표적고객이 누구인지 명확해야, 그들에게 어떠한 메시지를 어떻게, 언제, 어디서, 누가 전달할 것인가 결정할 수 있다.

초기단계에서 고객과의 관계를 설정하고, 고객가치를 보고, 투자로서 커뮤니케이션 과정을 본다.

2. 커뮤니케이션 목표설정

총체적으로 고객과 브랜드 사이의 관계강도(relationshuip strength)를 높이는 방향으로 전개된다. 고객이 특정 브랜드에 깊고, 넓은 인지도를 가져 재인(recognition)이나 회상(recall)능력을 높이도록 한다. 강하고

[그림 12-5] 침대는 과학이다

호의적인 연상을 갖게 하고, 긍정적 반응을 일으키면서 강한 충성심이 형성되도록 하는 것이 목표가 될 수 있다. 이는 대상 브랜드에 대해 소비자가 호의적인 태도를 형성하고, 긍정적인 감정을 갖게 된다. 최종적으로는 대상 브랜드를 구매하거나 구매 관련 의도를 가지도록 한다.

3. 메시지 창출

효과적인 메시지는 주의를 끌 수 있어야 하고, 흥미를 유발하고, 욕구를 자극하며 최종적으로 행동을 이끌어낼 수 있어야 한다.

메시지에 은유(metaphor)를 사용하기도 한다. [그림 12-5]은 잘 알려진 광고 카피이다. '침대는 가구가 아닙니다. 침대는 과학입니다.'이 광고가 나온 시점은 에이스침대가 가구 시장을 잃기 시작했을 때였다. 소비자들이 할인을 받기 위해 가구를 사면서 침대까지 한꺼번에 구입하는 경향이 있었다. 에이스는 침대는 가구의 일부가 아니라 허리 건강에 직결되는 것이라 가구와 다르다고 인식을 바꾸어 침대를 가구점에서 사지 않고 침대전문점에서 사도록 유도하였다.

미시 커뮤니케이션 과정에서 AIDA(Attention, Interest, Desire, Action) 단계를 소개한 바 있다. 이 단계에 따라 커뮤니케이션 효과가 다르게 나타난다. AIDA 단계에 따라 촉진의 네 가지 방법, 즉 광고, 인적판매, 홍보, 그리고 판매촉진이 어떻게 다르게 반응하는가 살펴보면 초기단계에는 광고가, 후기단계에는 인적판매가 유용하다.

[그림 12-6] AIDA에 따른 촉진 도구의 효과

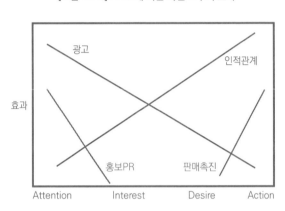

메시지 창출에는 메시지 내용, 메시지 구조, 메시지 형태를 고려해야 한다.

1) 메시지 내용
원하는 반응을 얻어낼 수 있는 메시지의 소구 방향이나 주제를 찾아내야 하는데, 주로 사용하는 방법에는 이성적, 감성적, 그리고 도덕적 방법이 있다.
이성적 소구(rational appeals)는 많은 관심을 갖고 있는 내용을 전달하는 것으로, 얻고자 하는 편익을 제공한다는 내용의 메시지를 담는다. 즉, 이성적 메시지는 흔히 제품의 질, 경제성, 가치, 또는 성능에 대한 내용을 담고 있다. 감성적 소구(emotional appeals)는 구매를 유도할 수 있는 부정적 또는 긍정적 감정을 유발하려는 노력이다. 도덕적 소구(moral appeals)는 수신자들로 하여금 어떻게 하는 것이 옳은지 생각하게 하는 방법이다. 사회적으로 요구되는 내용을 주로 다루어 수신자들로 하여금 이를 지지하도록 만든다.

2) 메시지 구조

메시지 구조를 결정하는 데 있어 다음을 고려해야 한다.

- 메시지의 결론을 제시할 것인가? 아니면 그냥 수신자에게 맡겨 둘 것인가?
- 제품의 장점만 이야기할 것인가? 제품의 장점뿐만 아니라 단점도 같이 이야기할 것인가?
- 강한 주장이 담긴 내용을 광고 처음에 제시할 것인가? 아니면 마지막에 제시할 것인가?

3) 메시지 형태

메시지를 전달할 때, 소비자의 주의를 끌 수 있는 강한 형태의 광고 내용을 제작할 필요가 있다. 눈에 띄는 그림과 표제를 사용하기도 하고, 특이한 구성의 광고를 제작하기도 하며, 차별화되는 메시지의 크기나 위치를 선택하기도 한다. 색상, 모양 등을 차별적으로 사용하기도 한다. 메시지의 설득 효과를 높이려면 정보원의 신뢰성이 중요하다. 정보원의 신뢰성은 전문성, 믿음직함, 매력성 등의 요인들이 영향을 미친다.

4. 메시지 전달 경로 선정

선정된 메시지는 여러 매체를 통해 전달되는데, 인적 경로와 비인적 경로로 나눌 수 있다.

인적 경로는 두 명 이상의 사람이 직접적으로 의사소통을 하는 방법이다. 일대일 면접의 방법으로 이루어질 수도 있고, 한 사람이 청중에게 이야기할 수 있고, 전화나 우편을 이용할 수 있다. 인적 경로는 직접적인 반응을 얻을 수 있다는 점에서 매우 효과적인 의사전달 방법이다.

비인적 경로는 매체를 통한 경로를 말한다. 주로 기업이 돈을 지불하는 매체로서 신문, 잡지, 직접 우편 등과 같은 인쇄매체(print media), 라디오, TV와 같은 방송매체(broadcast media), 그리고 포스터, 옥외간판, 벽보 등과 같은 전시매체(display media)로 구성되어 있다. 홈페이지를 이용하거나, 트위터, 유투브와 같은 사회적매체를 이용하기도 한다.

5. 커뮤니케이션 예산 결정

예산 결정 방법은 다음과 같다.

① 가용예산 활용법(affordable method)은 회사에서 충당 가능한 수준에서 비용을 책정한다. 즉, 회사 자금사정상 다른 긴급한 비용을 모두

예산에 책정한 다음 나머지를 커뮤니케이션 비용으로 책정하는 방법이다. 이 방법은 커뮤니케이션이 투자이며, 매출액에 즉각적으로 영향을 미칠 수 있다는 것을 무시한다.

② 매출액 비례법(percentage-of-sales method)은 현재 또는 예상되는 매출액에서 일정 비율을 예산으로 사용하거나, 판매가격의 일정비율을 예산으로 산정하는 방법이다.

③ 경쟁자 기준법(competitive-parity method)은 커뮤니케이션 예산을 경쟁사에 맞추는 방법이다. 경쟁자의 상황이 자사가 처한 상황과 다를 경우에 비합리적인 방법이 될 수 있다.

④ 목표 과업 기준법(objective-and-task method)은 특정한 목표를 정의한 후, 이 목표에 달성하기 위해 어떠한 과업을 수행할 것인가 결정하고 이 과업을 수행하기 위해 소요되는 비용을 산정하여 예산을 책정하는 과정을 거친다.

4절. 수용 과정에 따른 커뮤니케이션

 소비자는 수용자 범주에 따라 신제품에 다르게 반응한다. 이 과정에서 커뮤니케이션도 다르게 전개될 수 있다.

수용자 범주는 커뮤니케이션 학자 로저스(E.M.Rogers)가 이론화하였다. 그는 수용자 범주를 다섯 가지 범주로 나누었다. 즉, 혁신수용자, 선각수용자, 전기다수수용자, 후기다수수용자, 지각수용자(innovators, early adopters, early majority, late majority, laggards or nonadopters)이다. 이 중에서 혁신수용자와 선각수용자들은 초기시장을 구성하고 전기다수수용자와 후기다수수용자는 주류시장을 구성한다. 초기시장은 진보적인 성향, 주류시장은 실용성과 보수 성향으로 차이가 있다. 이에 따라 커뮤니케이션은 다를 수 있다.

초기시장을 구성하는 혁신수용자(innovator)들은 젊고 잘 교육받은 상태에서 외부와 많은 접촉을 시도하면서 위험을 감수하고 새로운 기술을 받아들이는 데 익숙하다. 그들은 비인적이고 과학적인 정보원에 의존하는 경향이 있어 인터넷이나 기술에 관한 출판물을 읽으려고 한다. 선각수용자(early adopter)들은 그들의 동료에 존경을 받는 여론 선도자들이다. 이들은 후기수용자보다 젊고 더 창조적이다. 이들은 판매원과 더 많은 접촉을 하는 경향이 있으며 매스컴에 더 익숙하다. 여론선도자인 이들은 추종자에게 새로운 제품 정보를 추천하면서 구전을 통해 전파해나간다. 영화팬들이 여기에 해당되는데, 그들은 새로운 영화를 보고 추종자에게 긍정적인 구전을 전달하면서 새로운 영화를 추천하는 역할을 한다.

전기다수수용자와 후기다수수용자(early majority and late majority)가 주류시장을 구성하는데, 전자는 실용주의자들이며, 후자는 보수주의자들이다. 실용주의자들은 위험을 피하려 하고 초기시장에서 사용하고 난 뒤 실용적으로 타당하다고 판단할 때 받아들인다. 보수주의자들은 신제품에 주의 깊게 행동하며 초기시장을 따르지 않는다. 이 주류시장은 이론적으로는 34퍼센트와 34퍼센트, 합쳐서 68퍼센트를 차지하는 다수층이 되기 때문에 이 주류층을 잡으려고 촉진 활동을 수행한다. 이 주류시장에서 매체광고는 중요한 역할을 수행한다.

지각수용자(laggard)들이나 비수용자들은 과거에 그들이 수행한 습관을 고수하려고 하며 신제품에 대해서 매우 회의적인 경향이 있다.

대한민국 역사와 문화를 담은 콘텐츠 개발
과 확산은 통합마케팅 커뮤니케이션과 관련되어 많은 것을 논할 수
있다. 조선시대는 임진왜란을 정점으로 전기와 후기로 나눌 수 있고,
조선전기는 세종대왕이, 임진왜란은 이순신 장군이, 그리고 조선후기
에는 정조대왕이 빛을 발하고 있다. 이들과 관련하여 세계에 소개할 수
있는 좋은 콘텐츠가 개발되고 커뮤니케이션이 될 수 있다고 본다.

커뮤니케이션 과정은 거시적 과정과 미시적 과정이 있다. 전자는
기업과 고객 사이에서 매체와 메시지를 통해 암호화하고 해석하는
과정이고 후자는 소비자의 지각, 감정, 행동을 통해 정보를 받아들이
는 과정으로 소비자 반응에 집중한다. 본 장에서는 촉진 도구를 고객
의 접점에서 복수적으로 효율적으로 수행하고자 하는 통합마케팅 커
뮤니케이션(IMC)에 대해서 강조하였다. IMC는 오늘날 브랜드를 중심
으로 하여 통합브랜드 커뮤니케이션(IBC)으로 발전하고 있다. IMC의
목적은 브랜드 자산을 향상시키는 것이기 때문에 이 장의 내용은 앞
에서 학습한 브랜드 관리와 깊이 관련된다.

본 장은 IMC를 중심으로 하여 커뮤니케이션에 대한 전반적인 이
해를 도우려고 한다. 일종의 총론에 해당한다. 다음 장에서는 각론으
로서 촉진 도구 각각에 대해 살펴보면서 촉진을 구체적으로 이해하
고자 한다.

■ 참고문헌

Schultz, Don E. and Philip J. Kitchen, 〈Integrated Marketing Communications in U.S. Advertising Agencies: An Exploratory Study〉, Journal of Advertising Research 37 (September/October), p7~18.

Schultz, Don E. (1993), 〈Integrated Marketing Communications: Maybe Definition Is in the Point of View〉, Marketing News, January, p17.

Schultz, Don E. and Heidi Schultz (2003), 《IMC: the next generation: five steps for delivering value and measuring returns using marketing communication》, McGraw-Hill.

10

Marketing

촉진
도구

Marketing

정조대왕의 신하이자 조선후기 실학을 완성한 최고의 학자로 다산 정약용이 있다. 정약용에 대한 연구는 대한민국 마케팅 이론과 실무에 단초를 제공하는 면이 있다.

그는 실용주의를 택하면서 주자학의 기반 위에서 현실 문제를 풀고자 했다. 그가 살았던 조선후기 상황은 임진왜란, 병자호란을 겪으면서 현실 문제를 푸는 데 관심을 가진 학자들이 등장했고, 그들은 주자학의 한계를 인식하고, 주자학을 넘어선 실용학문에 대한 필요성을 느꼈다. 그들은 현실세계에 적용가능한 실용성을 중시한 새로운 학문 연구를 추구했는데 그것은 후대에 실학이라고 이름 지어졌다. 다산도 그중 한 명이었다. 그는 젊은 시절 실학파 성호 이익의 학문을 따를 것을 결심하고, 일관성 있게 실용, 실천, 현실, 합리를 추구하였다. 학문이 실용에 도움이 되지 못하면 학문으로 여길 수 없다는 확고한 실용주의 신념을 가지고 18세기 조선사회의 정치사회 개혁에 관심을 두고 다양한 방면에 영향을 주었다.

그는 거중기를 고안하여 수원화성 10년 건축 계획을 34개월로 단축시키는 기술혁신을 보여주었고, 곡산부사로 있을 때 목민관의 마음으로 곡산군민들의 추앙을 받았다. 이 경험은 이후 목민심서를 쓰는 체험이 되었다. 곡산부사 시절, 천연두가 유행하자 애민의 마음으로 《마과회통》이라는 의학서 12권을 편찬, 보급하여 중요한 업적을 남겼다.

그는 정조대왕이 죽자 천주교 박해와 함께 강진에서 18년 동안의 유배생활을 지냈다. 그러나 이 고난의 기간 동안 그는 침체의 늪에 빠지지 않고, 다산초당을 근거지로 연구에 전념하여 《목민심서》, 《경세유표》 등 수많은 저술을 쓰면서 사회, 문화, 정치 발전에 기여하는 저술을 지었다. 그는 지식창조 분야에서 기업가정신을 발휘했다. 18년의 유배가 풀려서 저술을 가지고 한양으로 올라왔을 때, 당시 학자들은 경악했다고 한다. 그는 503권의 책을 저술하였는데 이는 오늘날 다산학으로 칭해지면서, 조선 최고의 학자로 칭송받고 있다. 현재의 관점에서 보면 그의 저술은 정치학, 경제학, 의학, 음악, 지리학, 행정학, 경영학 등에 응용가능하며, 국가 사회 제도 개혁에 관한 엄청난 콘텐츠를 내포하고 있다. 강진에서의 18년 유배생활은 그에게 힘든 기간이었을 것이나, 대한민국에 엄청난 자산을 남겼다. 필자는 강진을 방문하여 다산초당에 앉아 시대를 아파하면서 연구한 그의 마음을 읽을 수 있었다. 그가 시대를 아파하며 역사에 남긴 것을 우리는 배워야 한다. 형 정약전에 대한 존경, 아내에 대한 따뜻함, 폐족된 자식들에게 주는 교훈이 담긴 글을 통해 그의 따뜻하고 인간적인 면모를 볼 수 있다.

2012년 유네스코는 그해 인물로 루소, 헤세, 드뷔시, 그리고 다산 정약용을 꼽았다. 우리는 조선시대 학자 중 그를 최고의 반열에 올려놓는다. 다산학은 학제적인 성격을 가지고 있고 경영학과 마케팅 연구에도 유용한 학문이다. 필자는 그와 그의 연구를 대한민국 마케팅을 학문적으로 정립하고자 할 때 21세기 재조명 과제 중 가장 중요히 여겨야 할 과제로 제기하고자 한다.

그가 유배생활을 한 강진 다산초당과 다산박물관은 그의 숨결을 느끼려고 하는 이들이 계속 방문한다. 그가 유배 후 살았던 남양주의 다산 유적지에서 다산문화제가 매년 개최된다. 2015년 9월 11일부터 13일까지 제29회가 개최되었다. 지방뿐만 아니라, 여러 분야에서 그와 그가 살았던 시대를 재조명하는 콘텐츠들이 촉진의 도구로 지속적으로 나타날 것이다.

[그림13-1] 다산과 다산문화제

1절. 촉진 도구

앞 장에서 설명한 IMC를 기반으로 이용할 수 있는 구체적 촉진 도구를 알아보고자 한다. 우선 대한민국에서 틈 새시장을 개발한 딤채 사례를 살펴보자

대한민국의 대표 식품은 김치이다. ㈜위니아만도는 오랫동안 형 성한 핵심역량을 가지고 김치전용냉장고의 시장 개척을 발견하였다. 핵심적 기술역량은 자동차 공조품 생산을 시작으로 버스와 기차 에 어컨 생산에서 얻게 된 고성능, 고효율의 냉방 기술력이었다. 1993 년 가정용 에어컨 '위니아' 브랜드를 출시하였고, 1995년에 김치냉 장고 브랜드 '딤채'를 시판하였다. 딤채는 김치의 옛말에 해당한다.

대한민국 식단에서 김치는 빠질 수 없는 필수품인데, 보관 문제가 대두되어 위니아는 토착 가전 개발이 필요하다는 것을 인식하였다. 그 당시 삼성은 반도체에 몰두하고 있었고, 만도는 기존 냉장고의 틈 새시장을 발견했다. 우리나라 전통 김장독의 김치 숙성 및 보관 원리 를 제품에 그대로 적용시키는 독창적인 설계 기술을 개발하여 촉진 에 이용하였다. 그 결과 기존 냉장고 수요를 상회할 정도의 제품 확산

이 이루어졌다.

딤채는 어떠한 촉진 도구를 이용하였는가?

- 시장 개척 과정에서 무료 체험을 통한 구전(口傳)마케팅을 이용하였다. 강남 아파트단지에서 영향력이 높은 주부들을 선발, 딤채와 김치를 무료로 나눠주고 일단 써보게 했다. 맛에 만족한 주부들의 입을 통해 김치냉장고는 대도시 가정주부가 원하는 품목 1호가 될 것이라고 주장하면서 판매에 앞서 가정주부를 대상으로 김치 시식회를 여는 등 철저한 구전마케팅을 펼쳐갔다. 또한 주부사원들을 앞세운 방문판매조직도 운영하였다.
- 한국 주부들의 독특한 특성에 맞게 계(契)조직마케팅을 이용하였다. 주부들이 형성한 사회네트워크를 이용하였다.
- 김치냉장고를 팔면서 맛있는 김치와 좋은 용기를 공급한다는 발상으로 딤채를 구입하는 소비자가 김치공장을 방문하도록 주선하는 전략도 펼쳤다.
- 이벤트마케팅을 펼쳤다. '발효과학 딤채 패스티벌'이라는 이벤트를 펼쳐 딤채 구매고객 월 150명씩 총 600명을 추첨, 김장 지원 보너스로 농협상품권을 증정하였다.
- 시간이 지남에 따라 촉진 경쟁이 치열해졌다. 삼성과 LG는 후발업체지만, 삼성전자의 지펠 아삭, LG전자의 디오스가 다양한 촉진 도구를 이용하기 시작했다. 만도는 '김치냉장고=딤채'임을 강조하는 광고를 수행했다. 경쟁사 제품들이 20년 전통의 '딤채'만 못하다는 비교광고도 하였다. 딤채가 내세우는 기술은 식

품 전문가들이 분석한 김치의 DNA를 활용, 우리 입맛에 맞추어 김치 숙성을 가능하게 하였으며 쉽게 변질되는 김치 맛을 장기간 보존할 수 있음을 강조하였다.

- 딤채클럽(www.dimchae.co.kr)을 오픈하여 소비자 간 다양한 정보를 교환할 수 있는 브랜드 공동체 공간도 제공하였다. 이 사이트는 상업적 요소를 최대한 배제하고 기업과 소비자와의 정보교류뿐만 아니라, 소비자와 소비자 간의 정보교류의 매개체가 되었다.

딤채 사례에서 만도는 초기시장 개척을 위해 구전, 이벤트, 광고, 인터넷마케팅 등 다양한 촉진 도구를 이용했다. 우리 주변에서 쉽게 볼 수 있는 촉진 수단의 주요 형태는 [표 13-1]과 같다.

1) 광고
- 매체광고는 텔레비전, 라디오, 신문, 잡지 등 매체를 보는 많은 소비자에게 제품정보를 일방적으로 전달한다. 신문의 발행 부수는 줄었지만, 텔레비전, 라디오의 영향력은 증가하고, 잡지는 다양해지고 있다.
- 직접반응, 상호작용광고는 다이렉트 메일, 텔레마케팅, 인터넷마케팅 등의 여러 가지 형태가 있다. 인터넷, 이메일, 채팅룸을 이용한 광고가 중요해지고 있다.
- 장소광고는 옥외광고(out-of-home advertising) 형태로 빌보드(billboard)도 이용된다. 도시에서 교통체증으로 인하여 광고전광판의 영향력이 증가하고 있다.

[표 13-1] 촉진 수단

1. 광고	1) 매체광고: TV, 라디오, 잡지, 신문 2) 직접 반응 및 상호작용광고: 직접우편광고(DM), 전화권유, 온라인광고 3) 장소광고: 간판 및 게시판, 포스터, 교통광고, 극장광고 4) 점포간판 및 구매시점 광고 5) 점포외부 사인광고, 점포 내 선반사인광고, 쇼핑카트광고 6) 점포 내 라디오 및 TV
2. 거래처 및 소비자대상 판매촉진	1) 거래처 취급 및 구매보상공제, 진열 및 광고보상공제, 전시 2) 협력광고, 샘플, 쿠폰, 경품, 환급 및 리베이트 3) 콘테스트, 촉진게임, 보너스팩, 가격할인 거래
3. 이벤트마케팅 및 스폰서십	1) 스포츠행사 스폰서, 예술, 전시회 및 페스티벌 스폰서 2) 대의마케팅 스폰서
4. PR 및 홍보	1) 공동체 참여 2) 사회투자
5. 인적판매	방문판매

● 점포간판 및 구매시점광고는 기획자의 창의성과 정부규제에 제한을 받으면서 다양하게 나타나고 있다. 구매시점광고물(POP materials)은 소비자가 점포를 방문할 때 접하는 점포 내 매체(in-store media)를 통해 나타난다. 라디오와 TV, 쇼핑카트, 진열대, 바닥, 쿠폰발행기, 마네킹, 조명, 거울, 상품진열대, 계산대, 전시용품과 도구, 벽걸이 포스터 등에 광고가 나타난다. 이들 광고는 구매시점에 있는 소비자들에게 정보를 제공하고, 회상을 도우며, 충동구매를 유발한다.

2) 거래처 및 소비자대상 판매촉진

제품 판매 시 다른 물품을 첨가하는 판매촉진의 영향이 크다고 분석되어 그 비용이 증가하는 추세이다. 여기에는 '소비자 판촉'과 '유통업체 판촉'이 있다. 판촉 수단으로는 '이번 주 노트북 반값 판매!'와 같은 강력한 수단도 등장하고 있다.

3) 이벤트 및 스폰서십

올림픽이나 스포츠를 이용한 마케팅에서 다양하게 볼 수 있다

4) PR 및 홍보

지역사회와 호의적 관계를 통하여 기업과 제품을 촉진하고자 하는 홍보(publicity)와 대중에게 이미지를 높이고자 하는 PR이 광고 이상으로 중요시되고 있다. 행사, 뉴스, 공동체 참여, 로비, 사회투자 등은 PR의 연장이라 볼 수 있다.

5) 인적판매

판매원을 중심으로 소비자들과 교류하여 판매를 촉진하는 것으로 훌륭한 판매원은 기업을 살찌운다.

2절. 광고

물, 불, 공기 이외 광고와 함께 살아가고 있을 정도로 광고는 우리의 삶 속에 깊이 들어와 있다. 의, 식, 주와 생활에 중요한 제품을 필요로 하는 한, 수많은 제품과 브랜드를 광고하는 그 속을 헤엄치면서 선택하고 소비하고 살아간다. 소비자들의 관심과 선택을 유도하기 위해 광고는 창의성을 발휘하고 있다.

1. 광고의 영향

광고는 4대 대중 매체인 TV, 신문, 잡지, 라디오를 통해서 직접 고객과 접한다. 광고는 광고주가 광고료를 지급하여 유료광고를 만들어 다양한 청중들과 동시에 소통하는 비인적 커뮤니케이션 형태이다.

광고는 ATL(Above The Line)과 BTL(Below The Line)로 나눌 수 있다. 전자는 4대 매체와 인터넷 케이블 TV 등 뉴미디어를 통해 콘텐츠 경쟁이 이루어지는 것이며, 후자는 일정한 틀이 없이 물밑작전으로 이루어지는 전시 및 매장디스플레이, 다이렉트 메일(DM), 텔레마케팅, 간접광고(PPL), 이벤트나 스포츠마케팅 등이다.

2015년 대한민국 광고대상을 받은 현대자동차의 'A message to

space'를 예로 살펴보자.

자동차는 실제로 우주에 메시지를 전달할 수 있을까?

2015년 현대자동차는 멋진 비디오를 만들었다. 딸은 미국 휴스턴에 있고 아버지는 국제 우주 정거장에서 실험을 하는 우주 비행사로 근무해 우주에 떨어져 있다. 그녀는 자신이 아버지를 사랑한다는 특별한 메시지를 보내고 싶어 한다. 우주에서 메시지를 볼 수 있으려면 거대한 그림이 사막의 바닥에 그려져야 한다. 뉴욕 센트럴 파크의 두 배 크기의 메시지 규모를 작성하기 위해 GPS를 사용해 정확한 좌표로 여러 대의 제너시스 자동차로 트랙을 만들어 메시지를 작성하였다. 그리고 이 메시지를 우주에서 찍을 수 있게 비디오가 만들어졌다. 이 트랙은 기네스 세계 기록으로 인정되어 최대의 타이어 트랙 이미지가 되었다. 이 광고에서 현대 자동차는 딸의 마음을 아버지에게 전달하는 프로젝트를 수행하면서 고객의 마음을 실현시키는 것을 보여주고 있다.

[그림 13-2] 현대자동차 광고 'A message to space'

자료: 유튜브 'A message to space'

2. 광고관리

광고관리를 수행하는 과정은 광고목표를 세우고, 예산을 결정하고, 메시지와 매체를 결정하고, 광고효과를 실행하는 과정을 거친다.

1) 광고목표 설정

모든 광고와 캠페인은 목표를 명확하게 정의해야 한다. 특정 기간 동안 표적대상에게 메시지를 전달하는 것이므로 광고목표(adverstising objective)는 정보전달, 설득, 상기 등의 목적을 가지고 전개된다. 신제품 도입기, 성장기, 성숙기에 따라 이들 목표가 달라진다.

① 정보전달 광고(informative advertising): 신제품을 출시할 때, 소비자들은 그 제품을 잘 모르는 상태이다. 이때 기업의 광고목표는 신제품 정보를 최대한 잘 전달하여 초기시장에서 호의적인 반응을 창출하는 것이다. 이러한 선도적인 광고는 일차적 수요를 구축하려고 한다.

② 설득 광고(persuasive advertising): 신제품 출시 후 성장기를 거치면서 경쟁이 심해지면 자사의 제품이 경쟁제품보다 소비자에게 주는 혜택이 크다고 설득하여 선별적 수요를 확보하려고 한다. 때로는 경쟁 브랜드와 직·간접으로 비교하는 비교 광고를 수행하기도 한다. 맥카페 광고에서 별과 콩은 젊은이들이 많이 가는 별다방(스타벅스), 콩다방(커피빈)을 말하는 것으로 비교 광고를 수행한다.

③상기 광고(reminder advertising): 성숙기 제품에 필요하다. 소비자의 기억 속에서 사라지지 않도록 하기 위한 메시지가 사용된다. 현대그룹은 때때로 故 정주영 회장 시절을 상기시키는 광고를 보내기도 한다.

[그림 13-3] 맥카페의 비교 광고

2) 광고예산 결정

광고목표가 설정되면 판매목표를 달성하는 데 필요한 예산을 지출해야 한다. 제품수명주기 단계에 따라 예산이 달라질 수 있다. 신제품의 경우 전혀 소비자들에게 인지되지 않은 상태이므로 인지도를 높이기 위하여 상대적으로 많은 예산을 투입하게 되고, 성숙기 제품의 경우 소비자의 인지도가 높기 때문에 매출액에 비하여 비교적 낮은 예산을 투입해도 된다.

시장점유율이 높은 브랜드의 경우 낮은 브랜드보다 시장점유율을 유지하기 위하여 매출액 대비 높은 예산이 필요하다. 경쟁이 치열한 시장은 그렇지 않은 시장보다 더 많은 광고 예산이 든다. 대표적 시장이 맥주시장이다. 이런 시장에서는 매출액 대비 광고비를 많이 책정한다. 광고 빈도가 높을수록 많은 예산이 든다. 담배, 맥주, 소프트드

링크와 같이 대체가능성이 높은 제품의 경우 차별적인 이미지를 구축하기 위하여 많은 예산을 투입한다.

3) 메시지 개발

메시지는 소비자에게 소통되도록 개발되어야 한다. 메시지 창안에 대한 아이디어는 소비자, 중간상인, 전문가 그리고 경쟁자들로부터 얻을 수 있다. 신제품 개발 과정에서 나타나는 것처럼 여러 아이디어 중에서 빅 아이디어, 즉 크리에이티브 개념(creative concept)을 선택한다.

'A Message to Space' 광고에서 소비자를 참여시켜 소비자의 공감을 유도하는 것을 보았다. 기업은 소비자가 광고메시지 아이디어와 비디오를 응모하도록 초대하기 위해 콘테스트를 개최하기도 한다. 소비자가 만드는 광고는 기업으로 하여금 매우 적은 비용으로 새로운 소비자 관점에서 참신한 크리에이티브 아이디어를 얻을 수 있다. 이러한 소비자 참여는 고객과 브랜드 관계를 강화시킨다.

4) 매체 결정

TV, 신문, 잡지, 라디오, DM, 옥외, 인터넷 중에서 어느 매체를 선택할 것인가? 매체를 결정하는 과정은 다음 네 단계를 거치게 된다.

① 도달범위, 노출빈도 및 영향도 결정

광고목표를 달성하기 위해 얼마만큼의 도달률과 빈도가 필요한지 결정해야 한다. 도달범위(reach)는 일정기간 동안 광고에 노출된 표적소비자의 비율로 측정된다. 노출빈도(frequency)는 표적시장의 소비자들이 광고에 평균 몇 회 노출되었는가로 측정된다. 매체영향력(impact)은 특정 매체를 통한 메시지 노출의 질적 가치를 말한다.

② 주요 매체유형의 선택

TV, 신문, 잡지, 라디오, DM, 옥외, 인터넷 중에서 어느 것을 선택할지는 그 매체습관, 제품특성, 메시지의 성격, 비용이 고려되어야 한다. 결정은 소비자들의 몰입과 매체와 브랜드와의 관계성에 있다. 각 매체가 가지고 있는 장점과 단점을 이해하고 접근하여야 한다. TV는 커버리지가 높고, 시각, 청각, 동작이 결합되어 감각에 호소하는 장점이 있으나 비용이 많이 든다. 때로는 정규 TV방송보다 골프시장과 같이 특정 세분시장을 대상으로 하는 유선방송을 이용할 수도 있다.

오늘날 한 번에 하나 이상의 매체를 사용하는 다매체 사용자들(media multitaskers)이 증가하고 있다. TV를 보면서 신문을 읽고, TV를 보면서 인터넷을 이용한다. 젊은이들의 이러한 행동은 매체 사용시간을 단축시킨다. 인터넷을 탐색하면서 자료파일을 열어놓은 채 채팅하고, 특정 내용을 보면서 휴대폰으로 친구들에게 전화하고, 사이트에서 음악을 들으면서 공부하는 소비자가 증가하고 있다.

③ 특정 매체도구의 선택

매체도구(media vehicle) 별로 1000명에게 도달되는 비용을 계산해야 한다. 각 매체도구의 청중수준을 평가하고, 청중의 몰입수준(audience engagement)을 체크해야 한다. 그리고 매체도구의 편집수준(editorial quality)을 평가해야 한다.

④ 매체 타이밍의 결정

어느 시점에 광고를 집행할 것인지 결정한다. 저녁 아홉 시 뉴스가 끝나고 어린아이를 재워야 하는 시간에 어린이를 위한 감기약 광고를 내보내는 것은 효율적이다. 12월 입시철에 대학 광고가 치열하게 나타나는 것도 이러한 타이밍 때문이다.

광고를 1년 내내 같은 수준으로 유지하면서 집행하는 지속 전략(even strategy)을 택할 것인가, 2주 또는 한 달 정도를 단위로 하여 광고의 양을 늘렸다 줄이는 일을 반복하는 맥박 전략(pulsing strategy)을 택할 것인가 고려할 수 있다.

5) 광고효과 측정

메시지를 설계하고 매체를 결정하여 광고를 실행하고 난 뒤에 광고효과를 측정하여야 한다. 여기에는 커뮤니케이션효과와 판매효과가 있다. 전자는 광고가 소비자들에게 얼마나 의사전달을 제대로 하고 있는지 측정하는 것이다. 이러한 측정은 광고가 소비자들에게 전달되기 전과 후에 조사할 수 있다. 광고의 사전조사에는 직접평가, 포트폴리오 테스트, 실험실 테스트가 있다. 직접평가(direct rating)는 소비자 패널들에게 광고시안을 보여주고 각각의 시안에 대하여 소비자가 직접 평가하게 하는 방법이다. 포트폴리오 테스트(portfolio test)는 소비자들이 몇 개 광고로 구성된 광고 포트폴리오를 원하는 시간만큼 보거나 들은 뒤 기억이 나는 내용을 응답하게 한다. 실험실 테스트(laboratory test)는 심장박동수, 혈압, 동공의 확대 정도, 땀나는 정도 등과 같은 신체적 반응을 측정하는 도구를 사용하는 방법으로, 광고를 본 후 이러한 변화를 측정하여 광고효과를 추정한다.

광고 사후조사에는 회상테스트와 재인테스트가 있다. 회상테스트

(recall test)는 광고에 노출된 소비자가 광고를 본 후 광고주와 제품에 대해 기억해낼 수 있는 모든 내용을 이야기하는 방법이다. 재인테스트(recognition test)는 광고가 실린 신문, 잡지, 텔레비전 프로그램 등을 보여주고 전에 본 적이 있는 내용이 어떤 내용인가 물어보는 형식을 취한다.

3절. 판매촉진

 ### 1. 판매촉진의 정의

    제조업자나 서비스업자는 소비자, 소매점, 영업사원에게 그들의 브랜드를 구입하도록 독려하기 위해 인센티브를 제공하는데, 이러한 인센티브(incentive)를 판매촉진 또는 판촉이라고 한다. 이의 임무는 소비자를 끌기 위해서, 소매점은 판매를 증가시키기 위해서, 영업사원의 장려를 위해서이다.

    즉, 최종 소비자나 소매점이 특정 브랜드를 빨리, 자주, 혹은 많은 양을 구입하도록 장려하거나 판촉을 제공하는 제조업자와 소매점에 이익이 되는 행동에 참여하도록 유도하는 인센티브를 포함한다.

    이러한 인센티브(공제, 리베이트, 경품, 쿠폰, 프리미엄 등)는 특정 제품이나 서비스를 구매했을 때 일반적으로 얻어지는 기본혜택에 부가된다. 이 인센티브는 어떤 기간 중의 특정 브랜드 구매에 적용되는 것이지, 소비자가 그 기간을 넘어서 행하는 구매에 적용되는 것은 아니다. 광고는 제품과 서비스를 구매할 이유를 제시한다면, 판촉은 지금 구매해야 하는 이유를 제안한다.

[그림 13-4] 판매촉진의 임무

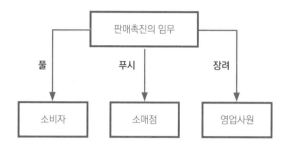

2. 판매촉진의 목적

제품을 사용하는 사람들을 끌기 위하여 인센티브 촉진을 사용하고, 드문드문 제품을 구매하는 소비자의 재구매율을 증가시키고, 충성고객에게 보상을 주기 위함이다.

판촉은 브랜드를 빈번하게 바꾸어 구매하는 소비자집단에 중점을 둔다. 브랜드 간의 차이가 크지 않은 시장에서 단기간에 높은 판매 반응을 얻을 수 있지만, 장기간에 걸친 지속적 시장점유율의 증가 및 유지를 달성하기는 어렵다. 대부분의 기업 판촉은 경쟁사 제품에 대한 브랜드 충성도를 깨뜨리는 수단으로, 광고는 자사의 브랜드 충성도를 높이는 도구로 생각한다.

광고와 판촉 예산을 어떻게 할당할 것인가?

판촉은 시장점유율이 낮은 기업이 시장선도자처럼 장기적으로 투입할 많은 예산을 가지고 있지 않은 상황에서 단기적인 판매효과를 낼 때 유용하다. 시장점유율이 낮은 기업은 소비자에게 사은품 제공, 가격할인 등의 촉진수단을 사용하지 않으면 소비자를 끌기 어렵다. 따라서 중소기업이 단기적으로 시장점유율을 높이기 위하여 판촉을 많이 사용하는 것을 볼 수 있다.

3. 판매촉진의 주요 결정들

1) 목표설정

다음과 같은 목표를 설정할 수 있다.

- 소비자에게 신제품에 대한 시험구매를 유도하고, 더 큰 단위를 구매하도록 하거나, 비사용자의 사용을 유도하고, 브랜드 변환을 원하는 고객을 유도한다.
- 중간상인을 상대로 자사에서 제공하는 새로운 품목을 판매하고 많은 재고량을 유지하여 보다 넓은 공간에 자사제품을 진열하도록 유도하는 목표를 설정할 수 있다.
- 판매원들이 기존 제품 또는 신제품 판매에 보다 많은 신경을 쓰도록 하거나, 그들이 새로운 거래 대리점을 찾아 판매를 확대하도록 할 수 있다.

2) 소비자 촉진 도구 선정

다양한 촉진 도구를 선택할 수 있다. 즉, 무료 샘플, 쿠폰, 일부 현금 돌려주기(리베이트), 가격할인, 선물, 애호고객에게 주는 상, 제품 품질보증, 구매시점 전시 등이다.

3) 거래 촉진 도구 선정

제조업자들은 가격할인, 할당, 무료 제품 등 거래 촉진 도구를 사용한다.

4) 기업과 판매원 촉진 도구 선정

기업은 판매원과 함께 전시회와 컨벤션, 판매 콘테스트, 전문 광고 등에 엄청난 돈을 투자한다.

5) 프로그램 개발

마케팅 관리자들은 여러 가지 매체들을 전체 캠페인 개념에 결합시킨다. 판매촉진 규모, 조건, 기간, 유통매체, 타이밍, 예산을 결정해야 한다.

6) 프로그램 사전 테스트

소비자들에게 여러 가지 판촉 방법에 대한 평가를 하게 하거나 제한된 지역 내에서 미리 판촉 프로그램을 실시해 보거나 하는 방법으로 효과를 사전에 테스트해볼 필요가 있다.

7) 프로그램 실행과 통제

마케팅 관리자들은 여러 가지 촉진에 대하여 계획을 실행하고 통제할 준비가 되어 있어야 한다.

8) 결과 평가

제조업자들은 판촉효과를 측정하기 위하여 세 가지 방법을 사용한다.

- 판매 데이터를 분석하면서 촉진을 이용하는 사람들이 어떠한 유형의 사람인지, 사후 자사의 브랜드에 대해 어떠한 태도와 행동을 할지 예측할 수 있다.
- 얼마나 많은 사람들이 촉진을 회상하고 이용하며, 촉진이 연속적인 선택행동에 영향을 미치는지 조사를 수행할 수 있다.
- 판촉 프로그램 실시 전·중·후의 판매량에 차이가 있는지, 그리고 소비자 반응에 어떤 차이가 있는지 실험방법을 통해 밝힐 수 있다.

4절. PR

1. 홍보, PR, MPR의 비교

기업에 따라 광고 이상으로 PR이 중요하다. 미국의 코카콜라는 광고를, 마이크로소프트는 PR을 통해 성장하였다. PR(Public Relations)은 자사에 실제적이고 잠재적인 관심을 기울이거나 영향을 미치는 집단인 대중 또는 공중(a public)과 호의적인 관계를 위해 하는 모든 활동을 지칭한다. 자사 이미지를 보호하거나 자사 기술과 제품을 알리는 다양한 프로그램을 설계한다.

PR은 홍보와 어떻게 다른가?

홍보(publicity)는 기업이나 제품을 매체에 뉴스나 특집 기사로 비용을 들이지 않고 대중에게 알리는 것을 말한다. 기업의 입장에서는 무료로 자사와 자사의 제품을 알려 혜택을 받는다.

PR은 홍보와 같이 요금을 지불하지 않지만, 홍보 이외에 더 넓은 활동을 한다. 즉, 홍보와 함께 언론 관계 활동, 기업 활동을 알리는 내부와 외부의 커뮤니케이션, 대중을 상대로 행하는 비인적 커뮤니케이션을 총칭한다. 대중과의 관계가 잘못되면 일시에 기업이나 제품

이미지에 타격을 받을 수 있다는 것을 이해하는 기업은 PR 부서를 만들어 적극적으로 대응하려고 한다. PR 부서는 자사와 제품에 대하여 긍정적인 정보를 알리는 반면, 부정적인 내용을 관리하여 기업이미지를 높이고자 한다. PR 부서가 사용하는 수단은 다음과 같다.

- 언론 관계를 통해, 자사와 제품, 종업원에 대한 호의적인 뉴스와 정보를 제시한다.
- 특정 제품을 홍보하기 위해 스폰서십을 한다. 골프나 테니스와 같은 운동경기, 페스티벌 같은 이벤트나 자선 활동과 연계시킨다. 이러한 홍보의 목적은 브랜드 자산을 높이는 것이다.
- 기업 내부와 외부 커뮤니케이션으로 조직 이해를 촉진시킨다.
- 입법 혹은 규정을 촉진시키거나 없애기 위하여 입법가, 정부 관료와 접근한다.
- 공공 쟁점, 기업 포지션, 이미지와 관련하여 경영층을 자문한다.

PR 부서를 조직하여 기업이나 제품에 대한 이미지 구축과 촉진을 수행하는 PR마케팅을 수행하고자 할 때, 이를 MPR(Marketing PR)이라 한다. 전향적 MPR과 방어적 MPR이 있다. 보도자료, 기자회견, 인터뷰 등을 포함하는 홍보는 전향적 MPR의 주요 도구이다.

국내 1위 생명보험사 삼성생명은 '사랑을 더 큰 사랑으로 키워주는 사업'이라는 개념을 제시하고 다양한 사회 공헌 활동을 펼치고 있다. '당신에게 남은 시간' 유투브 동영상은 2015년 말 조회수 580만을 넘었다. 건강검진자들을 대상으로 몰래카메라를 진행한 뒤 영상으로 제작하여 유투브에 게시하여 많은 사람들에게 호평을 받았다. 건강 검진 후 '당신에게 남은 (가족과 함께 할) 시간이 얼마나 될까요?'라는 질문을 던지면서 일생 동안 가족과 함께할 시간이 얼마 남지 않았음을 알려준다. 이는 단순한 보험 홍보 PR이 아닌, 자사의 사랑이라는 비전과 브랜드 이미지와 맞는 PR을 실행하여 브랜드 이미지 강화에 공헌했다.

　방어적 MPR은 제품결함과 부작용과 같이 예상치 못한 시장 상황이 나타났을 때 빛을 발휘한다. 대표적 사례는 1982년의 타이레놀 사건이다. 시카고에 거주하는 일곱 명이 타이레놀을 복용한 후 청산가리 독성으로 사망하는 사건이 발생했다. 존슨앤존슨은 이 사건에 빠르게 대응했다. 타이레놀을 소매점에서 모두 수거하는 신속한 조치를 취하였고, 대변인이 TV방송에 출연하여 타이레놀 캡슐을 복용하지 말 것을 주의시키고, 변경불가능한 포장을 개발하여 새로운 포장의 표준을 마련하였다. 또한 폐기한 제품을 무료로 보상해주었다. 이렇게 빠르고 긍정적인 대응은 짧은 기간 안에 존슨앤존슨의 시장 점유율을 다시 회복시켰고, 기업과 브랜드를 구할 수 있다는 귀중한 사례를 남겼다.

2. MPR의 주요 결정들

　MPR은 브랜드 인지도와 태도강화를 통해 구매행동에 영향을 미치고자 한다. 재미있고 유익한 이야기거리를 찾아야 한다. 만약 재미있는 이야기가 충분하지 않으면 뉴스 가치가 있는 행사를 주최하거나 후원하는 방법을 택해야 한다. 주요 스포츠 행사를 주최하거나, 음악회를 후원할 수 있다. 이러한 행사에서 여러 계층의 청중을 위한 다양한 이야기를 개발해낼 수 있다.

PR담당자가 매체담당자와 개인적 친분을 유지하면서 자사의 이야기를 기사나 뉴스에 실을 수 있도록 관계를 잘해야 한다. PR담당자들이 가진 주변의 사회적 네트워크를 잘 이용하는 것이 필요하다.

효과측정 방법을 개발해야 한다. 가장 간단한 측정은 매체에 자사나 자사의 제품이 노출(exposure)된 횟수를 측정하는 것이다. 그러나 단순히 노출횟수를 계산하는 것보다 PR을 통하여 제품인지, 이해, 태도(awareness, comprehension, attitude)에서 어떠한 변화가 나타났는지 측정하는 것이 더 중요하다. PR 캠페인 이전과 이후의 제품에 대한 인지, 이해, 태도를 측정함으로써 차이가 나타나는가 보는 것이다. PR 실시 이전과 이후의 매출액과 이익을 조사·비교하여 효과를 알 수 있다.

제품과 서비스에 대하여 언론과 소비자의 관심을 끌려고 할 때 다양한 MPR 전술이 있을 수 있다. 수상, 책자 발간, 시연, 전문가 칼럼, 페스티벌 개최, 순회전시회, 탐방, 언론매체의 기업 방문, 이슈 만들기, 박물관 건립, 공익사업 등이 있을 수 있다.

5절. 스폰서십

스폰서십은 빠르게 성장하는 마케팅 커뮤니케이션의 수단이 되고 있다. 스포츠 스폰서십과 대의마케팅이 있다.

1. 스포츠 스폰서십

스포츠 스폰서십(sports sponsorship)은 기업이 스포츠 스타, 팀, 연맹 및 협회, 스포츠 행사를 지원하면서 스포츠를 촉진 수단으로 이용하고자 하는 것이다. 현금이나 물품 또는 노하우, 조직적 서비스를 제공하면서 광고 또는 홍보를 보조해주는 강력한 촉진수단이 되고 있다.

스포츠 스폰서십 마케팅이 성립하려면 어떠한 요소가 필요한가? 대한민국이 세계적으로 경쟁력을 확보하고 있는 여자프로골프를 중심으로 살펴보고자 한다.

1) 스포츠 스타

이른바 박인비, 유소연, 김세영, 양희영, 김효주, 전인지 선수들로 구성된 '태극낭자군단'이 있다. 1998년 대한민국이 IMF 경제위기에 처했을 때, 박세리 선수가 US오픈에서 우승하면서 국민들에게 용기를 준 일이 있었다. 박세리 선수가 2007년 최연소 첫 동양인으로 LPGA 명예의 전당에 오르는 과정을 보면서 성장한 세리 키즈들은 미국 진출을 하면서 세계 곳곳에 K-골프 바람을 불러일으켰다. 소속된 프로들은 어린 시절부터 부모에게 지원을 받으면서 동기유발과 강한 훈련으로 성장하였고, 세계무대로 진출하여, 리디아고(Lydia Ko), 스테이스 루이스(Stacy Lewis), 렉시 톰슨(Lexi Thompson), 수잔 페테르센(Suzann Pettersen) 등 스타들과 경쟁하면서 관심을 불러일으켰다.

2) 협회와 기업 스폰서십

세리 키즈들의 미국여자프로골프(LPGA)의 성공은 한국여자프로골프, 즉 KLPGA(Korea Ladies Professional Golf Association)의 성공으로 연결되었다. 2016년에는 박인비가 명예의 전당에 올랐다. 미국에서의 인정이 자연스럽게 국내 대회의 질을 높였다. 대중의 관심이 높아지면서 기업 후원도 자연스럽게 잇따랐고, 상금 규모도 커지고 선수들의 수입도 증가하였다. 한국 1등이 세계 1등이라는 공식도 생겼다.

여자프로선수들은 기업의 스폰서십을 받으면서 옷과 모자 등에 기업의 이름을 새기고 홍보를 담당하고 있다. 이러한 스포츠 스폰서십은 광고를 기피하는 대중에게 거부감 없이 자연스럽게 홍보효과를 낸다. 즉, 스포츠 스폰서십은 광고, PR, 판매촉진 등 다른 촉진 도구를 지원하는 역할을 수행하게 된다.

3) 소비자로서 관중

스포츠 스폰서십을 통한 마케팅의 꽃은 소비자인 관중이다. 결국 소비자인 관중이 있기 때문에 경기의 열기가 높아진다. KLPGA에 속한 여자프로선수들의 실력과 매력이 매체를 통해 관중을 지속적으로 사로잡을 수 있었다. 여자프로선수들의 실력, 외모, 여성성 등이 남자 관중의 관심 증가로 이어졌고, 이러한 관심 증가는 기업의 후원 증가로 연결되었다. 관중의 관심과 후원 등에서 한국남자프로(KPGA)와 큰 차이가 나게 되었다.

4) 매스미디어

JTBC골프, SBS골프와 같은 전문 매체들은 스포츠 경기, 관중, 스폰서 기업을 연결시켜준다. TV중계권료는 스포츠단체의 수입원이 되고, 경기와 연결되어 시청자에게 볼거리를 제공한다.

5) 글로벌 대행사

스포츠에 따라 글로벌 대행사들이 역할을 하는 경우가 많다. 미국의 대표적 스포츠 대행사인 IMG는 프로선수들의 업무를, ISL은 세계 규모의 경기대회 대행을 담당하고 있다. IMG는 스포츠 선수들의 연봉협상에서 TV중계, 광고에 이르기까지 일체의 활동에 대하여 서비스를 함으로써 선수의 수입을 늘려주고 그들의 수입도 창출하고 있다. ISL은 올림픽과 월드컵 등 국제 주요 스포츠 이벤트마케팅을 담당하면서 스포츠마케팅 기법을 고도화시키고 있다.

6) 효과

스포츠 스폰서십은 KLPGA의 경쟁력을 높였고, 후원한 기업들의 브랜드 자산을 높였다.

삼성전자는 2005년부터 2010년까지 영국 프리미어리그 축구명문 구단 첼시(Chelsea)의 공식 스폰서를 맡아 후원 계약으로 900억 원 가량을 지불하고 유니폼, 경기장 광고, 선수단 이미지 사용권을 획득한 바 있는 데, 광고효과는 3억 달러 이상으로 분석되고 있다.

2. 대의마케팅

스폰서십의 일종으로 PR, 판촉, 사회적 책임을 함께 담아 대의마케팅(cause-related marketing)을 수행한다.

가장 흔한 방법은 고객이 특정 기업의 브랜드를 구입할 때마다 기업이 지정한 대의에 일정한 액수를 기부하는 형태이다. 고객이 특정 기업의 제품을 구입하면, 기업은 일정액을 비영리조직에 제공하는 형태이다. 이와 같이 잘 수행된 대의마케팅 프로그램은 상생의 모습을 창출한다. 스폰서 기업은 수익을 얻고, 비영리조직은 자금을 지원받고, 소비자는 가치 있는 대의에 기부금을 낸다는 자긍심을 갖는다.

6절. 인적판매

인적판매(personal selling)는 판매원이 잠재고객에게 접근해 직접판매를 유도하는 방식이다. 판매원의 능력을 기르면 강력한 촉진 도구가 된다. 이는 잠재고객과의 쌍방향 교류를 통하여 고객과 호의적인 관계를 맺고자 하기 때문에 제품 판매 기능을 넘어서고 있다. 즉, 고객을 호의적으로 설득하여 공중관계를 개선하고, 시장정보를 수집하는 일로 확장가능하다.

판매원 관리와 인적판매 과정이 어떻게 이루어지는지 살펴보자.

1. 판매원 관리

선발 과정을 통해 훌륭한 판매원을 획득한다. 상위 30퍼센트가 매출의 60퍼센트를 달성한다는 통계가 있을 정도로 우수한 판매원의 역할은 크다. 좋은 판매원을 선발하는 것이 훈련시키는 것 이상으로 중요하다.

1) 교육훈련을 시킨다

소비자행동, 시장조사, 제품테스트, 광고기법 등 마케팅 교육을 받아야 한다. 고객을 이해하고 그들과 관계를 구축할 수 있는 능력을 기르는 것이 중요하며, B2B 기업의 경우, 성과를 높이기 위해 협상 능력을 길러주는 훈련프로그램도 필요하다. 오프라인뿐만 아니라 온라인 교육 훈련이 필요하다.

2) 보상계획을 마련한다

매력적인 보상계획(compensation plan)은 판매원을 동기유발시켜 판매량을 증대시키는 데 중요한 역할을 한다. 일상적인 업무를 담당하고 있는 판매원에게는 연봉제 방식을 채택하나, 새로운 고객을 찾아야 하는 판매원의 경우에는 커미션을 가미한 변동급여가 동기를 부여하고 성과를 높일 수 있다. 우수한 성과를 올린 판매원에게는 보너스를 제공하여 보상을 해줄 수 있어야 한다.

3) 지원시스템을 마련한다

판매목표를 달성하기 위해 지원시스템을 통해 동기를 부여한다. 고객 접점 및 관계 관리 소프트웨어를 제공해야 한다. 컴퓨터와 디지털을 이용하여 영업사원이 언제 어디서나 효과적으로 일을 수행할 수 있도록 도와주는 판매원자동화시스템(sales force automation system)을 구축해야 한다.

4) 성과를 관리한다

기업은 판매원이 할당된 지역에서 판매와 이익성과를 얼마나 내는가 확인하고 관리한다. 고객관계를 잘 하고 있는가? 마케팅 부서 및 기업 내 다른 부서와 잘 협력하여 일을 처리하고 있는가? 성과창출을 위해 비용지출을 적절하게 사용하고 있는가? 등을 체크하고 관리해 나간다.

2. 인적판매 과정

인적판매에는 최적의 접근은 없지만, 효율적인 판매를 위해 다음과 같은 절차가 필요하다.

1) 가망고객을 식별한다

가망고객을 식별하고 그들에게 쉽게 접근하기 위한 정보를 수집한다. 방문 전에 판매원의 방문을 사전에 알리고 시간 약속을 한다.

2) 사전접촉을 한다.

훌륭한 시작점에서 관계를 행사할 수 있도록 고객에게 인사하거나 고객이 입은 옷과 유사한 옷을 입거나, 적극적인 자세를 보이면서 접근한다.

3) 프레젠테이션을 한다.

상담이 시작되면 자기소개를 한다. 제품의 특징, 이점, 혜택, 가치(features, advantages, benefits, value: FABV)를 제시한다. 이 과정에서 고객 신뢰를 획득하고 고객을 설득시킨다. 프레젠테이션 동안 나타나는 심리적 저항(psychological resistance)이나 논리적 저항(logical resistance)을 잘 극복해야 한다.

4) 계약을 성사시킨다.

구매자가 구매 접근에 이르렀는지 파악하면서 판매를 종결시킨다.

5) 후속 조치를 한다.

고객만족과 반복구매를 확인하기 위하여 후속 조치와 유지 방법을 인지하고 제시해야 한다.

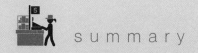

수원화성, 강진, 남양주에서 다산 정약용과 여러 문화제를 연결시키고 있다. 본 장에서는 다산 정약용 연구가 대한민국 마케팅 이론 정립에 중요한 시사점을 던진다는 것과 실무적으로 다양한 콘텐츠 가능성을 제기하였다. 그리고 대한민국 김치냉장고의 틈새시장을 개척한 딤채가 개발된 후 확산되는 과정에서 어떠한 촉진 도구를 이용하였는지 사례를 제시해 촉진 도구를 설명했다. 촉진 도구를 광고, 판매촉진, PR, 스폰서십, 인적판매로 나누어 이들이 어떻게 관리되고 있는지 구체적으로 설명하였다.

이는 우리가 살아가면서 일반적으로 경험하는 마케팅 촉진 도구들이기 때문에 이해가 어렵지 않았을 것으로 판단된다. 이들 촉진 도구들을 개별적으로 이해하는 것도 중요하지만, 통합적으로 이해하여야 함을 앞 장에서 강조한 바 있다. 즉, 소비자의 관점에서 하나의 목소리를 내면서 접근해야 하고, 소비자 상황에 따라서 기업이 처한 상황에 따라서, 제품의 수명주기에 따라서 다른 촉진 도구를 사용할 수 있고, 같은 촉진 도구도 목표를 달리하면서 접근해야 한다. 코카콜라가 광고를 강조했다면, 마이크로소프트는 PR을 강조했다. 온전한 사회의 구성원으로서 역할을 하기 위해 PR의 영향은 더욱 더 강해질 것으로 판단된다. 광고는 비교적으로 장기적인 효과를, 판촉은 단기적인 효과를 기대한다는 점에서 균형이 필요하다.

■ 참고문헌

김경해 (2003), 《Let's PR》, 매일경제신문사.

이규현 (2015), 〈다산의 실용주의와 기업가정신〉, 한국의 미래와 기업가정신 심포지엄 프로시딩, P91~102.

테렌스 심프 지음, 오창호 외 7인 공역 (2008), 《광고와 프로모션》, 한경사.

Ries, Al and Laura Ries (2002), 《The Fall of Advertising and The Rise of PR》, Harper Business.

Twitchell James B. (2000), 《Twenty Ads that Shock the World: the Century's Most Groundbreaking Advertising and How it Changed Us All》, Broadway Books

memo

12

Marketing

해외시장
개척

Marketing

대한민국은 천연자원이 부족해 해외에서 자원을 얻기 위해, 그리고 5천만 명의 내수시장 한계로 인해 해외시장 개척이 필요하다. 성장에 한계를 느낀 많은 기업이 해외시장 개척으로 방향을 잡아왔다. 이러한 해외시장 개척에서 대한민국 정부의 노력이 중요한 역할을 하고 있다.

대한민국 정부는 기업 수출을 장려하는 정책을 펼쳐왔다. 1964년 11월 30일, 수출액이 1억 달러가 된 그날을 수출의 날로 정했다. 상공부가 수출전략을 책임지고 지원하여 1970년에 수출액은 10억 달러가 되었고, 1972년 11월 30일 제9회 수출의 날에 100억 달러 목표가 설정되었다. 수출과 중화학공업으로 일어선 일본의 성공요인을 벤치마킹, 1975년 종합무역상사제도가 설립되어 삼성물산이 제1호,

이어 쌍용, 대우, 국제상사, 한일합성이 종합무역상사로 지정되었다.

1983년 2월 8일 삼성의 이병철 회장은 D램시장에서 일본이 절대 강자로 부상하던 시절, 반도체 진출에 도전하게 되었고, 1990년 이후 반도체 수출이 중심이 되어 IT 산업을 키우는 씨앗으로 작용, 삼성 그룹의 핵심 캐시카우(Cash Cow)가 되었다. 2015년 ICT 수출은 세계 3위, ICT 수출 품목에서 반도체가 1위를 차지하고 있다. 그리고 휴대폰, 디스플레이패널, 디지털TV, 컴퓨터 및 주변기기 순으로 나타나고 있다.

2015년 1분기에서 3분기까지 WTO 자료에 의하면 한국은 수출 6위를 차지하고 있다. 중국, 미국, 독일, 일본, 네덜란드, 한국 순으로 수출액을 달성했고, 그 뒤에 프랑스, 홍콩, 영국, 이탈리아가 뒤따르고 있다.

한국무역협회의 분석을 보면 2015년 10대 수출상품은 반도체, 자동차, 선박해양구조물, 석유제품, 평판디스플레이, 자동차부품, 합성수지, 철강판, 플라스틱제품 순으로 나타났다. 중소·중견기업의 수출 비중은 35퍼센트였다. 새로운 수출시장과 품목 발굴을 확대하고, 중소·중견기업의 수출 비중을 확대하기 위한 정책적 방향이 제기되고 있다.

수출은 글로벌화와 연결되어 있다. 대한민국의 글로벌산업에 속한 기업들은 세계로 진출하여 경쟁하고 있다. 글로벌산업은 경쟁자들의 전략적 포지션이 기업 전체 글로벌 포지션에 영향을 미치는 산업을 말한다. 조선산업, 반도체산업, 자동차산업, 이동전화기산업, 가전산업, 철강산업 등이 이에 해당된다. 이러한 글로벌산업에 속한 기업들은 원가우위와 차별화를 달성하기 위해 한 나라 이상에서 연구개발, 생산, 물적 유통, 마케팅, 재무활동을 수행하고 있다. 해외매출액 비중을 보면, 삼성과 LG는 70퍼센트가 넘고, 현대자동차는 60퍼센트가 넘는다. 이 기업들은 미국과 G2체제를 형성하게 된 중국 기업의 도전을 받기 시작했다.

이러한 도전을 받고 있는 중에 1장에서 강조한 것처럼 한류의 확산이 빠르게 나타났고, 이는 소비재 수출에 긍정적인 영향을 미쳤다. 'K-product'라 불리는 한류기반 소비재의 수출이 증대되고 있다. 이는 한류에 호감을 가진 외국인들이 한국의 생활양식을 선호하면서 수출 확대된 소비재를 통칭한다. 문화콘텐츠를 통해 노출되는 화장품, 액세서리, 과자류뿐만 아니라 가전제품 등 내구 소비자재를 말한

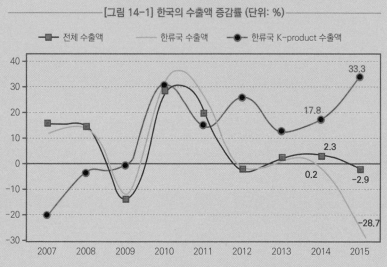

[그림 14-1] 한국의 수출액 증감률 (단위: %)

전체 수출액 ── 한류국 수출액 ──●── 한류국 K-product 수출액

자료: 현대경제연구원(2015)
주: 한류국은 중국, 홍콩, 일본, 싱가포르, 대만, 베트남, 태국, 필리핀, 인도, 인도네시아

다. [그림 14-1]을 살펴보면 한류에 영향을 받는 한류국 전체 수출액은 감소하고 있지만 한류국 K-product 수출액이 견고한 증가세를 유지하는 것을 볼 수 있다.

그리고 이러한 K-product 품목을 분석해보면 패션·뷰티 분야의 성장세가 뚜렷하게 나타나고 있다. 아모레퍼시픽은 2013년 1억 달러 수출 돌파 후 2년 만에 2억 달러를 돌파하여 2015년 무역의 날에 금탑훈장을 받았다. 화장품·패션 분야의 한류인 K뷰티가 세계화를 이끌고 있다. 이러한 한류 기반 소비자 수출활성화는 수출경기 침체의 돌파구로 분석되고 있다. 드라마, 음악 등 일부에 국한되던 한류를 문화산업 전반으로 확대해 다른 산업에 영향을 주고 아시아를 넘어서서 세계로 다변화하는 과제를 안고 있다.

1장에서도 강조하였듯이 한류의 확산은 대한민국 마케팅 전반을 새롭게 바라보게 한다. 이제 중국과 개발도상국에 원가우위 전략으로는 대응할 수 없어 차별화 전략을 확대해갈 수밖에 없다. 수출을 넘어 다국적마케팅으로 나아가고, 글로벌 가치사슬 속에서 협력을 찾아가야 한다. 해외 언어와 문화차이를 포용하는 지역인재를 육성하여 아시아로 진출하고, 아시아 속에서 대한민국을 바라볼 수 있게 교육해야 한다. 글로벌화 과정에서 기업경영교육을 자민족중심지향(ethnocentric orientation)에서 지리중심지향(geocentric orientation)을 포용하는 다국적 사고가 필요한 시점에 이르고 있다.

1절. 해외시장 진출 결정

 해외시장 진출은 국내시장의 한계를 느껴 해외시장 기회를 찾으려는 노력에서 시작된다. 국내에서 해외로의 공간의식 변화이다. 아시아 진출은 대한민국과 아시아를 함께 바라보는 공간의식의 변화를 담고 있으며, 베트남 진출은 대한민국과 베트남을 연결하겠다는 의미를 지닌다. 이는 그 나라와 연결시키는 조직 부서를 내부에 두어야 함으로 조직 변화를 수반한다.

국내시장에 진출한 미국, 일본, 유럽의 글로벌 기업이 존재한다. 그들이 어떻게 국내시장을 개척해왔는지 바라보면 간접적으로 해외시장개척을 이해할 수 있다. 많은 기업이 국내시장에 시장기회를 찾아 진출하여 성장하기도 하고 철수하기도 한다. 대한민국 기업들도 마찬가지이다. 국내시장보다 높은 이익 기회를 찾을 수 있는 국가 시장이 나타날 때, 기업은 위험을 감수하면서 시장개척을 단행한다.

해외시장 기회를 찾기 위한 준비단계가 필요하다. 1990년대 중국 시장이 개방되었을 때, 많은 벤처기업이 중국의 값싼 노동력을 이용해 중국으로 진출하여 성공하기도 했지만 한편 많은 기업이 철수하기도 했다. 중국어와 중국문화를 제대로 분석하지 않고 현지인에게 의존하다가 엄청난 사회적 비용을 지불하고 사업을 중단하게 된 경우였다. 특정지역에 대한 경험이 쌓이지 않은 경우에는 엄청난 학습비용이 든다. 그 비용을 견디지 못하면 사업은 무너지게 된다. 그러므로 특정 국가에 진출하기 위해서는 철저한 사전조사가 필요하다.

대부분의 중소기업 해외시장 진출 실패는 이러한 준비 부족에서 나타난다. 중소기업은 자원이 부족한 상태이므로 해외진출에 관한 정보를 정부기관으로부터 도움을 받으면서 차근차근 준비하면서 마케팅프로그램과 조직을 만들 필요가 있다.

들어갈 잠재시장의 리스트를 정리하고 시장분석을 한 후에 들어갈 시장을 정해야 한다. 언어, 문화, 관습이 국내와 많이 다르면 시장 진출 과정에 많은 사회적 비용(social costs)이 들게 된다. 그러므로 기업은 사회적 네트워크를 확보한 나라로 진출하는 것이 유리하다. 미국기업이 캐나다, 오스트레일리아 등 언어와 법 등이 비슷한 국가로 진출하려고 하는 것처럼, 우리나라 중소기업이 문화가 비슷한 아시아 국가로 진출하려는 것도 같은 이치이다.

2절. 해외시장 환경분석

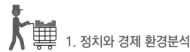 1. 정치와 경제 환경분석

해외시장 진출 결정에서 정치와 경제 환경 분석이 일차적으로 이루어진다. 먼저 경제공동체에 대해 이해할 필요가 있다. 2015년 한국과 중국이 빠진 가운데 미국과 일본이 주도하여 형성한 환태평양경제동반자협정(Trans Pacific Partnership: TPP)이 형성되었고, 그 영향이 논란 중이다.

유럽공동체가 하나의 시장이 되면서 유럽 전역에서 유로사용국가와 사용하지 않는 국가 사이의 경제행위의 차이가 나타나고 있다. 북미에서는 1994년에 미국, 멕시코, 캐나다 간에 형성하고 있는 북미자유무역협정(North American Free Trade Agreement: NAFTA)이 채결되었다. 남미에서는 2004년 말 남미국가공동체(South American Community of Nations:CSN)가 창설되었고, 3억5천만 이상의 소비자들로 구성된 이 국가공동체는 NAFTA, EU다음으로 큰 경제연합이 되었다.

오늘날 국가와 국가 사이의 양자관계로 진행되고 있는 무역협상인 FTA도 경제활동에 영향을 미치고 있다. 2015년 우리나라는 중국과

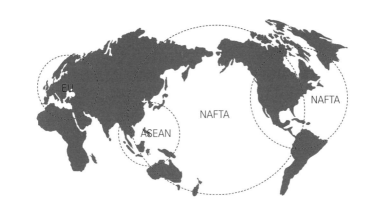

[그림 14-2] 경제공동체

FTA가 성립되고 산업구조에 변화가 야기될 것으로 예상하고 있다. IMF, OPEC, OECD 등 국제경제기구에 대한 분석도 필요하다.

2. 정치·법률적 환경분석

해외시장 진출은 정치적 위험을 따져야 한다. 2001년 9월 11일 미국을 강타한 테러리즘, 2015년 프랑스, 영국 등 세계로 번지는 IS 테러 등으로 위험의식이 높아지고 있으며, 이는 정치흐름에 큰 영향을 미치고 있다. 종교적인 갈등이 정치 환경에 영향을 미치는 것이다.

진출하고자 하는 국가의 정부 정책을 주시해야 한다. 정부는 자국의 산업을 보호하려고 진출기업에 불리한 정책을 수립할 수 있고, 자국에서 육성해야 하는 산업의 미래를 위해 특정 기업에 유리하게 유치하려고 하는 경우도 있다. 국제법에 대한 이해도 필요하다. 정부의 인센티브 프로그램에 대한 관심도 필요하다. 관세장벽과 비관세장벽으로서 쿼터와 금수조치, 지적재산권, 저작권, 상표권에 대해 깊은 이해가 필요하다.

3. 문화적 환경분석

해외시장으로 진출할 때 문화 차이에 대한 이해는 필수적이다. 현지기업과 협력할 때, 현지 소비자와 관계할 때, 나타나는 문화 차이를 이해하고 접근해야 성공한다.

문화에 따라 소비자들의 자아, 태도, 행동 차이가 나타나고 이러한 차이는 해외시장 개척에 장애로 작용하기 때문에 이해하고 그에 맞추어 사업할 수 있는 능력을 길러야 한다. 해외시장의 문화를 잘못 이해하고 자국의 문화 관점에서 사업을 하면 실패가능성이 높아진다. 소비자들은 문화에 영향을 받아 태도가 형성되고 구매행동이 달라진다. 이러한 문화적 차이를 이해하고 현지 문화에 맞는 제품 개발과 촉진을 수행해나간다.

타국의 문화를 이해하려면 자국의 관점에서 바라보지 말고, 그 나라의 문화 관점에서 바라볼 수 있어야 한다.

3절. 해외시장 진출 방법과 전략 결정

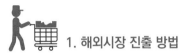 **1. 해외시장 진출 방법**

환경 분석이 끝나면 해외시장 진출 방법을 고려해야 한다. [그림 14-3]은 글로벌화의 강도에 따라 다섯 가지 해외시장 진출 방법을 제시하고 있다. 수출, 기술제휴, 합작투자와 직접투자로 나아갈수록 세계화 강도가 높아진다. 이들 각각에 대해 보다 자세히 이해하도록 하자.

[그림 14-3] 해외시장 진출 방법

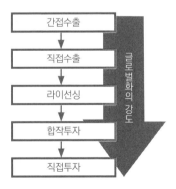

1) 수출

기업이 수출을 중심으로 해외로 진출하고자 할 때, 간접수출과 직접수출을 수행한다. 간접수출(indirect exporting)은 독립적인 국제 마케팅 중개상, 예를 들어 종합무역상사, 수출입전문회사, 다른 기업의 수출 창구 등을 이용하는 경우이다. 이 경우의 판매는 엄밀한 의미에서 국내 판매와 동일하다. 중개상이 모든 서비스를 제공하기 때문에 해외 진출 위험도가 낮다.

해외시장에 매력을 느끼고, 경험이 축적되면 직접수출(direct exporting)을 수행한다. 이는 대행사나 중간 수입업자를 통하지 않고 자사제품을 적극적으로 판매하고자 하는 경우이다. 수출 활동을 전담하는 국내 수출 부서를 두거나, 판매와 유통 그리고 가능하면 촉진까지 담당하는 해외 판매지점을 설립하게 된다.

2) 기술제휴

기술제휴(licensing)는 기업과 기업이 생산기술이나 가공기술 따위를 서로 제공하며 협력하는 일이다. 기술이 있는 기업이 기술을 필요로 하는 기업에게 기술과 기술관련 특허나 등록상표 등 가치 있는 자산에 대한 사용권을 부여하고, 그 대가로 사용료를 받는 형태로 기술제휴를 할 수 있다. 기술제휴를 하는 기업(licensor)은 큰 위험 없이 외국에 진출할 수 있으나, 기술제휴 기간이 끝난 후에는 그 외국 기업이 자사의 경쟁사가 될 수도 있는 단점이 있다.

기술제휴를 하는 기업 중 가장 잘 알려진 기업은 코카콜라(Coca-Cola)이다. 코카콜라는 세계 각국의 외국 회사에 코카콜라를 만드는 데 필요한 시럽과 코카콜라 브랜드 사용권을 주고 그 대가로 엄청난 사용료를 받고 있다. 기술제휴를 받는 기업은 비교적 큰 재정적 부담 없이 생산기술을 익히거나 코카콜라 브랜드를 쓸 수 있다는 장점이 있다.

그러나 기술제휴의 단점은 기술을 제공하는 기업이 기술을 받는 기업을 통제하기 어렵다는 점이다. 기술을 제공받는 기업이 제대로 제품을 못 만들거나 또는 브랜드 이미지를 흐리게 한다면, 기술을 제공하는 기업의 이미지에 큰 타격을 주게 된다.

3) 합작투자

합작투자(joint venture)는 해외에서 제품을 판매하기 위해 현지 파트너와 합작관계를 맺는 것으로 공동소유(joint ownership)의 형태가 일반적이다. 즉, 기업이 다른 나라의 투자자와 공동으로 투자하여 그 나라에 현지법인을 세우는 것이다. 설립된 새로운 기업의 경영권과 소유권은 양측이 나눠 갖게 된다. 합작투자를 하는 것은 주로 경제적인, 또는 정치적인 이유 때문이다. 해외에서 단독으로 현지기업을 설립하여 운영하기에는 기업의 자원이 부족할 수 있고, 자원이 있다 하더라도 해외에서의 위험을 스스로 부담하기 어려울 수도 있다.

합작투자의 어려운 점은 현지파트너와 마케팅과 투자에서 의견이 다를 수 있다는 것이다. 따라서 아주 신중하게 현지파트너를 선정하고, 파트너가 선정되면 그 파트너와 좋은 관계를 유지하기 위해 최선을 다해야 한다. 이 형태는 기업이 전 세계를 무대로 글로벌 전략을 추구할 때 방해가 될 수 있다.

4) 직접투자

기업이 수출을 통해 경험을 축적한 후 해외시장의 규모가 충분히 크다고 판단하면 해외에 생산시설을 갖추고자 직접투자(direct investment)를 수행한다. 현지시장의 노동력과 원자재, 운송비 절감, 현지 정부의 투자인센티브 등으로 원가를 줄여서 저비용으로 경쟁력을 높일 수 있다. 이 경우는 현지의 가치사슬을 구성하고 있는 공급업자, 유통업자와 유대관계가 형성되어 있을 경우에 나타나는 진출 형태이다.

이 방법은 해외시장 진출에서 위험이 가장 큰 방법이다. 해외시장 변화, 진출국의 정치적 상황 변화, 그리고 환율의 변화 등 위험도가 나타날 수 있기 때문이다. 정치적 위험도가 투자에 결정적으로 작용한다.

2. 가치사슬상 기능분화를 통한 해외시장 진출

수출, 기술제휴, 합작투자, 그리고 직접투자 등을 가치사슬 속에서 기능분화의 관점에서 볼 수 있다. 현지기업과의 전략적 제휴를 먼저 이해하자. 전략적 제휴(strategic alliance)는 연구개발, 생산, 마케팅을 공유할 때 어떠한 이점이 있는지 판단해야 가능해진다. 즉 상대방이 갖고 있는 기술, 정보, 지식, 경험 등을 배우고, 공유하면서 네트워크 자산을 키우겠다는 사고가 있어야 성립한다. 네트워크 자산에 대한 이론적 기반을 이해하도록 하자.

[그림 14-4]에서 볼 수 있듯이 전략적 제휴는 국내 특정 산업에 속한 A기업과 해외에 있는 B기업의 장기적 관계가 발전하여 전략적 제

[그림 14-4] 네트워크 자산의 공유

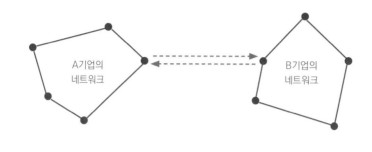

휴를 맺게 될 때, A기업의 네트워크와 B기업의 네트워크가 연결되는 현상이 나타난다. 서로가 가진 유형 자산을 공유할 뿐만 아니라, 보이지 않는 자산까지 공유하게 된다.

이러한 공유는 보완관계를 중심으로 제휴를 맺을 때, 가치가 상승한다. 이러한 보완관계는 가치사슬상에서 나타나는데, 연구개발, 생산, 마케팅, 판매 및 서비스 네 가지 기능에서 찾을 수 있다. 그리고 협력관계는 세 가지 유형으로 나타난다.

유형1은 두 기업이 연구개발 또는 생산에서 협력하는 경우이고, 유형2는 두 기업이 마케팅과 판매 및 서비스에서 협력하는 경우이다. 이러한 두 유형은 동일한 부품과 제품을 공동생산하거나 서로 보완적인 제품을 공동으로 판매하는 경우이다. 유형3은 두 기업이 가치사슬의 극단에서 역량을 보유하고 서로 보완관계가 있을 경우 협력하는 경우이다. 즉, 한 기업은 연구개발과 생산에 역량이 있고, 다른 기업은 마케팅에 역량이 있어 서로 역할을 담당하는 경우이다.

[그림 14-5] 가치사슬상 기능분화를 통한 해외시장 진출

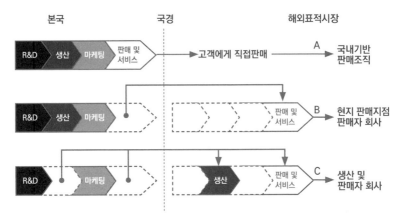

자료: Svend Hollensen (2004), 《Global Marketing: a decision-oriented approach》, 3rd ed., Prentice-Hall. p336.

　협력은 자원의 한계를 극복하기 위해 신뢰관계를 형성하면서 형성되고 발전하기도 하지만, 이해상충으로 깨지기도 한다. 기업은 가치사슬상의 기능분화를 통해 해외시장에 직접 진출하고자 하는 경우가 많다. 국내기반 판매조직을 가지고 해외시장에 직접 판매하는 형태를 취하는 경우가 있고, 현지 판매지점을 만들거나 판매자 회사를 만들어 접근할 수 있다. 더 나아가 해외 생산자 회사나 판매자 회사를 만들어 접근할 수도 있다. 이를 모형화한 것이 [그림 14-5]이다. 이 모형은 홀렌슨(Hollensen, 2004)이 《글로벌마케팅》에서 접근한 것이다. 첫 번째 모형은 국내기반 판매조직을 가지고 해외표적시장 고객에게 직접 판매하는 경우이다. 두 번째 모형은 현지 판매지점·판매자 회사를 만드는 경우 연구개발, 생산과 마케팅은 본국에서 수행하고 판매 및 서비스를 해외시장에 두는 방법이다.

세 번째 모형은 생산 및 판매자 회사를 만드는 경우 연구개발과 마케팅을 본국에서 수행하고 생산과 판매 및 서비스를 해외시장에서 수행하는 경우이다.

대한민국 기업은 수출을 넘어서 가치사슬상에서 기능분화를 통해 글로벌화를 진행 중에 있으며, 수출이 가진 한계를 넘어 현지화를 통해 뿌리를 내리려고 하고 있다.

3 표준화와 현지화

해외시장 진출에서 표준화와 현지화의 선택은 중요한 주제이다. 기업이 글로벌화 단계를 거치는 과정에서 초기에는 수출을 중심으로 해외시장 진출을 시도하다가, 점차적으로 현지사정에 밝게 되어 해외생산과 마케팅을 수행하게 될 때, 이러한 관점에 직면하게 된다. 표준화(standardization)는 세계적인 측면에서 마케팅 프로그램을 동질적으로 수행하는 것을 말하고, 현지화(localization)는 각국의 사정에 맞게 마케팅 활동을 전개하는 것을 말한다.

1) 표준화

시장을 전 세계적 측면에서 동질적으로 바라보고 마케팅을 펼치고자 할 때 표준화 전략을 사용한다. 전 세계시장에 표준화된 제품을 개발하여 현지시장에 진출하고 촉진하는 전략이다.

이 전략을 택하는 기업은 표준화된 생산을 통해서 규모의 경제를 달성하고 재고비용을 절감하고자 한다. 표준화 전략을 수행하는 것이 전 세계에 일관성 있게 전달될 수 있다고 판단하는 경우이다. 현지화의 경우 제품수정을 하거나 현지에 맞는 촉진을 수행해야 하는데, 이 경우 비용이 많이 든다.

일반적으로 제품표준화 전략은 산업재보다 음료수, 라디오, TV 등 소비재에 더욱 적합하다. 예를 들면, 유아용 화장품, 파우더, 오일, 로션 등의 품목을 전문적으로 생산 및 판매하는 미국 존슨앤존슨의 경우, 세계시장에 동일 품질규격의 제품을 진출시키고 있다.

2) 현지화

표준화에는 많은 장애요인이 잠재되어 있다. 해외시장의 경제발전, 지리나 기후 등 자연환경, 문화적 환경, 경쟁환경, 유통시스템이나 광고매체 등의 마케팅제도와 법적제도 등이 국가에 따라 다르기 때문이다.

현지 국가의 시장특성에 맞추어 제품과 촉진을 다르게 접근하는 방법을 택하는 것이 현지화 전략이다. 예를 들면, 자동차의 경우 현지의 법규나 기후와 높은 관련성을 갖는다. 즉, 중동수출용은 속도위반 경고장치를 달아야 하고, 북미수출은 에어백이 필수이다. 또한 자동차의 핸들은 미국은 왼쪽, 영국 등 유럽국가와 일본은 오른쪽에 달아야 한다. 선호되는 색상도 각국마다 차이를 보이므로 제품, 포장 및 색상에 있어 다르게 접근해야 한다.

엄격한 환경규제를 가지고 있는 국가에는 그에 따른 접근을 하여야 한다. 2015년 독일의 포크스바겐자동차는 엄격한 미국의 환경규제를 피하려다가 법적규제에 직면하여 세계 1위의 자리를 내놓고 기업뿐만 아니라 자동차산업의 수출 비중이 가장 큰 독일 경제에까지 어려움을 주고 있다.

3) 표준화와 현지화의 균형

완전히 표준화하거나 완전히 현지화하는 것은 비현실적이다. 진출하는 현지시장에 내재된 동질성을 규명하여 표준화된 전략을 개발한 후, 적용할 때 각 현지시장의 특성에 맞게끔 부분적으로 수정하는 전략이 필요하다. 즉, 기술, 용도 등 제품의 주요 특성에서 표준화된 제품을 개발하고, 색상, 크기, 포장 등은 현지시장 특성에 맞추어 부분적으로 수정하는 전략이다.

맥도날드는 '생각은 글로벌하게, 행동은 지역적으로(Think globally, act locally)'로 해야 한다고 주장한다. 맥도날드는 생산 부분에서 표준화개념을 서비스표준화로 글로벌화시킨 최초의 기업이다. 식품은 현지화를 적용시키지 않을 수 없었다. 전 세계에 있는 체인점에 서비스표준화를 적용하고, 각 메뉴는 현지의 기호에 맞게 지역화시키고 있다. 현지 소비자들의 음식문화가 다르기 때문에 이러한 방법을 선택했다.

4절. 마케팅믹스 프로그램 결정

 **1. 제품전략**

앞에서 설명한 표준화, 현지화에 따라 제품 개발이 달라질 수 있다는 것을 보았다.

1) 제품 개발과 문화

제품 개발을 독자적으로 수행하여 유기적 성장을 하고자 하는 기업이 대부분이지만, 협력을 통하여 제품을 개발하는 경우도 증가하고 있다. 나이키와 같이 아웃소싱을 통해 제품 개발과 생산을 하는 기업의 경우는 생산을 해외 아웃소싱으로 해결한다. 때때로 제품을 보유한 기업을 인수합병(M&A)하여 그 제품을 보유한 기업의 제품을 흡수하는 경우도 있다. 이 경우는 특정 제품 분야에서 신제품을 개발하는데 오랜 기간이 걸리고 경쟁의 위험도 크다고 판단할 때 나타난다. 이경우 두 기업 문화를 통합하는 것이 중요하다.

중국의 레노버는 2005년 '코끼리를 삼킨 보아뱀'처럼 미국 IBM PC 사업부를 인수하여 세계 중심에 섰고, HP, Dell을 제치고 최대 PC제조업체가 되었다. 2015년에는 IBM의 X86서버 사업부와 모토로라를 인수하여 휴대폰사업으로 확장하였다. 모토로라 브랜드를 모토(Moto by Renovo)로 바꾸고 하이엔드 브랜드로 키울 예정이다. 중국문화를 고집하지 않고 진짜 글로벌의 방향으로 움직이고 있다. 중국의 내부문화는 조용하고 겸손하고 심사숙고한 태도여서 더 적극적으로 변해야 하고, 미국이 가지고 있는 개방성, 직접적이며 공유하는 태도에는 천천히 서로 접근하도록 하고 있다.

2) 시장진입효과

신제품을 먼저 개발해서 시장에 처음 진출하는 기업을 선발기업(first mover), 뒤에 개발해서 진출하는 기업을 후발기업(late mover)이라 부른다. 어느 기업이 유리한가 따지는 것이 시장진입효과이다.

선발기업이 효과가 크다고 주장하는 학자들이 있다. 이는 일찍 기술개발을 시작했기 때문에 자연히 높은 수준의 기술을 보유할 수 있는데, 이는 생산에 필요한 희소자원도 선점하게 되기 때문이다. 소비자의 입장에서 보더라도 일단 어느 기업의 제품을 사용하다가 다른 기업의 제품으로 바꿀 때는 교체비용(switching cost)이 드는 경우가 많아 그대로 고수하는 경향이 있다. 또한 제품의 질에 대한 판단 근거가 확실치 않을 때는 선발기업의 잘 알려진 브랜드를 선택함으로써 불확실성을 줄이려는 경향도 있다.

후발기업이 효과가 크다고 주장하는 학자들도 있다. 후발기업은 선발기업이 가진 기술과 경영기법을 모방하면서 접근하기 편리하다. 후발기업이 선발기업을 능가하는 사례가 많이 나타나고 있다.

3) 동시 출시와 단계적 출시

제품을 개발하고 출시하는 데 있어 동시에 출시할 것인지, 아니면 단계적으로 출시할지가 중요해진다. 전자를 스프링클러 모형이라 하고 후자를 폭포 모형이라고 한다.

2. 가격 전략

글로벌기업의 경영자가 실무적 차원에서 의사결정을 할 때 가장 큰 문제로 인식하는 것이 가격결정이다. 가격결정에 영향을 미치는 요인은 기업 목표, 원가, 수요, 경쟁, 유통경로, 정부정책들이다. 기업의 전략적 목표가 어디에 있는가에 따라, 기업에서 발생하는 원가수준에 따라서, 시장의 수요 변화에 따라서, 산업의 경쟁강도 수준에 따라서, 유통구조와 경로의 길이에 따라서, 그리고 현지 정부의 정책과 규정이 가격결정정에 영향을 미친다.

글로벌 가격결정은 크게 저가전략과 고가전략으로 나누어 다르게 전개된다. 일반적으로 기업이 저가전략을 선택하는 것은 가격을 낮추면 시장점유율이 증가하는 일반적 현상 때문이다. 국내마케팅에 종사하던 기업이 해외시장 개척 단계로 넘어가면 여러 가지 증가 비용이 수반되며, 국내 소매가격보다 해외소매가격이 높아지는 것을 가격상승(price escalation)이라고 한다. 기업이 해외시장에 침투하는 목표를 수행하기 위해서 침투가격결정 전략(penetration pricing strategy)을 사용하고, 첨단기술기업은 연구개발에 비용을 들여 첨단기술 제품을 개발한 경우 초기에 높은 가격을 책정하는 스키밍가격 전략(skimming pricing strategy)을 사용하려고 한다.

덤핑은 외국산 제품이 불공정한 가격으로 수입될 때 발생하는 것으로 대부분의 국가가 국내 생산자를 보호하기 위하여 덤핑판정을 받는 기업에게 반덤핑 관세를 물리거나 벌금을 부과한다. 기업은 반덤핑 행위에 위험 노출을 극소화하기 위해 수출기업은 제품 업그레이드, 서비스 고도화, 유통과 커뮤니케이션 강화 등의 방법을 사용한다.

3. 촉진 전략

기업은 국내시장에서 사용하던 촉진 전략을 동일하게 사용하거나 현지시장에 맞추어 변경할 수 있다. 이 경우 우선적으로 문화차이에 관한 이해가 필요하다. 고배경문화와 저배경문화, 집단주의와 개인주의, 사회적 자아와 개인적 자아 등에 관한 이론은 촉진 활동의 현지화를 어느 정도로 할 것인가 결정하는 데 도움이 된다.

메시지와 매체 결정에도 차이를 둘 수 있다. 광고메시지를 현지시장에 완전히 적응시키는 전략을 수행할 수 있다. 글로벌 기업들의 촉진 도구로서 스포츠 스폰서십을 이용하는 경우가 많다.

4. 유통 전략

전체경로 관점에서 최종 소비자에게 제품을 유통시키고자 한다. 첫 번째 경로는 기업의 제품을 생산기점에서 제품이 판매되는 국가까지 이동시키는 국가 간의 경로이다. 두 번째 경로는 국가 내부 경로이며, 이 경로를 통해 국가에 진입한 제품을 최종 소비자에게 전달한다.

국가 내의 유통경로는 국가마다 매우 다양하게 나타나고 있다. 국가마다 산업발전이 다르고 생산과 소비를 연결하는 유통부문의 발전

도 다르기 때문에 각 국가의 중간유통과 유형 그리고 물적유통경로
에서 상당한 차이가 존재한다. 국가 간 소매상의 규모와 특성 차이가
크다. 미국과 같은 선진국에서는 대규모 소매상이 지배적이지만, 인
도와 같은 개발도상국에서는 무수히 많은 소매상이 소규모의 점포를
운영하거나 재래시장에서 제품을 판매하고 있다.

이와 같이, 기업이 해외지향성을 가질 때 그 나라의 유통구조가 자
국의 유통구조와 다름을 인식하고 적절한 유통경로를 설정하는 능력이
중요하다. 우리나라 기업이 일본과 미국에 진출하고자 할 때, 두 나라
의 유통경로가 다르다는 것을 인식하고 접근하는 것이 중요하다.

인터넷이 발전하면서 비용감소와 접근성의 이점이 있어 글로벌 유
통에도 변화를 가져다주고 있다. 인터넷이 기존 사업에 보완효과를
내는지 대체효과를 내는지는 전통채널과 비교해 인터넷 가치를 평가
하는 소비자평가에 달려 있다. 소비자들의 인터넷에 대한 접근성이
높아져 오프라인과 온라인 결합 행동이 나타나면서 기업의 비즈니스
모형에 변화가 나타나고 있다.

5절. 사례연구

한류는 드라마와 케이팝에 이어 애니메이션, 캐릭터, 게임 콘텐츠 사업으로 확장되고 있다. 영세했던 대한민국 콘텐츠 업체가 국제경쟁력을 갖춘 강소기업이 되고 있다. 국내 애니메이션은 과거 미국과 일본 등 선진국의 하청 제작 위주로 수출이 이루어졌으나, 이제는 기획부터 국내에서 진행하는 창작 애니메이션의 수출 형태로 발전하고 있다. 국내에서 비슷한 연령대를 중심으로 한 애니메이션 캐릭터 경쟁이 치열해지자, 애니메이션 강소기업은 시장을 확대하기 위해 해외시장으로 진출하고 있다. 그리고 해외시장에서 애니메이션 한류를 구축해가고 있다.

콘텐츠 산업은 원소스멀티유즈(One Source Multi Use: OSMU) 로 하나의 근원지에서 파생하여 여러 장르로 파급되는 현상이 큰 산업이다. 애니메이션에서 파생하여, 온라인, 출판, PPL, 식음료, 팬시와 패션, 완구, 비디오, 교재 등 다양한 장르로 확장될 수 있다. 이 현상은 만화영화에 뿌리를 두고 확장해온 디즈니에서 볼 수 있고, 출판에 뿌리를 두고 확장한 해리포터 시리즈에서도 볼 수 있다. 우리나라의 여러 애니메이션 중에서 〈뽀롱뽀롱 뽀로로〉와 〈로보카폴리〉는 국내에서 '뽀통령', '폴리총리'라는 말이 생길 정도로 인기가 있으며, 해외시장에 진출해 세계 어린이들의 사랑을 받고 있다. 이 애니메이션이 어떠한 공감의 요소를 담고 있는지 살펴보자.

Full 3D 애니메이션 〈뽀롱뽀롱 뽀로로〉는 (주)아이코닉스엔터테인먼트, SK브로드밴드, (주)오콤, EBS가 공동 제작한 프로그램이다. 2003년 11월 EBS에서 첫 방송을 시작하여, 방송뿐만 아니라, 출판 및 완구, DVD 시장에 돌풍을 일으켰고, 세계시장으로 진출하였다.

[그림 14-6] 〈뽀롱뽀롱 뽀로로〉 뽀로로와 친구들

이 콘텐츠에는 세계 어린이 시장에 호의적으로 반응할 수 있는 요인이 있다. 사계절 내내 눈과 얼음으로 뒤덮인 극지방의 어느 눈 속 마을에 살고 있는 여러 동물들 사이에서 일어나는 에피소드를 매회 줄거리로 그리고 있다. [그림 14-6]에서 뽀로로는 가운데 있는 비행사 아기 펭귄이며, 왼쪽에서부터 비버소녀 '루피', 벌새 '해리', 아기 펭귄소녀 '패티', 아기공룡 '크롱', 백곰 '포피', 사막여우 '에디' 등이 주로 등장한다. 주인공 뽀로로는 머리에 조종사 모자와 고글을 쓴 아기 펭귄으로 날개가 있어도 날지 못하지만, 조종사의 꿈을 가지고 살아가는 이야기가 전개되고 있다.

〈뽀롱뽀롱 뽀로로〉는 2004년 프랑스 최대 지상파 채널인 TFI에서 57퍼센트의 평균 시청률을 기록하였으며, 2007년에는 '아랍권의 CNN'으로 불리는 알자지라 방송에까지 방영이 되면서 전 세계 82개국에 수출되었다. 프랑스나 미국, 중국 등의 어린이도 알아보는 캐릭터로 발전하여 전 세계 어린이들의 친구가 되었다. 2009년 5월 4일부터 새로운 〈시즌 3〉에서 이전에 날지 못했던 뽀로로가 멋진 비행사로 변신해 하늘을 날고 싶다는 소원을 이루게 된다. 2012년 〈시즌 4〉, 2014년 〈시즌 5〉가 반영되면서 전 세계 110여 개국에 수출되어 많은 아이들의 사랑을 받고 있다.

뽀로로의 여러 캐릭터는 2천 가지가 넘는 상품에 적용되어 안방의 모니터, 어린이들의 생활도구로 파고들고, 공연, 영상 등 다른 산업 분야로 확장되고 있다. 디즈니에서 〈뽀롱뽀롱 뽀로로〉 판권으로 1조 원을 제안하였는데 이를 거절했다는 소문이 있을 정도로, 〈뽀롱뽀롱 뽀로로〉는 해외시장 개척 성공사례로 판단된다.

로이비쥬얼에서 제작한 교육애니메이션 〈로보카폴리〉는 어린이들에게 이해, 배려, 협력 등 건강한 인성 발달을 돕는 주제를 재밌게 전달하고 있다. 500가지 종류가 넘는 상품에 이 캐릭터가 적용되었고, 해외에서 방송·캐릭터 등 다양한 아이템으로 인기몰이를 하고 있다. 2012년 프랑스 어린이 전문채널 PIWI플러스와 계약, 현지 방영중이며, 방송 이후 프랑스 '토이저러스' 전 매장에서 '로보카폴리' 장난감 제품이 매진되었다. 2014년에는 중국에 방영되어, 백화점, 쇼핑몰, 완구매장 등을 통해 캐릭터 완구를 판매하고 있다.

[그림 14-7] 〈로보카폴리〉

　[그림 14-7]에서 볼 수 있듯이 아름다운 섬마을 브룸스타운에서 네 명의 멤버들이 완벽한 협동심을 발휘하면서 구조 활동에 몰입한다. 정의롭고 리더십을 지닌 경찰차 '폴리', 힘이 센 소방차 '로이', 상냥함으로 치료해주는 구급차 '앰버', 활발한 성격의 팀분위기 메이커 '헬리', 구조대 살림꾼으로 구조대원들의 수리 및 점검을 맡고 있는 소녀 '진' 등이 등장하여 '팀워크'를 발휘하면서 위험에 빠진 어린이들을 구조한다. 교통안전수칙을 비롯한 일상생활에 필요한 안전교육과 위급 상황 시 대처요령을 배울 수 있게 한다.

s u m m a r y

　　　　　　대한민국 수출규모는 중국, 미국, 독일, 일
본 다음이다. 이들 국가의 규모를 고려할 때, 우리나라의 수출규모는
상대적으로 크다는 것을 알 수 있다. 내수시장이 적은 대한민국 경제
에 해외시장 개척은 필수 과제이다.

　이 장에서 우리는 한류 기반 소비재의 수출이 증가하는 것에 주목
하여, 대한민국 마케팅에서 주시해야 하는 현상으로 다루었다. 그리고
사례연구에서 이를 확장하여 드라마, 케이팝에 이어 애니메이션 한류
를 이해하고 〈뽀롱뽀롱 뽀로로〉와 〈로보카폴리〉에 대해 살펴보았다.

　해외시장 진출을 위해서 해외 환경분석과 시장조사는 기회를 찾는
데 필수적인 활동이다. 그다음에 해외시장 진출 방법에 대한 결정이
뒤따라야한다. 해외시장 진출은 수출, 기술제휴, 합작투자, 직접투자
로 발전된다. 이 장에서는 연구개발, 생산, 마케팅, 판매 및 서비스의 연
결인 가치사슬상에서 기능분화를 통한 해외시장 진출을 강조하였다.

　해외시장 진출 전략의 표준화와 현지화, 그리고 이들 사이의 균형
에 대해 살펴보았다. 그리고 해외시장 개척의 마케팅믹스에 대해서
살펴보았다. 해외시장 개척을 위해서는 특정지역 전문가들을 양성하
면서 그 지역으로 들어가 성공잠재력을 높여야 하는 과제가 남겨져
있다.

■ 참고문헌

이규현 (2012), 《글로벌 마케팅》, 경문사.

Carpenenter, Gregory S. and Kent Nakamoto (1989), 〈Consumer Preference Formation and Pioneering Advantage〉, Journal of Marketing Research, August, p285-295.

Hollensen, Svend (2004), 《Global Marketing: a decision-oriented approach》, 3rd ed., Prentice-Hall.

Levitt, T. (1983), 〈Globalization of Markets〉, Harvard Business Review, (May-June).

Quelch, John and Rohit Deshpande (2004), 《The Global Market: Developing a Strategy to Manage Across Borders》, Jossey-Bass.

Robinson William T. and Claes Fornell (1985), 〈Sources of Market Pioneer Advantages in Consumer Goods Industries〉, Journal of Marketing Research, August, p305-317.

Schnaars Steven P. (1994), 《Managing Imitation Strategies》, The Free Press.

memo

15

Marketing

인터넷
마케팅

Marketing

직접 눈으로 확인하고 만질 수 있는 실물세계에서 정보로 이루어지는 가상세계까지 인터넷의 영향이 커지고 있다. 인터넷은 소비자행동에서 공간과 시간의 개념을 변화시키면서 전 세계를 하나의 경제에 편입시키고 있다.

제품이나 서비스를 인터넷상에서 마케팅 하는 것을 인터넷마케팅이라고 한다. 인터넷상에서 이루어지는 모든 상거래와 커뮤니케이션이 이에 해당된다. 전 세계를 대상으로 24시간 저렴한 비용으로 표적고객에게 접근할 수 있다는 점에서 마케팅의 지평을 확대하고 있다.

스마트폰이나 소셜미디어의 발전과 연결된 정보통신산업의 생태계와 함께 인터넷마케팅이 발전하고 있다. 이 생태계는 콘텐츠, 플랫폼, 네트워크, 디바이스가 연결되어 이루어지고 있는데,

CPND(Contents, Platform, Network, and Device)로 요약된다. [그림 15-1]에서 볼 수 있듯이, 콘텐츠는 게임, 음원, 영상, 전자책 등을 말하고, 플랫폼은 카카오톡, 라인, 페이스북, 위챗, 유투브 등을 말한다. 네트워크는 SKT, KT, LGU⁺와 같은 통신사가 연결시키고, 디바이스는 삼성전자, LG와 같은 기업들이 스마트폰, 태블릿, 노트북 등을 통해 실현한다.

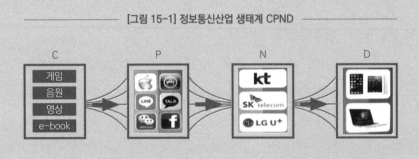

[그림 15-1] 정보통신산업 생태계 CPND

소비자들은 발전하는 정보통신산업의 생태계 속에서 인터넷마케팅에 노출되고 있다. 즉, 오늘날 대한민국 소비자들은 하루의 많은 사회생활을 디바이스를 통해 인터넷 사용에 할당하면서 카카오톡, 페이스북 등을 이용하면서 살아가고 있다.

정보통신 생태계에 관련된 기업들은 온라인마케팅을 적극적으로 수행하고 있다. 네이버와 경쟁하는 카카오톡이 다음커뮤니케이션을 인수하였고, 최고의 음원시장 멜론의 서비스 업체 로엔(LOEN)을 최근 인수하면서 적극적인 행보를 보이고 있는 것이 예이다. 온라인과 오프라인 결합행동도 뚜렷해 온라인에서 오프라인으로 사업을 확장하는 등 인터넷마케팅 분야에서 기업의 도전과 응전이 펼쳐지고 있다.

1절. 인터넷이 변화시키는 마케팅 지평

 **1. 매체는 메시지이다**

인터넷은 매체(media)이다. 마샬 맥루한(Marshall McLuhan)은 1964년에 지은 《미디어의 이해》에서 '미디어는 메시지이다'라는 유명한 은유를 남겼다. 매체를 통해 전달되는 메시지보다 매체는 그 자체로 하나의 근원적인 메시지가 되므로 매체 특성이 우리 사회에 더 큰 의미를 갖게 되었다. 매체는 새로운 무의식을 형성하고 인간의 사고방식과 생활방식을 바꾼다고 보았다. 그는 신문, 영화, 라디오 매체와 텔레비전, 전화, 만화 매체를 다르게 구분하고, 전자를 '핫 매체', 후자를 '쿨 매체'라고 명했다, 전자는 정보량이 많아 참여를 요구하지 않지만, 후자는 정보량이 적어 깊이 관여하고 참여하는 것을 요구받는 매체라고 하였다. 우리는 그가 분석할 때 존재하지 않았던 인터넷이라는 매체가 다른 매체에 큰 도전을 주고 사고방식과 생활양식에 영향을 미치는 시대에 살고 있다. '매체는 메시지이다'라는 것을 더욱 더 실감하게 한다.

인터넷 매체를 이용한 마케팅 활동도 기존에 오프라인 중심으로 수행하여온 마케팅의 지평을 변화시키고 있다. 이 또한 인터넷이라는 매체가 가진 특성에 기인한다. 소비자가 디바이스를 가지고 통신사에 가입했다면 어디에서나 언제나 이용할 수 있는 것이 인터넷이다. 시간과 공간에 구애받지 않고 기업이 온라인상에서 수행하는 마케팅에 참여하여 구매와 구매 후 활동을 할 수 있다. 이 과정에서 소비자들은 기업과 상호작용할 뿐만 아니라 주변 사람들에게 정보를 전달하고 의견을 주고받으면서 주변 소비자들에게 영향을 미치고 있다. 페이스북이나 트위터와 같은 소셜매체(social media)를 통해 서로 정보와 의견을 공유하고 참여한다. 그리고 소비자행동을 변화시키고 있다.

2. 마이클 델의 모형

마이클 델은 대학생 때부터 인터넷을 통한 유통혁신의 가능성을 본 뛰어난 사업가였다. 마이클 델은 1984년 오스틴 소재 택사스대학교에서 19세인 대학생 시절 델 컴퓨터를 설립하였다. 그는 사업을 컴퓨터와 소프트웨어, 주변기기 등 사무기기를 제조하고 판매하는 사업으로 정립하였다.

그는 우편과 전화로 주문을 받고 컴퓨터를 판매하는 새로운 방식을 선보였다. PC 비용의 80퍼센트가 부품이고, 부품의 평균가격이 1년에 30퍼센트씩 하락하기 때문에, 부품 재고시간을 줄일 수 있다면, 저렴한 부품으로 더 좋은 제품을 싼 값에 판매하면서 동일한 수익을 유지할 수 있어 경쟁력이 있다고 보았다.

1994년에 델은 직접판매모형을 도입하였다. 이는 인터넷 상의 공급사→생산자→고객으로 직접 연결하여 고객과 공급사 간의 긴밀한 관계를 구축, 시간을 단축하려는 시도였다. [그림 15-2]에서 볼 수 있듯이, 이 모형은 공급자, 생산자, 유통업자, 고객으로 연결되는 전통적인 유통체계와 달리 유통업자가 존재하지 않는 모형이다. 고객이 전화나 인터넷으로 주문하면 공장으로 주문이 전달되고, 전달된 후 빠른 시간 내 제품이 생산되어 배달하는 시스템이다. 이를 위해 많은 부품 생산을 아웃소싱으로 해결하고, 자사는 유통망과 정보가공에 집중한다. 그의 사업모형은 가상통합모형(virtual integration)으로 발전하였다. 공급사슬상에 있는 공급기업들 간의 긴밀한 조정을 통해 수직적 통합을 이루고, 공급자, 생산자, 고객이 통합되는 모형이다.

3. 인터넷마케팅의 특성
델의 접근에서 볼 수 있듯이 인터넷마케팅은 다음의 특성을 지닌다.

1) 공간과 시간의 제약 극복
델은 공간과 시간의 제약 없이 정보를 전달받을 수 있는 인터넷의 이점을 보았다. 거리의 소멸을 가져와 지구를 하나로 연결시키고, 시간 제약도 극복하여 언제든지 연결이 가능하다. 디바이스 기술이 발전하면서 인터넷 속에서 동영상을 포함한 데이터를 거의 무제한으로 빠르게 전송받을 수 있도록 발전되고 있다.

2) 다이렉트마케팅과 비용절감
델은 다이렉트마케팅의 이점을 보았다. 이는 중간상인이 없어 유통비용을 절감할 수 있는 이점이다. 기업이 고객에게 전화나 인터넷으

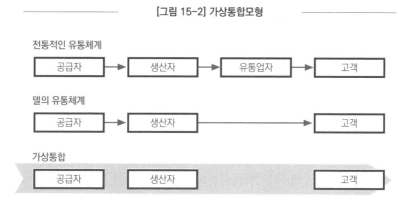

[그림 15-2] 가상통합모형

전통적인 유통체계

공급자 → 생산자 → 유통업자 → 고객

델의 유통체계

공급자 → 생산자 → 고객

가상통합

공급자　생산자　고객

로 적극적으로 고객을 확보하려고 하지만, 델은 고객이 기업에 전화나 인터넷으로 주문하는 방식으로 유통혁신을 이루었다.

3) 상호작용성과 개인화

델은 고객 사이에 상호작용성과 개인화(interaction and individualization)의 기회를 제공하는 인터넷 이점에 주목하였다. 매력적인 웹사이트를 개발하여 고객과 상호작용성을 높였다. 이는 B2B 웹사이트와 B2C 웹사이트를 다르게 오픈하였다.

4) 바이러스 마케팅

인터넷의 정보는 바이러스처럼 퍼져간다. 고객이 가까운 친구, 친지, 직장 동료에게 기업의 인터넷마케팅과 관련된 정보를 전달하면, 이 정보를 전달받은 사람들이 다시 다른 사람에게 전달하고, 또 이 사람들은 또 다른 사람들에게 정보를 전달하여 전파속도가 빠르다. 2016년 1월 20일 강남스타일 동영상은 유투브에서 25억 뷰를 돌파하였다.

5) 데이터베이스 마케팅

인터넷에서 고객들의 개인 정보는 중요한 데이터베이스로 축적된다. 이는 기업과 고객 사이에서 장기적인 관계를 형성, 유지, 강화하는 데 활용된다. 더 나아가 데이터마이닝, 빅데이터 분석을 가능하게 한다.

2절. 인터넷마케팅의 유형

인터넷마케팅은 기업, 소비자 간에 상호작용 관계에 따라 여러 유형으로 나눌 수 있다. 누가 주도하고 누구를 대상으로 하는가에 따라 분류될 수 있는 네 가지 인터넷마케팅 유형을 살펴보자.

[그림 15-3] 인터넷마케팅의 유형

	소비자를 대상으로	기업을 대상으로
기업 주도	B2C (Business to Customer)	B2B (Business to Business)
소비자 주도	C2C (Customer to Customer)	C2B (Customer to Business)

1. B2C

B2C(Business-to-Customer) 마케팅은 기업이 인터넷에서 최종 소비자에게 제품을 판매하는 것을 말한다. 인터넷상에서만 영업을 하는 기업이 있지만, 오프라인으로 확장하여 멀티채널로 나아가는 기업이 나타나고 있다. 이는 소비자들이 온라인과 오프라인을 결합하여 행

동하기 때문이다.

2. B2B

B2B(Business-to-Business) 마케팅은 기업이 인터넷을 이용하여 다른 기업에 마케팅 활동을 수행하는 경우이다. 웹에서 비즈니스의 거의 모든 부분을 수행하고 있는 기업으로 시스코 시스템즈(Cisco Systems)가 있다. 주문의 80퍼센트 이상을 인터넷으로 받아 기업에 각종 네트워크 연결장치를 판매하고 있는데, 구매자는 웹사이트를 방문할 수 있고, 판매와 서비스에 대한 정보를 요청할 수 있으며, 직원과 상호작용을 할 수 있다.

기업과 개별 소비자와의 거래인 B2C보다 기업과 기업 사이의 거래인 B2B가 훨씬 빠르게 성장하고 있다. B2B 거래에서 인터넷 사용이 확대되면서 고객사와의 긴밀한 유대관계보다는 제품 자체의 질에 초점을 두는 경향도 커지고 있다. 기업구매담당자가 제품정보를 수집할 때 기업 웹사이트와 검색엔진을 이용한 것이 50퍼센트를 차지할 정도로 높아졌고, 구매 시 인터넷을 통한 방법을 선호하는 경우도 높아지고 있다. 즉, 인터넷을 활용한 정보조사와 구매가 일상화되고 있다. LG화학과 같은 B2B 기업들은 어렵게 느껴지는 B2B 제품 관련 정보를 쉽게 풀어 설명하는 회사 공식 블로그를 열어 젊은 세대가 공감할 수 있는 채널을 만들어 젊은 세대와 소통하고 있다.

3. C2C

C2C(Customer-to-Customer) 마케팅은 소비자가 소비자를 상대로 인터

넷상에서 거래를 성사시키는 유형이다. 대표적인 기업이 미국의 다국적 인터넷기업 '이베이'이다(www.eBay.com참조).

1995년 처음 서비스를 시작한 이베이는 참여하는 사람이 많을수록 서로가 원하는 방향으로 거래가 이루어질 확률이 높다는 것에 주목했다. 많은 사람이 여러 제품을 판매하고, 여러 사람들이 참여하는 벼룩시장 같은 경매장이라면 참여자가 많으면 많을수록 양쪽이 더 만족할 만한 가격이 결정된다. 이것을 사이버 세계에서 구현한 것이 이베이이다.

이베이는 대한민국 최초의 인터넷 경매 전문사이트인 옥션과 G마켓을 2001년, 2009년에 인수하고, 2011년에 이베이코리아를 출범시켰다. 그리고 G9을 열어 미술관 큐레이터가 좋은 작품을 엄선해 전시하듯 쇼핑 큐레이터가 식품, 화장품 등 독특하고 트랜디한 아이템을 선별하여 판매한다. 또한 이베이 CBT를 오픈하여 '국경 간 거래(Cross Border Trade)' 플랫폼을 만들어 대한민국 판매자가 전 세계 5대륙 40여 개국에 해외판매를 할 수 있는 인프라를 구축하고 있다.

4. C2B

C2B(Customer-to-Business)는 소비자가 주체가 되어 기업과 상거래를 하는 형태이다. 인터넷 시대에 고객의 구매파워가 강해지면서 보다 동등한 입장에서 거래가 가능하게 되었다. 고객이 원하는 제품이나 사업아이디어 등을 기업에 제공하여 신제품 개발 등에 이점을 제공하고 고객이 기업으로부터 대가를 받는 경우이다.

역경매는 C2B 형태이다. 이는 기존의 경매와 정반대이다. 제품이나 서비스를 원하는 사람이 구매의사를 표시하면 판매자들이 경쟁적으로 낮은 가격이나 나은 조건을 제시해 거래가 이루어진다. 맛집 역경매 〈돌직구〉는 이용자가 희망하는 모임의 조건을 등록하면 해당 조건을 충족하는 매장이 입찰에 참여해 장소 선정에 도움을 준다. 이때 가격결정권은 구매자가 가진다. 이러한 역경매사이트에는 여행상품을 입찰에 부치는 〈트래블하우〉, 자동차사이트 〈모터스랜드21〉 등이 있다.

2015년 〈얼마고?〉라는 앱이 생겨 역경매가 쉬워졌다. 소비자가 사려는 제품의 모델명 또는 제품을 촬영한 사진을 앱에 올리면, 이를 파는 판매자에게 푸시 알림을 주고, 판매자는 견적을 보내기만 하면 된다. 판매자는 오픈마켓에 지불하는 상위노출 비용에 대한 지출 없이 구매를 원하는 소비자와 직거래를 할 수 있다는 장점이 있다.

3절. 온라인과 오프라인 결합 소비자행동과 마케팅

 온라인상에서 소비자들은 다른 기업이 동일한 품목을 얼마나 판매하고 있는지 한 번의 클릭으로 가격을 비교하여 싼 곳을 찾을 수 있다. 그러나 온라인 구매는 구입 전에 제품을 살펴볼 수 없고 반품이 어렵고, 얼굴을 맞대고 이야기하면서 구매할 수 없는 단점이 있다. 그러므로 온라인과 오프라인의 장점을 고려해 소비자들은 양쪽에서 행동한다. 소비자들은 온라인상에서 정보를 탐색하고 오프라인 매장에서 구입하거나, 오프라인 매장에서 정보를 탐색하여 온라인상에서 구매하기도 한다

1. 온라인과 오프라인 결합 소비자행동

소비자들은 온라인과 오프라인을 동시에 이용하는 '크로스 오버 쇼핑'을 한다. 오프라인에서 제품품질과 가격을 비교한 후 온라인에서 최저가를 찾아 구매하는 소비 패턴을 가진 소비자가 있다. 인터넷을 이용할 수 있는 디바이스가 발전하면서 제품과 가격을 비교 평가하는 것이 쉬워져, 가격이 상대적으로 저렴한 온라인에서 제품을 구매하려는 경향이다.

반면, 온라인에서 마음에 드는 제품을 검색해서 찾아보고 온라인 쇼핑몰과 블로그에 올라온 구매후기를 살펴본 후 오프라인 매장으로 가는 소비자들이 있다. 자신이 고려하는 제품을 사진으로 찍고 SNS로 친구나 가족들에게 보여주고 의견을 묻기도 한다. 자신이 어느 정도 마음에 들었고, 친구나 가족들 반응도 좋으면 구매를 결정한다. 그리고 사용하면서 구매 후기를 블로그와 페이스북에 올려서 공유한다. 이는 온라인에서 정보를 수집하고 오프라인 매장에서 제품을 구매하는 소비자의 구매 패턴이다.

우리는 이전 소비자행동의 장에서 전통적 구매행동이 주의→관심→욕구→행동이라는 과정을 거친다는 것을 살펴본 바 있다. 온라인과 오프라인을 동시에 이용하는 구매행동은 다소 다르게 나타난다. 주의→관심→검색→행동→공유의 과정을 거친다. 검색 후 구매를 하고 정보공유가 뚜렷하게 나타난다.

소비자들은 구매하려는 상품이나 서비스에 대해 정보탐색에서 최종 구매까지 전 과정에 걸쳐, 온라인이든 오프라인이든 가리지 않고 자신에게 가장 효율적이고 만족스러운 길을 찾아간다.

이러한 소비자의 소비 패턴에 대응하여 온라인 유통업체들이 오프라인으로 시장 진입을 시도하고 있다. 온라인만으로는 고객과 소통하는 데 한계가 있다고 판단하여 오프라인 매장을 열어 고객과의 접점을 마련하고 오프라인에서만 진행 가능한 행사를 열어 기업과 고객과의 관계를 돈독히 만들고 있다.

2. O2O 마케팅

소비자들이 온라인과 오프라인을 넘나들며 정보를 수집하고 본인에게 맞는 채널에서 쇼핑을 선택하기 때문에 기업은 온라인과 오프라인을 하나의 연결된 시장으로 보고 있다. 고객의 데이터베이스를 기반으로 하여 온라인과 오프라인을 통합하는 마케팅을 수행하려고 한다.

오프라인 중심의 유통기업은 온라인과 오프라인의 채널간 통합을 추진하는 옴니채널 구축을 신성장 동력으로 지목하고 있다. 오프라인 기반을 활용하여 온라인을 확장하여 온라인 매출을 늘리려고 하고 있다.

온라인 기업들은 온라인을 이용하여 오프라인과 연결해 고객을 유치하는 O2O(online to offline)를 발전시키고 있다. 2015년에 〈카카오톡〉에서 출시한 콜택시 앱 〈카카오택시〉가 대표적이다. 택시기사용 앱과 승객용 앱이 출시되었고, 국내 최대의 회원 수를 확보하여 콜택시 소비행동을 변화시키고 있다.

O2O 과정에서 주요 고객층이 같을 경우 서로 다른 서비스를 제공하는 신생벤처기업들이 홍보와 마케팅을 하는 것은 물론 업무 제휴를 통해 서비스 영역을 넓히기도 한다.

3. 온라인과 오프라인을 연결해주는 플랫폼으로서 택배

택배는 온라인과 오프라인을 연결해주는 플랫폼(O2O Platform)이다. 그리고 이 플랫폼이 점차 중요해지고 있다. 인터넷마케팅이 발전하면서 소비자에게 물품을 배송해주는 택배산업도 동시에 발전해왔다.

그리고 배송에서 속도를 경쟁력으로 내세우는 기업들이 나타났다. 쿠팡이 차별화로 내세우는 '로켓배송'을 보면 알 수 있다. 쿠팡은 원하는 날짜, 시간에 맞춰 배송해주는 자체 택배서비스를 가지고 있다. 컴퓨터나 스마트폰을 통한 인터넷 쇼핑은 택배를 통하게 되고, 택배기사는 고객과 만나는 접점이 된다. 쿠팡의 경우 '쿠팡맨'이 배송은 물론 부재중일 경우 확인 문자까지 보내주며 '감성배송'을 한다.

4절. 인터넷마케팅 실행을 위한 구축작업

1. 효과적인 웹사이트 구축

인터넷마케팅을 수행하려면 매력적인 웹사이트 구축(creating a webs site)이 첫째 과제이다. 디자인할 때 어떠한 요소를 고려할 것인가? 기업의 역사와 비전, 기업의 제품과 유익한 정보를 담아야 하고 매장을 개조하듯이 업그레이드해야 한다. 소비자들이 방문한 후 재방문하고, 주변인에게 추천할 수 있어야 한다. 웹사이트는 기업 웹사이트 (corporate web site)과 마케팅 웹사이트(marketing web site)가 있다. 전자는 제품을 직접 판매하는 것보다 고객과 좋은 관계를 유지하고 다른 채널을 보완한다. 후자는 고객에게 직접적인 구매 또는 다른 마케팅 성과를 기대하기 위해 설계된다.

사용이 복잡하고 로딩시간이나 페이지 간 이동시간이 오래 걸리는 등 웹사이트가 정보에 충실하지 않다고 생각되면 소비자는 재방문을 하지 않는다. 그러므로 효과적인 웹사이트가 되려면 다음 7C가 구축되어야 한다.

① 콘텍스트(Context): 고객이 웹사이트를 '보고 느끼는' 디자인과 배

치가 잘 이루어져야 한다. 많은 웹사이트들이 수많은 그래픽, 사운드, 비디오 혹은 분위기나 이미지를 창조하기 위하여 미학적인 것을 중요시 여긴다.

② 콘텐츠(Contents): 제품과 서비스를 포함하는 웹사이트에 있는 모든 디지털 정보 콘텐츠가 좋아야 한다. 사용자가 친밀하고 쉽게 탐색할 수 있는 설계와 배치를 가지고 사용자가 필요로 하는 적절한 콘텐츠를 가져야 한다.

③ 커스텀마이재이션(Customization): 사용자가 다르면 정보를 다르게 맞추어서 접근할 수 있는 맞춤화 능력을 지녀야 한다. 잘 짜여진 웹사이트에 아이디를 통해 들어가면 이용자의 이용내력 등을 맞춤화할 수 있다.

④ 커머스(Commerce): 구매자들과 판매자들 사이의 상거래를 실행할 수 있는 웹사이트가 되어야 한다.

⑤ 커넥션(Connection): 연결이 잘 이루어져야 한다. 웹사이트 밑에 여러 공유 플랫폼들이 제시되어 연동되도록 한다.

⑥ 커뮤니티(Community): 웹사이트에서 서로 상호작용하고, 결속력을 가지고 공통된 관심과 가치를 공유하는 모임이 형성되고, 이 모임이 활발하게 되도록 지원해야 한다.

⑦ 커뮤니케이션(Communication): 웹사이트 자체와 사용자 사이의 상호작용을 허용하는 수단을 말하는데, 채팅, 이메일, 인터넷상의 전화 등이 있다.

2. 온라인 광고와 마케팅

광고를 게시하기 위해서 광고에 적합한 제품을 선정해야 한다. 모델이 자주 바뀌는 가전제품, 자동차, 컴퓨터 등의 광고와 수시로 바뀌는 신간서적, CD와 같이 표준화되어 있는 제품 등의 광고에 인터넷을 사용하는 것이 효과적이다.

1) 검색 관련 광고

인터넷 사용자 스스로가 검색을 통해 정보를 찾는 경우가 많아, 인터넷마케팅은 키워드 광고 비중이 가장 크게 나타나고 있다. 사용자가 검색엔진에서 특정 단어를 검색하면, 검색어를 미리 구매한 광고주들의 광고가 상단에 노출된다. 이를 키워드 광고라고 한다. 검색엔진 회사는 광고주가 주수입원이 된다. 또한 광고주는 키워드 선별을 얼마나 전략적으로 하느냐에 따라 매출 결과로 연결된다.

광고주는 이러한 검색 사이트로부터 검색어를 구매하고 고객이 클릭하여 자신의 사이트로 들어오는 경우에만 광고대금을 지불한다. 지불방식은 먼저 광고를 게재한 다음 광고를 통해 회원가입이나 판매 등 실적이 발생하였을 때 미리 정해둔 수수료를 지불하는 제휴 형식을 택하기도 한다.

2) 전시광고

전시광고(display ads)는 인터넷 사용자의 스크린에 출현하는 것이다. 배너광고, 삽입광고, 팝업광고, 리치매체 등이 있다.

- 배너광고(banners)는 포털사이트나 기사 페이지에 뜨는 신문지면 처럼 이미지 또는 플래시 형태의 광고이다. 배너를 클릭하면 해당업체 사이트나 화면으로 이동한다. 배너광고는 특정 사이트에 접속만 하면 무조건 노출되도록 하여 광고량을 강조한다. 질을 강조하는 키워드 광고와 서로 비교가 된다.
- 삽입광고(interstitials)는 웹 사이트 화면이 바뀌는 사이에 출현하는 전시광고이다.
- 팝업(pop-ups)은 현재 보고 있는 창 앞에 갑자기 나타나는 새로운 창의 광고이다.
- 리치 매체(rich media)는 애니메이션, 동영상, 음향, 그리고 상호작용을 혼합한 것이다. 이는 소비자의 더 많은 시선을 끈다. 떠다니거나, 날아다니는 등의 기술을 도입하고 있다.

3) 바이럴 마케팅

바이럴 마케팅(viral marketing)은 웹사이트 구축, 전자메일 메시지 등 매우 전염성이 강한 것을 만들어 고객 사이에 광고물이 빠르게 확산되도록 하는 활동이다. 유투브(YouTube)에 올린 전염성 강한 광고 형태는 빠르게 퍼진다. 즉, UCC 동영상이나 만화, 카툰 등의 방법을 통해 제품 정보를 올리면, 이용자들이 자발적으로 제품 정보를 널리 퍼트린다는 의미에서 입소문 마케팅이라고 한다

4) SNS를 이용한 광고

트위터, 페이스북을 SNS(Social Networking Service)라고 한다. 이를 이용

하여 이용자가 불특정 다수에게 광고를 재생산할 수 있다. 이를 이용한 마케팅 범위는 매우 넓고 효과도 엄청나다. 고객과의 소통이 중요하다.

5) 지식인 서비스

지식인 서비스는 네티즌 간에 서로 궁금한 것을 묻고 답할 수 있도록 만들어 놓은 공간이다. 네티즌들이 질문하고 답하는 과정에서 특정 상품이나 업체에 좋은 이미지를 주도록 하는 마케팅 방법이다.

6) 블로그

블로그는 1인 매체로 불린다. 소상공인들이 많이 이용한다. 방문자 수가 많을수록 영향력은 커진다. 그러므로 진정성 있고 기본에 충실한 블로그 마케팅은 큰 효과가 있다.

7) 카페

카페는 커뮤니티로 대표적인 인터넷 서비스이다. 회원들이 콘텐츠를 작성하여 올리면, 운영자는 콘텐츠와 회원 활동을 관리만 한다. 회원 수에 따라 생산하는 콘텐츠 수가 다양해지고, 회원이 어느 정도 모이게 되면 실적이 높아진다.

5절. 온라인 공동체를 이용한 마케팅

 1. 온라인 공동체

대한민국의 많은 사람들이 다음 카페, 네이버 밴드, 카톡방 등에서 공동체를 만들어 서로 사귀고, 정보를 교환하고 있다. 페이스북이 약한 연결로 이루어진 사회 네트워크의 모습을 보인다면 카페나 밴드는 보다 강한 연결로 이어진 공동체의 모습을 보인다.

전통적인 공동체가 가족, 씨족에서 출발해 사회 발전과 함께 범위가 넓어진 것처럼, 인터넷상에서도 여러 형태의 공동체가 형성되고 발전하고 있다. 공간적인 제약을 넘어서서 쌍방향 상호작용을 강화하면서 발전하고 있다.

2. 공동체의 유형

암스트롱과 하겔(Amstrong & Hagel III)은 온라인 공동체에 참여하는 사람들의 공통관심 영역의 유형을 [표 15-1]과 같이 네 가지로 요약하였다. 상거래, 관심, 환상체험, 유대관계로 나눈 이 유형은 온라인상에 나타나는 다양한 공동체를 유형으로 이해하는 데 도움을 준다.

[표 15-1] 온라인 공동체 유형

공통 관심영역의 유형	특 성
상거래 중심	사용자의 경제적 욕구에 기반한 공동체
관심 중심	관심을 가지고 있는 분야에 대하여 지속적으로 정보를 습득하려는 정보 욕구에 기반한 공동체
환상체험 중심	인간 본연의 재미와 흥미를 추구하는 쾌락적 욕구에 기반하고 있는 공동체
유대관계 중심	다른 사람들과 관계를 갖고 이를 유지하고 싶어 하는 사회적 욕구에 기반하고 있는 공동체

자료: Arthur Armstrong & John Hagel Ⅲ(1996), 〈The Real Value of On-Line Communities〉, Harvard Business Review, May-June, p134-141.

첫째, 상거래 중심 공동체는 경제적 욕구에 기반을 두어 제품이나 서비스에 대한 정보를 공유하여 합리적인 구매활동에 협력한다. 특정 제품과 서비스에 대한 사용경험을 토론하거나, 공동구매를 하기도 한다. 특정 브랜드를 옹호하는 사람들은 그 브랜드를 중심으로 모이기도 한다.

둘째, 관심 중심 공동체는 관심을 중심으로 모인다. 스포츠, 여행, 우표수집, 전통음악, 주식투자 등에 관심을 가진 공동체가 존재한다. 일상적인 관심 외에도 자신의 전문분야에 대한 호기심을 가지고 있다. 특정 주제에 대해 개인단위나 기업단위인 시삽(sysops: system operators의 약자)에 의해 설립되어 운영되고 있다.

셋째, 인터넷 환경은 사람들을 같은 공간에 모이게 하고, 환상과 즐거움의 세계를 탐험할 수 있는 기회를 제공한다. 스포츠 동호회에서 가상으로 팀을 만들어서 다른 참가자가 만든 팀과 경기를 벌이기도 한다.

넷째, 유대관계 중심 사이트에 모여 개인적인 경험을 나누는 기회를 찾고, 의미 있는 관계를 만들어 나간다. 예를 들어 〈캔스 포럼〉은 암환자와 그 가족들을 위한 모임이다. 참가자들은 각자 자기의 병을 어떻게 치료하고 있는지 대화를 나누면서 암에 관한 의학 연구라든가 진통제, 그에 관한 시험 결과 및 프로토콜에 대한 정보를 교환하기도 한다. 또한 이 포럼의 도서관에서 암과 관련된 자료를 다운로드 받을 수도 있다. 이와 같이 유대관계 중심 공동체는 여러 사람들과의 관계구축을 목적으로 참여하여 관계형 공동체라 한다. 다른 공동체보다 참여와 몰입이 매우 높게 나타난다.

3. 온라인 공동체의 관리

온라인 공동체가 발전하려면 웹사이트, 이메일 리스트와 같은 인터넷 커뮤니케이션 도구가 있어야 하고, 공동체 맴버십을 정의하는 회원 규칙이나 규범이 있으면 좋다. 무엇보다도 공동체 내부에서 회원들이 콘텐츠를 생산하고 공유할 뿐만 아니라, 반복 사용이 있어야 한다.

회원들이 반복하여 방문하고 참여하게 되면 회원들의 성향과 관심사 등 개인정보가 쌓이게 되고, 이를 토대로 공동체를 후원하는 기업은 회원에 맞춤 서비스를 제공할 수 있게 된다.

이러한 온라인 공동체는 소비자들이 함께 참여하면서 만들어내는 콘텐츠를 증가하게 하며, 기업에게 신제품 개발과 촉진 아이디어를 제공한다. 기업은 온라인 네트워크에서 기업의 정체성을 구축하기 어렵기 때문에 자신의 목표에 부합하는 온라인 공동체를 직접 만들

[그림 15-4] 온라인 공동체의 발전

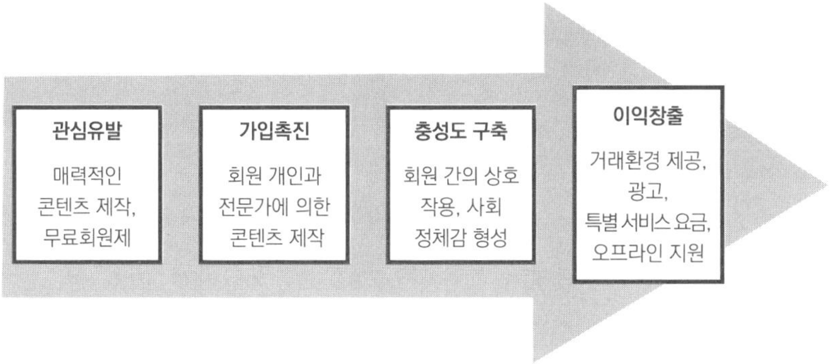

관심유발	가입촉진	충성도 구축	이익창출
매력적인 콘텐츠 제작, 무료회원제	회원 개인과 전문가에 의한 콘텐츠 제작	회원 간의 상호 작용, 사회 정체감 형성	거래환경 제공, 광고, 특별 서비스 요금, 오프라인 지원

고 후원하고 있다. 온라인 공동체가 경제적 가치를 가지려면 일정규모 이상의 회원을 모집하고 관리할 수 있어야 한다.

[그림 15-4]은 상거래 중심의 온라인 공동체의 발전 과정을 제시하고 있다. 즉, 매력적인 콘텐츠를 구축하고, 무료회원제를 통해 관심을 유발하면서 시작한다. 가입한 회원이나 전문가들이 콘텐츠를 제작하는 것을 허용하면서 가입을 촉진한다. 회원 간의 상호작용성과 사회정체감을 형성하면서 충성도를 구축한다. 마지막 단계에서 거래환경을 제공하고, 광고를 하고, 특별 서비스 요금을 부여하고, 오프라인을 지원하면서 이익을 창출한다.

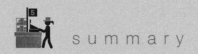

인터넷마케팅은 대한민국을 경쟁력 있게 만드는 정보통신 생태계의 구조와 연결되어 발전하고 있다.

인터넷이 변화시키는 마케팅 지평은 거대한 물결임이 분명하며, 이를 잘 살리지 못하면 마케팅 한계에 직면할 수 있다. 인터넷마케팅의 유형은 B2C, B2B, C2C, C2B 등으로 나타나며, 이들 전체 영역에서 거대한 변화가 나타나고 있다. 소비자들은 온라인과 오프라인을 결합하여 행동하고 있으며, O2O의 영역에서 협업 등 변화가 빠르게 나타나고, 택배의 역할이 부상하고 있다. 소비자행동에 대비하여 기업들은 온라인과 오프라인 연계전략을 도입하고 있다.

인터넷의 유용성에도 불구하고 제대로 된 웹사이트 구축에 투자하는 기업이 많지 않다. 좋은 웹사이트를 구축하고 소비자들의 방문과 참여를 활성화시키기 위해서는 7C가 이루어져야 한다. 이는 Context, Content, Customization, Commerce, Connection, Community, Communication이다.

대한민국 사회는 미국 등 서양과 달라 집단주의 문화가 강해서 온라인 공동체를 활용한 마케팅은 중요하게 다루어져야 한다. 소비자들의 카페와 밴드 등 온라인 공동체 활동이 증가하고 있고, 신제품 개발과 확산 과정에서 고객참여를 유도하면서 마케팅개념을 변화시키고 있다.

■ 참고문헌

김재일 (2005), 《유비쿼터스 인터넷마케팅》, 박영사.

존 하겔 3세·아더 암스트롱 지음, 한영주 옮김 (2001), 《가상 사회와 전자상거래》, 세종서적.

커넥팅랩 (2015), 《모바일트렌드 2015》, 미래의 창.

클라라 샤이 지음, 전성민 옮김 (2010), 《페이스북 시대》, 한빛미디어.

Armstrong, Arthur and John Hagel Ⅲ (1996), 〈The Real Value of On-Line Communities〉, Harvard Business Review, May-June, pp. 134-141.

Mohr, Jakki, Sanjit Sengupta, and Stanley Slater (2005), 《Marketing of High-Technology Products and Innovations》, second edition, Person Prentice-Hall, p. 373.

Wind Yoram, Vijay Mahajan, and Robert E. Gunther (2002), 《Convergence Marketing: Strategies for Reaching the New Hybrid Consumer》, Prentice-Hall.